Paul Kegan

Pamphlets relating to Roman history

Paul Kegan

Pamphlets relating to Roman history

ISBN/EAN: 9783744655866

Printed in Europe, USA, Canada, Australia, Japan

Cover: Foto ©ninafisch / pixelio.de

More available books at **www.hansebooks.com**

RÖMISCHE
AUXILIAR-TRUPPEN AM RHEIN.

VON

DR HARTUNG,
KÖNIGL. SUBRECTOR.

Erster Theil.

WÜRZBURG.
F. E. THEIN'SCHE BUCHDRUCKEREI.
1870.

Einleitung.

Zwar haben viele durch Gelehrsamkeit und Scharfsinn ausgezeichnete Männer über die Legionen und Auxiliaren geschrieben, welche in der römischen Kaiserzeit Kriegsdienste leisteten; namentlich hat erst in der neuesten Zeit R. Hassenkamp sämmtliche Auxiliar-Cohorten in alphabetischer Ordnung aufgeführt [1]: es ist mir jedoch nicht erinnerlich, dass Jemand nach gewissen Zeitabschnitten die Auxiliar-Truppen zusammengestellt und die Gründe ihrer Dislocirung anzugeben versucht hat. Meine Aufgabe soll es deshalb sein zu erörtern, welche Auxiliaren unter den römischen Kaisern, von Augustus bis zu den sogenannten dreissig Tyrannen (26 v. Chr. — 270 n. Chr.) in beiden Germanien, am Rhein und seinen Nebenflüssen, ihre Standorte hatten. Hiemit möchte ich vielleicht zur Geschichte der römischen Cohorten und Legionen irgend einen, freilich sehr geringen, Beitrag liefern.

Ehe ich aber auf die Lösung dieser Aufgabe näher eingehe, scheinen mir zwei Fragen zu beantworten zu sein: **welche Truppen unter die auxilia zu zählen sind, und in welchem Verhältnisse jene zu den Legionen standen.**

Der Name auxilia erscheint bei den Schriftstellern im weiteren und engeren Sinne. Im ersteren sind auxilia die Truppen, welche den Römern befreundete Könige und Fürsten, sowie auch einzelne Länder und Städte römischer Provinzen, bei einer gerade gegebenen Kriegs-Gelegenheit freiwillig bei sich ausheben und zur Disposition stellen; nach dem Kriege kehren sie wieder in ihre Heimath zu friedlicher Beschäftigung zurück.

Auf diese Weise führt, um nur einige Beispiele aus der Kaiserzeit anzuführen, der thracische König Rhoemetalces II. beim Aufstand der nördlichen Thracier (der Cölaten, Odrusen, Dier) dem römischen Heere auxilia zu [2]; Kaiser Vitellius schickt dagegen den gallischen Staaten die auxilia, welche sie für ihn in grosser Zahl aufgeboten hatten, wieder zurück [3].

---

[1] De cohortibus Romanorum auxiliariis. Dissertatio inauguralis. Pars prior. Göttingen 1869.
[2] Tac. A. II, 67.
[3] Tac. H. II, 69.

Von diesen freiwilligen Aufgeboten sind zu unterscheiden von den Römern selbst in den Provinzen ausgehobene Truppen, die auch in Friedenszeiten unter den Waffen bleiben und mit den Legionen das stehende Heer bilden. Dieses sind auxilia im engeren Sinne und nur von diesen ist hier die Rede. Zu den letzteren sind zu rechnen:

Cohortes, von Tacitus cohortes auxiliares oder sociales und, im Gegensatz zu den Legions-Cohorten, leves genannt. Sie bestehen in der Regel aus Peregrinen, d. h. aus einer in römischen Provinzen, die das römische Bürgerrecht nicht haben (bis auf Caracalla, der allen Provinzen 223 das Bürgerrecht verlieh) ausgehobenen Mannschaft; die Bewohner Italiens bildeten meistens die cohortes praetoriae, urbanae und vigilum; die Nicht-Italiker, welche das römische Bürgerrecht hatten, traten in der Regel in die Legionen ein. Anfangs bestanden ohne Zweifel die Cohorten nur aus Bewohnern der Provinz, in welcher dieselben ausgehoben worden und stationirt waren; bei Garnisonswechsel traten dann, wenn eine Ergänzung nothwendig wurde, Bewohner der Provinz ihres neuen Standortes in dieselben ein, wie auch in die prätorianischen Cohorten Soldaten aus den Legionen versetzt wurden[1]) und in den Legionen Italiker dienten[2]), und, bisweilen wenigstens, auch Peregrinen[3]).

Ausser den Peregrinen oder Nicht-Italikern thaten auch römische Bürger aus Italien Kriegsdienste unter den Auxiliaren in Cohorten. Es sind dieses die cohortes civium romanorum voluntariorum, auch einfach cohortes voluntariorum oder cohortes civium romanorum oder ingenuorum genannt. Diese Cohorten finden sich vom Beginne der Kaiserzeit an; sie standen ganz den Legions-Cohorten im Range gleich, weshalb Tiberius nach dem Testamente des Augustus jedem Soldaten derselben gerade soviel (300 Sestertien) auszahlen liess, als die Legionaren erhielten. Für den Eintritt in diese freiwilligen Cohorten mochte es für den Italiker verschiedene Gründe geben[4]),

---

[1]) In den Inschriften finden wir:
einen Dacier in der VI. prät. Coh. Or. — Henz. 5286,
„ „ „ „ III. „ „ „ „ 6844.

[2]) Nach Or. — Henz. 5478 wird M. Claudius Fronto von M. Aurel und L. Verus abgeschickt „ad juventutem per Italiam legendam"; ebenso nach 7420[?] J. Cassarius Statius von Hadrian: Agricola bildete mit seiner in Italien ausgehobenen Mannschaft die Leg. II. Adjutrix (Urlichs commentatio de vita et honoribus Agricolae. Herbipoli 1868); ein Veteranus der Leg. XXI. Rapax ist gebürtig von Vercelli (Or. — Henz. 3879); ein Soldat der XI. Cl. P. F. aus Bononia (Or. 447); ein Centurio der VI. Vict. aus Arretium (6596); ein Soldat der XV. Pg. aus Taurinum (Or. — Henz. 6679); ein Centurio der VI. Vict. aus Fundi (5642); ein Soldat der IV. Flav. aus Campanien (5713); ein Soldat der XI. Cl. P. F. aus Pollentia (455); ein Soldat der XI. Cl. P. F. aus Brixia (454); ein Soldat der XI. Cl. P. F. aus Verona (447).

[3]) Galba ertheilte den Soldaten der I. Adjutrix die Civität (Cardinali II. und III.), Vespasian denen der II. Adjutrix (Cardin. IV.); daraus, besonders aber aus dem Umstande, dass die Diplom-Empfänger Peregrinen sind (in dem Diplom des Galba ein Diomedes, Sohn des Artemo aus Laodicea in Phrygien und Matthäus, Sohn des Polaus, aus Syrien) geht hervor, dass die Soldaten dieser beiden Legionen keine cives romani waren. Doch waren dieses nur Ausnahmen. Becker — Marq. III, 2, pag. 354, Anmerkung 2265.

[4]) Becker — Marquardt (Handbuch der römischen Alterthümer III. Thl., II. Abth. S. 369) bemerkt, dass der Dienst in den Cohorten leichter war als in den Legionen.

Es lassen sich zwei und dreissig cohortes civium rom. volunt. nachweisen. Alle Cohorten zerfielen in 2 Arten: in quingenariae und milliariae; die ersteren bestanden aus 500 Mann in 5 Centurien getheilt, die letzteren aus 1000 Mann mit 10 Centurien. Es gab ebenso viele milliariae als quingenariae.

Ein Theil der Cohorten hatte, wie die Legionen regelmässig, einige Reiterei, die zu 500 Mann 120, die zu 1000 Mann 240 Pferde, bei sich [1]), und diese Cohorten hiessen equitatae im Gegensatz zu den cohortes peditatae, welche aus lauter Fusssoldaten bestanden. Hassencamp schliesst aus dem Lager des Hygin, dass zur dortmaligen Zeit 30 cohortes peditatae milliariae und ebensoviele quingenariae bestanden, sowie 40 cohortes equitatae quingenariae und 20 equitatae milliariae [2]).

Mit den berittenen Cohorten sind nicht zu verwechseln die Alae, welche bei der geringen Zahl der Legionsreiterei den Kern dieser Waffengattung ausmachten und den zweiten Theil der Auxiliaren bildeten. Ihre Mannschaft besteht, wie die Cohorten, aus Peregrinen. Gegenden, in welchen die Pferdezucht blühte, und deren Bewohner daher im Reiten besonders erfahren waren, stellten statt Fusssoldaten eine grössere Anzahl berittener Mannschaft zum römischen Heere.

Die Alae waren gewöhnlich quingenariae, seltener milliariae. Auch in der Reiterei dienen, wie in den Cohorten, römische Bürger [3]), welche ich mit Marquardt [4]) für Italiker halte. Denn will man bei der einfachen Bezeichnung „alae civium romanorum" diese Reiter, wie Nipperdey [5]), nur als Peregrinen, die während des Dienstes zur Belohnung das Bürgerrecht erhalten hätten, oder als Provinzialen gelten lassen, so dürfte man umgekehrt auch die einfach als „cohortes civium romanorum" aufgeführten Soldaten der Cohorten nicht als Italiker auftreten lassen, für welche man sich allseitig erklärt. —

Cohorten und Alen führen zur Unterscheidung regelmässig eine Nummer (nur die zuerst aus dem betreffende Volke ausgehobenen sind ohne solche), dann den Namen des Volksstammes (oder der Volksstämme), aus welchem sie genommen sind; oft einen Beinamen von ihrem Stifter [6]), einen Ehrennamen von einer tapferen That oder einem Kriege, in welchem sie sich ausgezeichnet, endlich oft eine Benennung nach dem Lande, in welchem sie ihren Standort hatten.

Ein Theil der Cohorten und Alen führt neben dem Volksnamen den Beisatz civium romanorum. Diesen Beisatz sucht man auf verschiedene Weise zu erklären: nach den Einen [7])

---

[1]) Becker — Marq. röm. Alterthümer III, 2. pag. 373.
[2]) l. c. pag. 6.
[3]) Arneth 12 röm. Militär-Diplome III. IV. u. VI. Or. — Henz. inscript. latin. nro 6858a.
[4]) III, 2 pag. 169. Anmerk. 2095.
[5]) Cornelius Tacitus Ann. IV, 73 Anmerk.
[6]) Becker — Marq. III, 2, pag. 370, z. B. ala Agrippiana von ihrem Stifter Agrippa, dem Schwiegersohn des Augustus; ala Indiana von ihrem Befehlshaber Julius Indus (Tac. Ann. III, 42. 43.) u. s. w.
[7]) Becker — Marq. gibt beide Meinungen an III, 2, pag. 375 f.

erhielt das Corps denselben wegen der Provinzialen, die das römische Bürgerrecht beim Eintritt in das Heer bereits besassen und den grösseren Theil der Truppe ausmachten; Andere [1] sind der Ansicht, dass die Cohorte oder Ala zur Auszeichnung für besondere Verdienste das römische Bürgerrecht erhielt. Die letztere Ansicht scheint mir die richtige, auch dürften wir bei Tacitus ein analoges Beispiel haben [2]).

Gegen diese Annahme wird die Schwierigkeit erhoben, dass sich diese Truppen in Militär-Diplomen neben anderen Auxiliaren finden, die das Bürgerrecht nicht haben, und dass ihnen dieses vielmehr insgesammt durch das Diplom erst verliehen wird. Dieser Einwand dürfte sich ungefähr auf folgende Weise beseitigen lassen. In den Diplomen wurde nach früher erfolgter Entlassung aus dem Heere nicht nur die Civität ertheilt an Diejenigen, welche sie nicht hatten — der Zusatz civitatem dedit iis *qui non haberent*, der sich in den Diplomen des II. Jahrhunderts findet, dürfte kein überflüssiger sein — sondern auch das conubium mit Peregrinen —, ein Recht, welches sie mit der Civität noch nicht besassen [3]). Sind ja auch die Cohorten der cives rom. voluntarii in den Diplomen aufgeführt, obwohl sie die Civität besassen.

Bei der Bewaffnung der Auxiliaren hatten die Römer eine doppelte Verfahrungsweise: man liess den Ausgehobenen entweder ihre volksthümliche Bewaffnung, oder man disciplinirte sie römisch. Im ersteren Falle führen die Auxiliaren einen ihre Bewaffnung bezeichnenden Beinamen, z. B. cohors Thracum *Sagittariorum*, cohors Hispan. *scutata*, ala Gallorum et Pannoniorum *catafractorum*, *loricatorum*, *Contariorum* [4]). Oft ist die Hauptaufgabe der Cohorte durch einen Zusatz angegeben, z. B. cohors *exploratorum* oder *speculatorum*.

Befehligt waren die Cohorten theils von Tribunen, theils von Präfekten. Der Präfekt einer Cohorte steht im Range dem Tribunen einer solchen nach; dieser steht dem Legionstribunen gleich, während für jenen, wenn er nicht senatorischen Ranges ist, die nächste Stufe der Beförderung das Legionstribunat oder Tribunat einer Cohorte bildet. Von Tribunen wurden in der Regel commandirt [5]):

1) Die cohortes civium romanorum.
2) Die cohortes primae der Nationen.

An der Spitze der übrigen Cohorten standen fast ohne Ausnahme Präfekten.

Der Befehlshaber einer Ala hiess ebenfalls Praefectus, ging aber im Range den Tribunen vor, und die Präfektur einer Schwadron war die letzte Beförderung für einen Offizier nicht senatorischen Standes [5]).

---

[1]) Becker — Marq. giebt beide Meinungen an III, 2 pag. 375 f.
[2]) II. III. 47. Eine Cohorte des pontischen Königs Polemo wurde in das römische Heer aufgenommen, mit dem römischen Bürgerrechte beschenkt und römisch bewaffnet.
[3]) Ulpian sagt hierüber: conubium habent cives romani cum civibus romanis; cum latinis autem et peregrinis ita si concessum sit (Cardinali, diplomi militari pag. 133. Platzmann pag. 49.
[4]) Becker — Marq. III, 2, pag. 270, Anm. 2096—2099.
[5]) Marquardt, röm. Alterth. III, 2, pag. 376 und Anmerkungen 2187, 38 u. 39. Jahrbücher XIII, pag. 49.

Endlich gehören als dritter Bestandtheil zu den Auxiliares die
Numeri oder Ordines,
benannt nach Völkern, von welchen sie gebildet werden. Sie scheinen kleinere Heeresabtheilungen zu sein als eine Cohorte, vielleicht nur einige Centurien einer solchen.

Solche Numeri sind z. B.: Numerus *Brittonum* [1]), N. *Divitiesium* [2]), N. exploratorum *Nemaningensium* [3]).

Die Vexillationes der Legionen, welche Marquardt [4]) unter die auxilia zählt, führe ich nicht an, weil sie nur auxilia im weiteren Sinne und überdies als Legionssoldaten römische Bürger waren und nicht Peregrinen, wie die auxiliares.

Die Zahl der Auxiliaren lässt sich, wie Tacitus sagt [5]), nicht genau bestimmen, während die der Legionen uns bekannt ist. Bei letzteren bestanden nämlich die Cadres [6]) auch in Friedenszeiten dem Namen nach fort, ob sie vollzählig waren oder nicht; bei einem Nothfalle wurden sie completirt, ohne dass eine Vermehrung der Legionen oder ihrer Cohorten in jedem einzelnen Kriegsfalle nothwendig wurde (nur wenn Legionen gänzlich zu Grunde gegangen [7]) oder stark decimirt [8]), oder demoralisirt waren [9]), schritt man zur Bildung neuer Legionen); Die Alen und Cohorten der Auxiliaren aber bestanden aus einer so geringen Anzahl von Soldaten, dass mit der Completirung der Ala oder Cohorte, falls ihre Mannschaft nicht vollzählig war, oder, wenn die Ale oder Cohorte quingenaria war, mit Erhöhung der Mannschaft von 500 auf 1000 für die Stärke derselben nicht viel gewonnen war; man musste daher im Kriegsfalle neue Cohorten und Alen bilden, nach dem Kriege wurde dann ein Theil, wenigstens die schon ausgedienten früheren Truppen, entlassen und auf solche Weise die Zahl der auxilia vermindert [9]), um im Nothfalle wieder vermehrt zu werden. Die Zahl der Auxiliaren bestimmte demnach das jeweilige Bedürfniss. An Stärke, wie an Zahl der Soldaten, waren sie jedoch den Legionen gleich. Dieses geht aus den Worten des Tacitus [9]), sowie aus einzelnen Gelegenheiten hervor [10]). Im Kriege scheinen sie in der Regel die Legionen an Anzahl übertroffen zu haben.

---

[1]) Brambach, corpus inscriptionum Rhenanarum Nr. 694. 1568d. 1592.
[2]) Ibid. Nr. 991 u. 1237. — Or. — Henzen 7420ba.
[3]) Ibid. Nr. 1761.   [4]) Röm. Alterth. III, 2, pag. 366 f.
[5]) Ann. IV, 5. apud idonea provinciarum triremes alaeque et auxilia cohortium neque multo secus in iis virium: sed persequi incertum fuit, cum ex usu temporis huc illuc mearent, gliscerent numero et aliquando minuerentur.
[6]) Tac. Hist. II, 57. pauci veterum militum in hibernis relicti, festinatis per Gallias delectibus, ut remanentium legionum nomina supplerentur.
[7]) Grotefend in Pauly's Real-Encyklopädie: Bemerkungen zu den Legionen I. Minervia; XV. und XXII. Primigenia; I. Germanica, XVI. Gallica.
[8]) Tac. Hist. II. 69. Vitellius, ut largitionibus adfectas jam imperii opes suffloerent, amputari legionum auxiliorumque numeros jubet vetitis supplementis; et promiscae missiones offerebantur.
[9]) Ann. IV, 5. — alae et auxilia cohortium neque multo secus in iis virium.
[10]) Als auxilia der XIV. Legion werden 8 Cohorten der Bataver bezeichnet; zu 500 Mann gerechnet ergibt 4000; wenn die Hälfte milliariae waren, was gewöhnlich der Fall war, 6000 Mann, ohne die Reiterei.

Tacitus glaubt ihre Zahl auch deshalb nicht vollständig angeben zu können, da sie häufig ihre Quartiere wechselten (*huc illuc mearent*)[1]; von den Legionen gingen zwar auch häufig Detachements (Vexillationen) in benachbarte Provinzen, der Stab der Legion aber blieb und dieselbe wurde wieder ergänzt.

Es ist nun die weitere Frage zu beantworten: in welchem Verhältnisse standen die auxilia zu den Legionen, dem Stamme der Heere?

Nach den Schriftstellern, besonders Tacitus, sowie aus Inschriften ergeben sich für die Beantwortung dieser Frage folgende Punkte:

1) Bei jedem Heere einer jeden Provinz, mochte dasselbe aus einer Legion bestehen, wie es in der Regel in der Provinz Afrika der Fall war[2]), oder aus mehreren, finden sich Auxiliaren; ja jeder Legion scheinen, wenigstens in Friedenszeiten, eine *gewisse* Anzahl Alen und Cohorten zugetheilt gewesen zu sein und zwar mindestens eine ala und 2 oder 3 Cohorten, in der Regel aber zwei oder drei Alen und 5 oder 6, auch 8 oder 9 Cohorten (das Verhältniss zwischen Alen und Cohorten ist gewöhnlich ²/₃ Fussvolk und ¹/₃ Reiterei[3]); in 23 Militär-Diplomen werden zusammen Mannschaften von 68 Alen und 199 Cohorten verabschiedet.

2) Die Auxiliaren sind ein von den Legionen unabhängiges, selbstständiges Corps, welches nur unter dem Oberfeldherrn einer Provinz, dem legatus Augusti Propraetore, steht, und welches — ganz unabhängig von den Legionen — in der Provinz selbst oder bei Bedürfniss in einer benachbarten verwendet wird[4]).

---

[1]) Die Coh. I. Thracum stand 74 in Germanien (A. II), 86 in Judaea (Or. — Henz. 5433) 154 in Pannonien (A. XII) 213 in Britannien. Bei den 110 in Dacien verabschiedeten Auxiliaren sind: Freiwillige römische Bürger, Iturker, Britten, Spanier, Thracier, Gallier, Rätier, Numidier; in Germanien i. J. 74. Asturer (Spanier), Aquitanier, Cyrenaiker, Dalmatier, Gallier, Rätier, Vindelicier, Thracier.

[2]) Tac. IV, 23. II. II, 97.

[3]) Annalen für Nassau'sche Alterthumskunde V. Bd. pag. 63. — Vespasian hatte in Judäa drei Legionen, Mucian in Syrien 4; dazu bemerkt Tac. H. II. 4. auxilia utrique cohortium alarumque. Bei dem Aufstande der Coelaletae et Odrusae in Thracien schickt der Proconsul P. Vellaeus von Mösien alarios equites ac leves cohortium voraus, er selbst folgt mit den Legionen Tac. III. 59. So finden sich acht cohortes Batavorum ausdrücklich als auxilia der XIV. Legion bezeichnet, (Tac. H. I, 59.). Bei der Legion, welche in Afrika den Aufstand des Numidiers Tacfarinas bekämpfte, werden zwei alae und leves cohortes aufgeführt: Tac. Ann. II, 52. III, 20. IV, 25. Bei der Legion, welche aus Germanien im J. 58 n. Chr. nach Armenien gerufen wird, werden equites alarii und peditatus cohortium erwähnt: Tac. Ann. XIII, 35. Bei der V. Legion (Alauda), welche 14 n. Chr. in Pannonien lag und im Jahre 60 n. Chr. aus ihrem damaligen Standquartier in Mösien nach Armenien abrückte (Tac. Ann. XV, 6) sind alares Pannonii, robur equitatus: XV, 10. u. a. v. a. St. In Armenien lässt Corbulo im J. 60 n. Chr. als Besatzung 1000 Legionarier nebst drei Cohorten und zwei Alen zurück: XIV, 26.

[4]) So ist die V. Legion 62 im Pontus, ihre Auxilia, alares Pannonii, aber in Armenien, wo sie als robur eqitatus Bedeutung hatten, Tac. A. XV, 10. Auf ähnliche Weise gehen im J. 61 aus Germanien nach Britannien mit 2000 Legionaren, mit welchen die Leg. IX. Hisp. ergänzt wurde, acht coh. auxiliares und 1000 Reiter, gleichsam als auxilia für die 9. Legion: Tac. Ann. XIV, 38. — Zu dem Heere, welches 69. für Vitellius nach Italien ziehen will, stossen auch die cohortes et alae et ipsa Raetorum juventus: Tac. H. I, 59. 67.

Denn Cohorten, Alae und Numeri haben ihre eigenen Befehlshaber, werden immer speziell im Gegensatz zu den Legionen aufgeführt, nehmen im Lager ihren eigenen, von den Legionen regelmässig getrennten Platz ein, und treten bei einzelnen Gelegenheiten als durchaus selbstständiges Corps auf. So trennen sich die oben angeführten acht batavischen Cohorten von ihrer Legion und schliessen sich im Widerstreit mit dieser, die für Kaiser Otho sich erklärte, dem Vitellius an, um bald darauf, als die Legion wieder für den letzteren sich entschieden hatte, mit ihr gegen Otho nach Italien zu ziehen[1]. Die Auxilien in Germanien nehmen an der Empörung der germanischen Legionen im J. 14 keinen Antheil, dagegen lassen sie sich 69 von den Legionen für die Erhebung des Vitellius gewinnen[2].

3) Das Heer einer Provinz suchte man auch in Friedenszeiten immer in gleicher Stärke zu erhalten, zumal wenn die Provinz durch die Nachbarschaft barbarischer Völker bedroht war. Wenn daher aus einer Provinz zu einem Kriege in einer anderen eine Legion oder ein Theil derselben abging und nicht eine andere Legion nachrückte, so ergänzte man die Lücke häufig durch Auxiliaren[3]. Was bei diesen selbst durch starken Abgang der einen Waffengattung mangelte, ersetzte man durch Vermehrung der andern: waren nur wenige Alen vorhanden, so wurden dafür mehr Cohorten ihnen zugesellt[4].

Nach diesen Voraussetzungen halte ich zum Schlusse der Einleitung noch einige Bemerkungen für nöthig.

Die Militär-Verhältnisse, wie wir sie in der Kaiserzeit antreffen, begründete Augustus[5], wahrscheinlich bei der Vertheilung der Provinzen zwischen dem Kaiser und dem Senate im J. 27 v. Chr. Die Zahl der Legionen, welche während des letzten Bürgerkrieges auf 70 bis 80 gestiegen war[6], beschränkte Augustus auf 25; unter Kaiser Claudius wurden es 27[7], unter Nero 28[8] von Galba an 30[9], unter Septimius Severus 33[10]. Mit der, durch die Erweiterung des Reiches und dessen Sicherstellung nach Aussen bedingten, Vermehrung der Legionen wurden ohne Zweifel auch die Auxilia vermehrt. Man darf annehmen, dass Augustus bei Vertheilung der 25 Legionen in die einzelnen kaiserlichen Provinzen auch das Contingent bestimmte, welches

---

[1] Tac. H. I, 64. II, 11.
[2] Tac. A. I, 36. H. I, 54.
[3] So werden im J. 63 n. Chr., als die XV. Legion aus Pannonien nach Armenien gegen die Parther zog (Tac. A. XV, 25) zur Unterstützung der zwei in Pannonien zurückgebliebenen Legionen drei Cohorten und eine Ala ausgehoben, wie Hitzinger (Mittheilungen des histor. Vereins für Krain Jahrg. 1864, pag. 38) angibt, die Coh. I. und II. Noricorum sive Alpinorum, Coh. III. Pannoniorum und eine als Panoniorum.
[4] In Germanien stehen im J. 74 fünf Alen u. 12 Cohorten, im J. 116 zwei Alen u. 17 Cohorten. (Jahrbücher für Nassau'sche Alterthumskunde Jahrg. V, pag. 64.)
[5] Becker — Marquardt, röm. Alterth. III, 2, pag. 350 f.
[6] Dazu kamen die XV. und XXII., beide Primigenia, genannt.
[7] Durch die neu gebildete I. Italica
[8] Durch die neu gebildete I. Adjutrix und VII. Galbiana, später Gemina benannt.
[9] I. II. und III. Parthica neu errichtet.

die Bundesgenossen zu den in ihrem Gebiete gerade weilenden Legionen zu stellen hatten[1]; neuen Bundesgenossen wurden neue Contingente bestimmt[2].

Durch die Zeitverhältnisse wurden aber Dislocirungen der Legionen nothwendig und mit denselben gingen, wie wir nach den vorausgeschickten Bemerkungen annehmen dürfen, meistens (die grössere Brauchbarkeit einer Waffengattung oder eines Corps war stets massgebende Bestimmung des Garnisonswechsels), auch die ihnen zugetheilten Auxiliaren in andere Länder und mit den neuen Legionen, welche in die Standquartiere der abgesogenen nachrückten, kamen auch neue, in früheren Garnisonen ausgehobene Auxiliaren in das neue Quartier. Daher werden sich die Auxiliaren in Verbindung mit den jeweiligen in einem und demselben Lande stehenden Legionen am besten darstellen lassen, und die grösseren Dislocirungen der Legionen bestimmen zugleich auch die einzelnen Hauptabschnitte meiner Untersuchung.

Die Anordnungen, welche Augustus in Bezug auf Aushebung und Standort der Heere getroffen, und welche Tiberius beibehalten hatte, erlitten zuerst eine grössere Veränderung unter Kaiser Claudius durch den Krieg, den er zur Eroberung Britanniens führte.

Es gingen nämlich damals aus Germanien drei Legionen nach Britannien, die II. Augusta, XIV. Gemina und XX., und mit ihnen ihre Auxilia, um bleibend in Brit. zu weilen. An die Stelle der abgegangenen wurden zwei neue Legionen, die XV. Primigen. und XXII. Pg. ausgehoben und die IV. Macedonica aus Spanien und vielleicht auch die III. Gallica aus Mösien an den Rhein gerufen[3], mit ihnen eine entsprechende Zahl auxilia — welche? ist der Gegenstand der I. Abschnittes dieser Untersuchung.

Eine zweite Veränderung bringen unter Kaiser Nero im J. 55—63 die Verhältnisse in Armenien[4] hervor und der gegen die Albaner und Kaukasier beabsichtigte Krieg[5]. Grosse Truppenmassen gehen aus Syrien, Mösien und Pannonien nach dem Orient — an ihre Stelle rücken Truppen aus den westlichen Provinzen, auch aus Germanien geht die Leg. XIII. Gem. nach Pannonien[6], die III. Gallica nach Syrien (59 n. Chr.). Weit bedeutendere Veränderungen in den Stellungen der Truppen bedingen die Kämpfe um den Kaiserthron zwischen Otho und Vitellius einer Seits und zwischen Vitellius und Vespasian anderer Seits. Dazu kommt noch der fast zu gleicher Zeit erfolgte Aufstand der Bataver unter Civilis, zu dessen Bekämpfung Truppen aus aussergermanischen Provinzen beigezogen wurden. Die unter Nero, Vitellius und Vespasian verursachten Veränderungen seien im II. Abschnitte besprochen.

Unter Vespasian wurden — nach dem batavischen Krieg — die Quartiere der Legionen wieder geordnet und blieben es — mit geringen Aenderungen — bis auf Kaiser Trajan, dessen

---

[1] Wenigstens sagt Tacit. A. I, 11.: quantum civium sociorumque in armis, quot classes, regna — — cuncta sua manu perscripserat Augustus.

[2] Tac. I, 60 Chauci cum auxilia pollicerentur in commilitium adsciti sunt.

[3] Tac. A. XIV, 34. Grotefend in Pauly's Realencyklopädie; Brambach, corpus inscript. lat. Rhenan. Procemium.

[4] Tac. A. XIII, 8. 35—40. XIV, 26. XV, 3—26. XVI, 13.

[5] Tac. H. I, 6. 31.   [6] Tac. A. XII, 35. Grotefend in Pauly's Realencyclop.

grosse Kriege in Dacien und Parthien bedeutende Dislokationen erheischten — den Einfluss derselben auf die Auxiliaren in Germanien werde ich in dem III. Abschnitt darzulegen suchen.

Unter dem Kaiser Hadrian trat wieder Ruhe ein und kein grösserer Krieg störte die Truppen in ihren Friedensgarnisonen, bis unter den Kaisern M. Aurelius und Lucius Verus der deutsche Krieg, gewöhnlich Marcomannenkrieg genannt, bedeutende Streitkräfte in Anspruch nahm. In wiefern dieses auf die Hilfstruppen in Deutschland einwirkte, soll im IV. Abschnitt gezeigt werden.

Im V. Abschnitte wären dann die Veränderungen zu besprechen, welche die Kriege des K. Severus Alexander gegen die Perser und Alemannen und des K. Maximin gegen die Germanen nöthig machten.

§ 2.
Quellen.

Reichlichere Hilfsmittel wären nöthig gewesen, allein die Entfernung von jeder, auch nur namhaften Bibliothek beschränkte mich auf die Benützung weniger Autoren: an Schriftstellern:

Tacitus (A = Annalen, H = Historien, G = Germanien, Ag = Agricola);
Suetonius, de vita Caesarum; Cassius Dio; Annaeus Florus; Vellejus Paterculus, Capitolinus; Plinius H. N.; Eutropius; Spartianus.

An anderen Autoren:

Cardinali (C.) diplomi imperiali accordati ai militari.
Borghesi, *Giorn. Arc.*
Arneth, zwölf röm. Militär-Diplome.
Orelli, inscriptiones latinae, I. u. II. Bd.
Orelli — Henzen, inscriptiones latinae. III. Bd.
Brambach, corpus inscriptionum Rhenanarum.
Steiner, corpus inscriptionum latinarum Rheni (Ausgabe v. J. 1837).
Stälin, Geschichte von Württemberg.
Muchar, Geschichte d. Herzogthums Steiermark.
Lyson, Britannia Magna, Cumberland. IV. Bd.
Böcking, Notitia dignitatum Orientis et Occidentis.
Jahrbücher des Vereins von Alterthums-Freunden im Rheinlande.
Ch. Völker, der Freiheitskampf d. Bataver unter Claudius Civilis. 1. u. 2. Lieferung.

Annalen des Vereins für Nassauische Alterthumskunde und Geschichtsforschung.
Rossel, zur Geschichte des römischen Wiesbadens.
Mittheilungen des historischen Vereins für Krain.
Hefner, das römische Bayern.
Aem. Hübner, inscriptiones Hispaniae Latinae.
Henzen, bulletini dell instituto di correspondenza Archeologica.
Inschriften des württembergischen Alterthums-Vereins.
Archiv des Vereins für siebenbürgische Landeskunde.
Becker — Marquardt, römische Alterthümer.
Christ, d. römische Diplom in Weissenburg 1867.
Urlichs, commentatio de vita et honoribus Agricolae. Herbipoli 1868.

Nach den gleichzeitigen Schriftstellern sind die wichtigsten Quellen die Militär-Diplome. Diese sind um so wichtiger, je spärlicher die Nachrichten der Schriftsteller über diesen Gegenstand sind. Sie sind Urkunden, in welchen das römische Bürgerrecht und das Conubium mit einer Peregrinen den Soldaten ertheilt zu werden pflegt, welche die gesetzliche Dienstzeit in (den Legionen [1])) den Alen und Cohorten der Peregrinen oder in den Prätorianer- und städtischen Cohorten oder auf einer römischen Flotte zurück gelegt haben und ehrenvoll entlassen worden sind. Das Original dieser Urkunde befand sich in Rom[2]); dem einzelnen Soldaten wurde als Legitimation für sich, seine Frau und Kinder auf Verlangen eine mit sieben Zeugen (sieben Liktoren?) beglaubigte Abschrift ausgehändigt. Sie bestehen aus zwei Bronzetäfelchen, welche zusammengelegt und mit Drähten, welche von der Vorderseite des einen Täfelchens durch die Mitte beider Täfelchen zu den auf der Rückseite des zweiten Täfelchens angebrachten Siegeln der sieben Zeugen liefen, verschlossen waren. Auf den beiden Aussenseiten ist derselbe Text enthalten wie auf den Innenseiten. Der Text der äusseren Seiten erscheint meistens sorgfältiger und so zu sagen als erste Abschrift des Originals, der Text der inneren Seiten ist in der Regel weniger accurat und elegant, und daher gleichsam als Abschrift der Aussenseite (Copiá von einer Copie) zu betrachten.

Die Militär-Diplome heissen auch tabulae honestae missionis, jedoch mit Unrecht, denn die Entlassung war der Verleihung des Bürgerrechtes schon vorangegangen, wie die Diplome selbst beisetzen[3]).

Solcher Militär-Diplome hat man bis jetzt 53 gefunden[4]); von dieser Zahl kamen mir 48 unter die Hände. Die wenigsten derselben haben unmittelbar auf Deutschland Bezug. Unter denjenigen, von welchen ich Einsicht nehmen konnte, ist das erste das des Kaisers Claudius v. J. 52 (trib. pot. XII.) für die Matrosen der misenischen Flotte[5]). Ihm folgt ein Diplom von K. Nero vom J. 60 (trib. pot. VII) für die Auxiliaren in Illyrikum[6]), ein Bruchstück eines Militär-Diploms von demselben Kaiser aus dem J. 64[7]). Nach diesem zwei Diplome des K. Galba vom J. 68 (trib. pot.) für die Leg. I. Adjutrix[8]).

Vom Kaiser Vespasian sind drei vorhanden: vom Jahre 70 (trib. pot.) für die Leg. II. Adjutrix[9]; — vom J. 71 (t. p. II) für die Flotte in Ravenna — und vom J. 74 (t. p. V) für Germanien[10]); ferner ein Diplom vom K. Titus aus dem J. 80 (t. p. IX) für die Auxilien in Pannonien[11]); —

---

[1]) Nur ausnahmsweise, wenn die Legion aus Peregrinen gebildet war cf. oben.
[2]) Auf dem Capitol, wo durch den Brand desselben im J. 69 in den vitellianischen Unruhen mehrere Tausende zu Grunde gingen; seit Domitian auch im Tempel des Augustus ad Minervam (C. IX, X, XI, XV, XVI u. a.)
[3]) „Et sunt dimissi honesta missione" ist steter Beisatz.
[4]) Renier kennt nach Borghesi IV, pag. 277 Anmerk. 52 Diplome, von welchen 2 unedirt seien; als 53. kommt dazu das im J. 1867 bei Weissenburg in Mittelfranken gefundene und von Prof. Christ edirte. Die drei mir fehlenden (edirten) Diplome sind zu finden in Lysons Archaeologie.   [5]) Cardinali I.
[6]) Arneth. I.   [7]) Henzen Nr. 6858.   [8]) C. II. u. III.   [9]) C. IV.
[10]) A. II, C. VI. Rossel pag. 10.   [11]) A. III.

daran schliessen sich fünf Diplome vom K. Domitian: vom J. 85 (t. p. IV) für Pannonien¹); — aus demselben Jahre (t. p. V) für die Flotte in Aegypten²); — vom J. 86 (t. p. V) für die Hilfstruppen in Judaea³); — vom J. 91 (t. p. XI) für die Flotte in Moesien⁴); — vom J. 93 (t. p. XII) für die Auxilien in Dalmatien⁵);

ferner ein Diplom vom K. Nerva vom J. 96 für Sardinien⁶);

acht Diplome vom K. Trajan:

vom J. 104 (t. p. VII) für Auxil. in Britannien⁷); — vom J. 106 (t. p. IX) für Britannien⁸); — aus demselben Jahre für Nieder-Mösien⁹); — vom J. 107 (t. p. XI) für Rätien¹⁰); — vom J. 110 (t. p. XIV) für Dacien¹¹); — vom J. 112/117 für die Flotte in Ravenna¹²); — vom J. 114 (t. p. XVIII) für Nieder-Pannonien¹³); — vom J. 116 (t. p. XX) für Obergermanien¹⁴).

Hiezu kommen vom Kaiser Hadrian sieben:

vom J. 124 (t. p. VIII) für Britannien¹⁵); — vom J. 127 (t. p. XI) für die Flotte in Ravenna¹⁶); — vom J. 129 (t. p. XII) für die Flotte in Misenum¹⁷); — vom J. 129 für Dacia inferior¹⁸); — vom J. 134 (t. p. XVIII) für Moesia inferior¹⁹); — vom J. 134 für die Flotte zu Misenum²⁰) und vom J. 138 (t. p. XXII) für Auxiliaren²¹); — der Name ihres Standortes fehlt in dem fragmentarisch auf uns gekommenen Diplom. —

Daran reihen sich sechs Diplome vom K. Antoninus Pius:

vom J. 145 (t. p. VIII) für Dacia Ripensis (wahrscheinlicher als für Aegypten und Cyrene)²²); aus demselben Jahre für die Flotte in Misenum²³); — vom J. 154 (t. p. XVII) für Pannonia Superior²⁴); — vom J. 157 (t. p. XX) für Dacien²⁵); zwei unter dem Consulat des Q. Pomponius Musa und L. Cassius Juvenalis ertheilte — in welchem Jahre scheint ungewiss — wahrscheinlich für Auxiliaren in Pannonien²⁶). Ausser den angeführten Diplomen sind noch übrig:

Drei von den Kaisern M. Aurelius und L. Verus: vom J. 162 (t. p. XV, bei Verus ohne Zahl) für die Coh. praetoriae et urbanae²⁷); vom J. 165 und 167 (t. p. XXI) für Pannonia inferior²⁸); ein Diplom vom K. Septimius Severus vom J. 208 (t. p. XVI)²⁹) für die Coh. praetoriae; ein Diplom vom K. Severus Alexander vom J 230 (t. p. IX) für die Equites singulares in Rom³⁰); ein Diplom vom K. Gordianus III. vom J. 243 (t. p. VI) für die Coh. praetoriae³¹); dazu zwei von den Philippen vom J. 247 für die Flotte in Misenum und vom J. 249 für die Coh. praetoriae³²), endlich ein Diplom des K. Decius Trajanus vom J. 249 für die Flotte

---

¹) A. IV. ²) C. VII. ³) Henzen 5483. Jahrb. Bd. XIII, pag. 26. ⁴) C. VIII.
⁵) C. IX. ⁶) C. X. ⁷) C. XI. ⁸) C. XII. ⁹) A. V.
¹⁰) Jahrbücher XIII. Philol. Ans. 1868. ¹¹) A. VI. ¹²) C. XIII. ¹³) Henzen 6857a.
¹⁴) Rossel l. c. ¹⁵) Or.-Henz. 5455. Jahrb. XIII, pag. 63. ¹⁶) C. XIV. ¹⁷) C. XV. ¹⁸) C. XVI.
¹⁹) A. VII. ²⁰) Henzen diploma militare d'Adriano 1857.
²¹) C. XVII. ²²) C. XVIII. A. IX. Der Fundort ist dafür entscheidend; denn in derselben Provinz, in welcher die Diplome gefunden wurden, standen laut der vollständig erhaltenen Diplome auch die verabschiedeten Truppen. ²³) C. XIX. A. VIII. ²⁴) A. X. C. XX. ²⁵) Or.-Henz. 6868a.
²⁶) A. XI. und XII. ²⁷) C. XXI. ²⁸) C. XXII. und XXIII. ²⁹) C. XXIV.
³⁰) Or.-Henz. 5520. ³¹) C. XXV. ³²) C. XXVI und XXVII.

in Ravenna [1]), und ein Diplom vom K. Maximian um das J. 300 n. Chr. [2]). Ausserdem noch Bruchstücke [3]) von zwei Diplomen, bei welchen weder der Kaiser, der dieselben ertheilt, noch das Jahr der Ertheilung ermittelt sind.

Auf Germanien haben nur zwei Diplome Bezug, das vom K. Vespasian aus dem J. 74 und das des K. Trajan aus dem J. 116.

§ 2.
Auxiliaren in Germanien von Augustus bis Claudius (26 v. — 42 n. Chr.).

In diesem Zeitraum, der sich in zwei Hälften theilen lässt — vor und nach der Varischen Niederlage — finden wir von 26 v. bis 9 n. Chr. in beiden Germanien acht Legionen stationirt: Die XVII., XVIII. und XIX., welche am Niederrhein standen und 9 n. Chr. im Teutoburger Walde von den Deutschen vernichtet wurden; ausser diesen die II. Aug., V. Mac., XIII. Gem., XIV. Gem. und XVI. Gallic. Der Untergang der drei ersteren Legionen im Jahre 9 n. Chr. machte drei andere römische Legionen in Germanien nothwendig. An die Stelle der vernichteten kamen die I. Germanica, die XX. Valeria Victrix und die XXI. Rapax, welche von Augustus durch Aushebungen in Rom selbst errichtet wurde [4]). Von den fünf anderen Legionen scheint während des Aufstandes der Pannonier im Jahre 7 — 10 n. Chr. eine Legion, wahrscheinlich die V. Macedonica, nach Mösien gekommen zu sein. An ihre Stelle mag die V. Alauda dann getreten sein. Zu jener Annahme veranlasst mich der Umstand, dass im J. 26 eine Cohors Sygambra in einem Aufstand der Thracier bei den mösischen Legionen (der IV. Scythica und V. Macedonica) erscheint [5]). Auch eine Coh. Ubiorum wird in Moesia Inferior auf einer Inschrift [6]) erwähnt, welche wahrscheinlich der augusteischen Zeit angehört. Ich glaube dies nur durch die Verlegung einer Legion aus Germanien nach Mösien erklären zu können.

Die in Germanien stehenden Legionen wurden gleichmässig in beiden Germanien dem Rhein entlang vertheilt. Von dieser Zeit an erscheint nämlich der Landstrich auf dem linken Rheinufer von dem nördlichen Helvetien bis zur Nahe als *Germania Superior*, von der Nahe bis zu den Rheinmündungen und der Nordsee als *Germania inferior*. Jeder Theil hat in der Regel einen Legatus Augusti Propraetore zum Statthalter; die Residenz des einen und die Hauptstadt für Niedergermanien war Ara Ubiorum, welches von der Kaiserin Agrippina, die im Jahre 17 n. Chr. dort geboren worden war, 50 n. Chr. zur Colonie erhoben und von ihr Colonia Agrippinensis oder Agrippinensium (Cöln) genannt wurde; der Statthalter von Ober-

---

[1]) Or.-Henz. 5534. Borghesi, diploma di Decio. [2]) C. XXVIII. [3]) C. XXIX u. XXX.
[4]) Grotefend in Pauly's Encyklopädie des klass. Alterthums. Germanica heisst die I. Legion, wahrscheinlich von ihrer Stellung in Deutschland. — Die XX. erhielt ihren Beinamen von einem Siege, den sie unter ihrem Legaten Valerius Messallinus 6 n. Chr. in Illyrikum erfocht. [5]) Tac. A. IV, 47.
[6]) Or. — Henz . 5150 . C . Junio . C . F . Anien . Tertio ‖ eq . public . Augur . Aed . Quinq . Solo ‖ Praef . Coh . Ubior . Moes . Infer ‖ Juniae . C . F . Saturnae ‖ Juniae . Comice . matri ‖ Juniae . Stachidi.

Germanien hatte seinen Sitz in Mogontiacum (zur Zeit des Drusus wahrscheinlich Gesoniacum genannt [1]).

Die Standquartiere der Legionen in diesem Zeitraum und während des ersten Jahrhunderts überhaupt waren: am Niederrhein Noviomagus (Neumagen) für eine Legion, Vetera oder Veteres (Birten) für eine — häufig lagen in Vetera zwei Legionen [2] — ara Ubiorum (Cöln) für eine, Bonna (Bonn) für eine; am Oberrhein: Mogontiacum (Mainz) für zwei, Argontoratum (Strassburg) für eine, Vindonissa (Windisch) für eine Legion.

Rechnen wir jede Legion zu 3600 Mann (zehn Cohorten à sechs Centurien à sechzig Mann — im Jahre 14 n. Chr. bei der Revolte der Legionen am Rhein waren sie nicht stärker an Mannschaft[3]) und für sie eine gleiche oder etwas grössere Anzahl auxilia, z. B. 1 ala milliaria oder 2 alae quingenariae = 1000 M., — 1 cohors peditata milliaria = 1000 M., — 1 cohors peditata quingenaria = 500 M., — 2 cohortes equitat. quingenariae = 1000 M., zusammen 3500 M., so erhalten wir für 8 Legionen: etwa 12 Alen (4 mill., 8 quingen. = 8000 Reiter), und 35 Cohorten: 10 pedit. mill = 10.000 M.; 10 equit. quing. = 5000 M., und 5 eq. mill. = 5000 M., zusammen 25.000, im Ganzen 33.000 Mann, etwas stärker als die Legionen. War die Legion zahlreicher, wie sie es gewöhnlich zu sein pflegte [4]), so trat wohl auch eine entsprechende Vermehrung der Auxiliaren ein, so dass für Germanien 20 Alen und 30—50 Cohorten der Friedensfuss gewesen sein dürften, so lange man dort acht Legionen für nöthig hielt.

Und in der That finden wir einige Jahre nach der varischen Niederlage, im Jahre 14 n. Chr., bei den vier Legionen des Niederrheins, von denen die I. und XX. in Cöln, die V. und und XXI. in Vetera lag [5]), während des Sommers waren alle vier im Gebiet der Ubier per otium aut levia munia vereinigt [6], *26 sociae cohortes* und *8 equitum alae* [7]), zu welchen nur 12.000 Legionare stiessen, so dass, wenn die Stärke einer Legion, wie Tacitus angibt [8]), nur 3600 Mann war, die Auxiliaren viel zahlreicher waren. Eine gleiche Anzahl Alen und Cohorten beim oberrheinischen Heere vorausgesetzt, ergeben sich 52 Cohorten und 16 Alen. Dass damals die Truppen in Germanien zahlreich waren, lässt sich daraus erkennen, dass im Jahre 16 n. Chr. Cäsar Germanikus den Proconsul von Obergermanien, C. Silius, mit 30.000 Mann zu Fuss und 3000 Pferden gegen die Chatten absendet, während er selbst mit einer noch grösseren Anzahl in das Gebiet der Marsen einfällt [9]).

Zunächst ist anzunehmen — so lange nicht das Gegentheil bewiesen ist —, dass die Auxiliaren aus den Völkern bestehen, welche in beiden Germanien und dessen unmittelbarer

---

[1]) Völker pag. 44 ff.   [2]) Tac. A. I, 45. Hist. IV, 35.   [3]) Tac. A. I, 32.
[4]) Vor der Kaiserzeit pflegte sie, wie Becker — Marquardt röm. Alt. III, 2, pag. 360 zeigt, seit Marius 6000 M. stark zu sein; unter Trajan 5280 ohne die Offiziere; unter Alexander Severus 5000 Mann.
[5]) Tac. A. I, 37. 39. Der Legat der I. war damals C. Caetronius (l. c. I, 44).
[6]) Tac. A. I, 31.   [7]) Tac. A. I, 49. cf. I, 33.
[8]) Tac. A. I, 32. prostratos (centuriones) verberibus mulcant (legionarii) sexageni singulos, ut numerum centurionum adaequarent.   [9]) Tac. A. II, 25.

Nachbarschaft wohnen. Es sind aber unter den Völkerschaften Niedergermaniens um diese Zeit die bedeutendsten:

Die *Frisii*, eine Völkerschaft an der Nordsee von der Mündung des Rheins bis zur Ems. Bereits 12 v. Chr. wurden sie durch Drusus unterworfen, zahlten nach dieser Zeit einen mässigen Tribut und stellten Soldaten [1]; schon im J. 28 n. Chr. wird ein ausgedienter Soldat dieser Nation erwähnt [2]. Friesen waren auch unter den germanischen Stämmen, welche die Leibwache der Kaiser bildeten von Augustus bis Galba [3]. Tacitus [4] unterscheidet *Frisii majores* und *minores*; letztere scheinen mit den bei Plinius und in Militärdiplomen [5] vorkommenden *Frisiavones* identisch und diejenigen zu sein, welche Drusus unterwarf.

Nachbarn der Friesen waren im Osten die *Chauci*, im Westen und Süden die *Cannenefates*, auch Cannunefates oder Canninefates. Diese hatten auf den Inseln an den Mündungen des Rheins und auf der Bataver-Insel ihre Wohnsitze, waren bereits vor den Friesen unter römische Herrschaft gekommen, blieben jedoch steuerfrei und mussten nur Truppen stellen [6]; die *Chauci*, die östlichen Nachbarn der Friesen, boten sich im J. 15 n. Chr. dem Germanikus selbst zum Kriegsdienst in der römischen Armee an [7].

Auf der Insel, welche der Rhein einige Meilen vor seiner Mündung durch Theilung seines Strombettes bildet, wohnten neben den zahlreicheren [8] Cannenefaten die *Bataver*. Auch diese waren schon in früher Zeit den Römern unterthan geworden, waren frei von Tribut und stellten Soldaten, sowohl zum Landheere als zur Flotte [9]. Westlich von ihnen sassen am Rhein aufwärts die *Cugerni*, zwischen Maas und Schelde die *Tungri*, östlich von diesen die *Ubii* und *Sygambri*. Die beiden letzteren wohnten zur Zeit Julius Cäsars auf dem rechten Rheinufer [10]; die Ubier liessen sich wegen der Anfeindungen, die sie wegen ihrer Freundschaft mit den Römern von den benachbarten germanischen Stämmen zu erdulden hatten, durch Agrippa, den Feldherrn und Schwiegersohn des Augustus, 37 v. Chr., auf das linke Rheinufer versetzen [11], wo sie eine Stadt gründeten, von der oben bereits die Rede war; ein Theil scheint jedoch auf dem rechten Ufer zurückgeblieben zu sein. Die Sygambri aber, welche mit den Tenchteren und Usipetern, 18 v. Chr., den Proconsul Lollius geschlagen hatten, wurden, 8 v. Chr., von Tiberius theils vernichtet, theils ebenfalls mit dem noch auf dem rechten Rheinufer zurück-

---

[1] Tac. A. IV, 72.   [2] Tac. A. IV, 73.
[3] Orelli Insc. lat. nr. 174. 175. Ausser den Friesen noch Bataver. Or. — Henzen nr. 7420. a. pp. und 3538; Baetesier. Or. — Henz. nr. 7420. a. r:.; Ubier. 7420. a. ez.
[4] G. 34.   [5] Plin. IV. 15. Card. XII.   [6] Tac. H. IV, 15.
[7] Tac. A. I, 60.   [8] Tac. H. IV, 15.
[9] Tac. H. IV, 16. Die Bataver waren im Reiten und Schwimmen ausgezeichnet cf. Tac. A. II, 8. II, 11. G. 29. H. IV, 17. IV, 12. u. a. a. O.
[10] Caes. de b. G. I, 54. IV, 3. 8. 19.
[11] Tac. A. XII, 27.

gebliebenen Theil der Ubier auf das linke Rheinufer verpflanzt¹). Eine *cohors Sygambra* und *cohors Ubiorum* im J. 20 v. Chr. in Mösien wurde oben erwähnt.

Den Ubiern benachbart waren die *Treveri*²) auf dem rechten Ufer der Mosel, ein schon von Julius Cäsar oft genanntes Volk; östlich von ihnen auf dem linken Rheinufer die *Vangiones* und *Nemetes* zwischen Mainz und Worms; auf dem rechten Rheinufer, zwischen dem Rhein und dem Taunusgebirg, dem Main und der Lahn, die *Mattiaci*. Im Gebiet der letzteren hatte bereits 12—9 v. Chr. Drusus das castrum Mogontiacum errichtet³), und auf dem Taunus ein Castell angelegt⁴). Die Mattiaken hatten das Vorrecht, steuerfrei zu sein und nur Soldaten zu stellen⁵).

In der Gegend des heutigen Strassburg wohnten die *Tribocci*, welche Tacitus unter den germanischen Völkern erwähnt⁶). Im Norden vom Jura wohnten die *Rauraci*, die Nachbarn der Tribocci, im Westen von denselben die *Sequani*, zwei gallische Völker, welche Julius Cäsar der Römerherrschaft unterworfen hatte. Nördlich von den Sequanern wohnten die *Lingones* und *Leuci*. Nebst diesen wohnten noch an den Grenzen Germaniens im Westen an den Küsten des Fretum Gallicum (Pas de Calais) die *Morini*, *Menapii* und *Usipii*; südöstlich von den Treverern die *Sunici* und westlich die *Baetasii*⁷), endlich im Süden Germaniens an den Quellen des Rheins die *Helvetii* und östlich von diesen die *Raeti* und *Vindelici*, welche bereit 15 v. Chr. durch Tiberius und Drusus unterjocht worden waren.

Von allen diesen Völkern dürfen wir, da ihnen zunächst die Vertheidigung der Rheingrenze gegen die vordringenden barbarischen Völker Grossgermaniens am meisten am Herzen liegen musste, Hilfstruppen am Rhein bei den Legionen erwarten und finden solche in der That.

An den Feldzügen des Germanikus 14—16 n. Chr. betheiligen sich⁸) bereits *Batavorum cohortes* und zwar, wie es scheint, in beträchtlicher Anzahl, da sie das ganze Heer der Cherusker anzugreifen wagen, wobei aber ihr Anführer Chariovalda den Tod findet; ich halte diese Cohorten für *equitatae*, da es Gewohnheit der Deutschen war, untermischt (Fusssoldaten unter Reitern) zu kämpfen⁹) und weil wir sie auch später so finden. Im Weissenburger Diplom ist eine coh. III. Batavorum, die in Rätien steht, verzeichnet¹⁰). Es dürfte kaum zu bezweifeln sein, dass sie auch Reiterei stellten. Auf Inschriften kommen vor eine ala I. Batavor. mill.¹¹) und zwei Mal eine Coh. I. Batavorum¹²). Die Betheiligung der Cannenefaten an den Feldzügen des Germanikus, sowie an der Schlacht bei Idisiaviso, wird zwar nicht ausdrücklich von Tacitus erwähnt, lässt sich jedoch mit Grund vermuthen. Eine als Cannenefatium kommt auf einem, in Ober-

---

¹) Tac. A. II, 26. XII, 39. Sueton. Aug. Tib. 9. Sueton sagt ausdrücklich, dass Ubier und Sygambrer auf das linke Rheinufer versetzt wurden, und gewissermassen zur Bestrafung scheinen die Cohorten beider Stämme nach Mösien geschickt worden zu sein.

²) Dass nicht Treviri, sondern Treveri zu lesen cf. Völker 1. Lieferg. pag. 34.

³) Rossel pag. 58.   ⁴) Tac. A. I, 56.   ⁵) Tac. G. 29.

⁶) Ger. 28.   ⁷) Baetasii dienen in der Leibwache der Kaiser.

⁸) Tac. A. II, 11. 8.   ⁹) Tac. G. 6.   ¹⁰) Edirt von Prof. Christ 1867.

¹¹) Or. — Hens. 5263. gefunden in Steiermark (Seckau).

¹²) Orelli nr. 1755 u. 3400 in Britannien.

Germanien in der Nähe von Mainz gefundenen, Bruchstück einer Inschrift vor[1]), als I. C. in Militär-Diplomen; Cohorten auf Inschriften sind mir keine bekannt.

In der Schlacht bei Idisiaviso treten auf[2]): „auxiliares *Galli Germanique* in fronte, post quos *pedites sagittarii*, dein quatuor legiones et cum duabus praetoriis cohortibus ac delecto equite Caesar, exin totidem aliae legiones et levis armatura cum *equite sagittario* ceteraeque sociorum cohortes." Den sagittariis pedit. kommen zu Hülfe[3]) *Raetorum Vindelicorumque* et *Gallicae* cohortes. *Chauci* sollen endlich, als auxilia bei den Römern dienend, den germanischen Heerführer Arminius haben entkommen lassen[4]).

Unter den *gallischen* Cohorten sind, wie ich vermuthe, zunächst Gallorum cohortes im engeren Sinne zu verstehen, welche, wie Hassencamp annimmt[5]), in Gallia Lugdunensis ausgehoben waren; um diese Zeit vermuthe ich[6]), *cohors I.* und *II. Gallorum*, nebst zwei Alen[7]), *Gallorum* und *I. Gallorum*. In Militärdiplomen finden sich coh. II. III. IV. und V., auf Inschriften I bis VII; dagegen in ersteren nur als I. mit dem Beinamen Flaviana, auf letzteren nur als Sebosiana, welche beide aber aus Galliern conskribirt waren. Nebst diesen gallischen Cohorten im engeren Sinne dürften unter jener Bezeichnung des Tacitus enthalten sein: Cohorten von Nationen in Gallia Belgica, vor Allem *Belgarum* cohortes, welche Tacitus als „robur Gallorum" bezeichnet[8]), vermuthlich *cohors B.* und coh. *I. Belgarum*; nebst diesen Nervier, Lingonen, Treverer, Bätasier, Moriner, Menapier, Tungrer, Sunuker, Cugerner.

Nerviorum cohortes sind in den, mir bekannt gewordenen, Diplomen vier aufgeführt, die I., II., III. und VI.; in dieser Periode lassen sich annehmen coh. N. und coh. I. Nerviorum, ebenso zwei Cohorten der Lingonen, Bätaser, Moriner, Menapier, Sunuker und Cugerner. Von jeder dieser sechs Völkerschaften finden sich in Diplomen Cohorten. Cohorten der Treverer dagegen finden sich keine erwähnt, sie scheinen hauptsächlich Reiterei gestellt zu haben, zum wenigsten zwei alae.

Die neben den Galliern kämpfenden auxiliares *Germani* scheinen in sich begriffen zu haben die Cohorten der Ubier, die wir in der nächsten Periode ebenfalls finden, der Vangionen und Nemeter, die im Jahre 50 n. Chr. die räuberischen Chatten, vertreiben[9]), der Usipier, Sygambrer und Mattiaken, Tribokken und 2 Germanorum cohortes. Auf einer Inschrift[10]), die

---

[1]) Brambach nr. 968. Arneth II. und X., im ersteren Diplom (II) erscheint sie 74 in Germanien, im letzterem, wo sie den Beisatz hat C. R. in Pannonien. [2]) Tac. A. II, 16.
[3]) Tac. A. II, 17. [4]) Dissert. inaug. de cohortibus rom. pag. 47.
[5]) Die Gründe dieser Vermuthung sind dargelegt in § 4.
[6]) Dass gallische Reiterei bei der Schlacht war, ist aus der Schlachtordnung ersichtlich: in der ersten Schlachtreihe stehen die auxiliares Galli et Germani; Germanikus befiehlt, dass die tüchtigsten Reiter die gegenüber aufgestellten Cherusker angreifen sollten. Die besten Reiter waren jedenfalls die Germani, wie wir schon aus Julius Cäsar sehen. [7]) Tac. H. IV, 76. [8]) Tac. A. XII, 27.
[9]) Orelli 4949. Die Inschrift lautet: C. Actrio . C. F. Lem. || Nasoni || equo . publico || iv . quinque . decuriis || praef. coh . I. Germanor || trib . mil . leg . I. Italicae || testamento poni jussit || idemque municipib || Sentinatib . in . epulum || quod . XVII. K . Germanicas || daretur || HS. CXX . legavit. Mit den Calenden des Germanicus ist der

unzweifelhaft in diese Zeitperiode gehört, findet sich schon ein Präfect der coh. I. Germanorum erwähnt. Von der Aushebung einer Cohorte aus den Usipiern im Jahre 78/85 erzählt uns Tacitus [1]). Eine cohors Ubiorum und Sygambra ist schon oben erwähnt worden; eine coh. II. Sygambrorum, mit dem Beinamen Claudia, wird in einem Diplom aufgeführt[2]), so dass für den Zeitabschnitt bis 42 v. Chr. die Annahme einer cohors *I. Sygambrorum* gerechtfertigt erscheinen dürfte. Neben der II. Sygambror. wird in demselben Diplom auch eine II. Mattiacorum genannt; desshalb scheint es mir nicht unwahrscheinlich, dass um diese Zeit wenigstens eine cohors *Mattiacorum* und *I. Mattiacorum* im römischen Heere diente. Von den Tribokken findet sich weder in Diplomen noch Inschriften eine Ala oder Cohorte verzeichnet — vielleicht dienen sie in den vorzugsweise als „Germanorum cohortes" bezeichneten Cohorten, obwohl damit auch Nemeter, Vangionen und Tungrer bezeichnet sein können [3]); in der ala Claudia nova, die uns im nächsten Abschnitte begegnen wird, dient ein Tribokker —, da eine Vermischung der Volksstämme in so früher Zeit kaum anzunehmen sein dürfte, ist wahrscheinlich, dass diese ala aus Tribokken gebildet war. Auch die Chauci könnten in den cohortes Germanorum mitbegriffen sein; sie dürften aber eher zu den Hilfstruppen im weiteren Sinne gehören.

Cohorten der Rätier, welche ebenfalls an der Schlacht bei Idisiaviso betheiligt waren, kommen in Diplomen und auf Inschriften eilf vor: coh. Raet., coh. I. R., I. Raet. civium romanorum, II., III., IV., V., VI., VII., VIII. ped. und VIII. equit. Raetorum. Hier dürfte, da ich coh. I. Raet. und I. Raet. civ. rom. als zwei verschiedene Cohorten aufgeführt habe, folgende Bemerkung am Platze sein.

Jede Nummer, besonders aber die I. Cohorte, scheint, wie es der Natur der Sache nach möglich ist, häufig wenigstens vier Mal vorhanden gewesen zu sein: als coh. ped. quingen. und milliaria, gewöhnlich ohne den Beisatz pedit. und quingenaria, und coh. eq. quingenaria und milliaria, gewöhnlich ohne die Bezeichnung quingenaria, so dass unter cohors eine coh. ped. quingen., unter coh. equit. eine coh. eq quingen. zu verstehen ist. So finden sich in einem und demselben Diplome neben einander cohors I. et I. Alpinorum [4]), was sich nur als coh. *I. ped. et I. eq.* erklären lässt, I. et I. Montanorum[5]); in einem einzigen Diplom doppelt: Coh. I. Alpinorum, coh. VIII. Raetorum, und coh. II. Arvacorum[6]); ebenso zwei Alen: I. civium romanorum und II. Arvacorum[6]); von diesen zwei Alen war demnach die eine milliaria, die andere quingenaria; auch durch Beinamen erscheinen dieselben Nummern vervielfältigt: vor Allem wieder die I. Cohorte: so werden in einem und demselben Diplom unterschieden coh. I. Ituraeorum

---

1. September gemeint, welchen Monat der Kaiser Caligula nach Sueton cp. 15. Germanicus nennen liess; die Grabschrift fällt also zwischen 37 und 42 n. Chr.

[1]) Ag. 28.   [2]) Jahrbücher XIII. Bd.

[3]) Tac. sagt G. 2 von den Germanen: qui primi Rhenum transgressi Gallos expulerunt ac nunc Tungri tunc Germani vocati sunt; und cp. 28. ipsam Rheni ripam haud dubie Germanorum populi colunt, Vangiones, Triboci, Nemetes. Auch die Ubier gehörten und rechneten sich zu den Germanen.

[4]) Arneth IV.   [5]) Arneth IV. Henzen 6857a.
[6]) Arneth III.   [6]) Arneth II.

und Coh. I. Augusta Itur. Sagitt.; ebenso Coh. I. Hispanor. P(ia) F(idelis) und I. Flavia Ulpia Hispanor. mill. C. R.¹); in einem andern Diplom²): Coh. I. Thracum Germanica und I. Augusta Thracum; dazu kommen Coh. I. Thracum, coh. I. Thrac. milliaria, I. Th. equit., I. Thrac. C. R., die sämmtlich von einander verschieden sind³). So noch I. Lusitanorum, I. Lusit. Cyrenaica und I. Augusta Lusitan.⁴), Coh. Sequanorum et Rauracorum I., I. eq., I. mill.⁵), coh. V. Gallorum und V. G. equitata⁶), III. Thracum und III. Thrac. civ. rom.

Von rätischen Cohorten könnten in Germanien bei Idisiaviso betheiligt sein eine ohne Zahl und die II. Ein Soldat der ersteren wird genannt auf einer bei Worms und auf einer bei Mainz gefundenen Inschrift⁷); von der Coh. II. Raetorum finden sich auf Inschriften, die in der Umgegend von Mainz ausgegraben wurden, mehrere Soldaten und ein Präfekt, C. Mogillonius Priscianus, erwähnt⁸).

Neben den Cohorten aus Raetien waren bei Idisiaviso auch Vindelicier. Von diesem Volksstamme kommen in den mir bekannt gewordenen Diplomen nur vor coh. I. milliaria⁹) und coh. IV.¹⁰), auf Inschriften die IV. und III.¹¹); aus beiden Völkern, den Rätiern und Vindeliciern gemischt, eine coh. Raetorum et Vindelicorum¹²). Bei jener Schlacht vermuthe ich die *IV. Vindelicorum* und etwa eine *coh. Raetorum et Vindelicorum* engagirt; die IV. Vind. blieb lange in Germanien; im Diplom vom Jahre 74 und 116 findet sie sich daselbst, und steht auch noch dort im Anfange des 3. Jahrhunderts¹³).

Neben den Auxiliaren der verschiedenen Völker stehen in jener Schlacht *pedites et equites sagittarii*, und finden sich *funditores* nebst *libritores* erwähnt.

Bekanntlich zeichneten sich aber weder die Germanen noch die anderen genannten Völkerschaften als Bogenschützen und Schleuderer aus; als solche waren vielmehr berühmt: die Thracier, Kreter, Cyrenaiker, Ituräer, die Bewohner der balearischen Inseln u. a.

Es dürfte daher nicht gefehlt sein anzunehmen, dass Truppen von diesen Völkerschaften schon damals in Germanien verwendet waren, um so mehr, da wir auch in späterer Zeit dieselben daselbst finden. Ich vermuthe unter jenen berittenen Bogenschützen (aus Thracien) eine ala Thracum und ala I. Thracum. Von letzterer findet sich eine Grabschrift¹⁴), die mir in diese

---

¹) Arneth. VI.   ⁵) Cardinali XXIII.
²) Becker-Marquardt röm. A. III, 2, pag. 373. Anmerk. 2121.
³) Arneth. IV. V. Or.-Hens. 5433. 6857a. Cardinali XXIII.
⁴) Or.-Henz. 5886. 6793. Brambach 1738. Steiln I. Bd. pag. 53.
⁵) Or.-Henz. 3851 (V. eq.) u. 5480.
⁶) Brambach 892. 935.
⁷) Ibid. 1520 ff. 1128 und 1427. Die Cohorte, deren Präfekt Mogillonius Priscianus ist, führt den Beinamen civ. rom.
⁹) Or.-Henz. 6858a.   ¹⁰) Bramb. 1516
¹¹) Die III. Bramb. c. l. r. no. 1659b. Die IV. Bramb. 1377. 1431. 1489. 1542b. 1537l.
¹²) Bramb. nr. 1236. Steiner 538.   ¹³) Jahrbücher Bd. XX. pag. 76.
¹⁴) Tac. A. II, 20.

Periode zu gehören scheint [1]). In Militär-Diplomen erscheinen: eine ala Thracum Mauretana im Jahre 86 n. Chr. in Judaea [2]); eine ala I. Augusta 107 in Rätien [3]), eine ala I. Thr. Victrix und ala III. Aug. T. Sagittariorum 154 in Pannonien [4]); eine ala I. Thracum 104 in Britannien [5]), eine ala I. Thracum veterana 167 in Pannonien [6]); Inschriften sind mir nur bekannt von der ala I. Thracum und I. Th. Augusta [7]).

Die Cohorten der Thracier, die in Diplomen erwähnt werden, sind: I. Thracum 74 in Germanien [8]), I. und II. Thracum 86 in Judäa [9]), I. Th. civ. rom. 110 in Dacien [10]), 116 in Germanien [11]), 154 in Pannonien [12]), I. Thracum Germanica civ. rom., sowie I. Thracum und II. Augusta Th. 167 in Unter-Pannonien [13]), I. Thr. Sagittariorum 157 in Dacien [14]), II. Thracum 104 in Britannien [15]), III. Th. und III. Th. civ. rom. 107 in Rätien [16]), IV. Thrac. 80 in Pannonien [17]), VI. Th. 85 in Pannonien [18]) und 145 in Dacia Ripensis [19]). Auf Inschriften, die in Germanien gefunden wurden, sind verzeichnet: eine coh. Thrac., coh. Thrac. c. r., coh. I. und III. Thracum [20]). Für diesen Zeitabschnitt muthmasslich zwei Cohorten, *Thracum* und *I. Thracum*. Dazu eine *coh. I. Sagittariorum*, von welcher zwei Grabschriften gefunden wurden [21]), aus welchen sich — nach der Heimath der diesen Cohorten angehörigen Soldaten zu schliessen, von denen der eine ein Kreter, der andere aus Pantera Sidonia ist, — vermuthen lässt, dass die Cohorten der Scharfschützen aus Angehörigen solcher Nationen bestanden, welche mit dem Bogen besonders vertraut waren.

Diese Auxiliaren mögen mit der *XX*. Legion gekommen sein; mit dieser scheinen ferner aus Illyrien nach Germanien verlegt worden zu sein: eine *ala Noricorum*, von welcher eine Inschrift, die hieher gehören dürfte, am Niederrhein, wo auch die XX. Legion um diese Zeit stand, gefunden wurde [22]), sowie mehrere Cohorten Dalmatier, vielleicht die *coh. I.* und *III. Dal-*

---

[1]) Brambach, c. l. R. 56. Dieselbe lautet: D. M. Valentini ‖ Bititrail ‖ Vet. ex N(umero) Ala . I ‖ (Tr)achum h.fc. gefunden bei Utrecht — die V. Legion, mit welcher diese ala gekommen sein mag, lag in Vetera cf. pag. 13.
[2]) Jahrb. XIII. Bd. pag. 36. Henz. Nr. 5438.
[3]) Arneth X. u. Card. XX.
[4]) Card. XXIII.
[5]) Arneth. II. Cardinali VI.
[6]) Arneth. VI.
[7]) Arneth X. Cardinali XX.
[8]) Or.-Henz. nr. 6858a.
[9]) Christ, das röm. Diplom in Weissenburg.
[10]) Arneth IV.
[11]) Diplom v. Weissenburg, herausg. v. Christ.
[12]) Cardinali XI.
[13]) Bramb. 50. Or.-Henz. 905. 2223. u. 5489.
[14]) Or.-Henz. 5433. Jahrb. Bd. XIII, pag. 26.
[15]) Rossel in Annalen für Nassau V. Bd. 1. Heft.
[16]) Cardinali XXIII.
[17]) Cardinali XI.
[18]) Arneth III.
[19]) Arneth IX. Cardin. XVIII.
[20]) Bramb. 414. Steiner 266. Bramb. 897 und 990. Steiner 356.
[21]) Bramb. 738 u. 739. Die erstere lautet: Tib. Jul. Abdes. Pantera . ‖ Sidonia. ann. LXII . ‖ stipes . XXXX. miles . exs . ‖ coh. I. Sagittariorum . ‖ b . s . e . (gefunden in Bingerbrück). 739 lautet: Hyperauor . Hyperano ‖ ris . F. Cretic. Lappa . mil . cho . ‖ I . Sag . ann . LX . stip . XVIII ‖ h . s . e. (Fundort derselbe).
[22]) Or.-Henz. 6858. sie lautet: C. Julio. Adari. F ‖ Primo . Travero ‖ eq . alae . Noric ‖ Statori n. s. w.

matarum. In den beiden auf Germanien bezüglichen Diplomen vom J. 74 und 116 werden die coh. V. Dalmatarum, auf dem vom Jahre 116 die III. pedit. erwähnt [1]).

Auch von der Leg. I. Germanica ist anzunehmen, dass sie Auxiliaren aus Italien selbst zur Verstärkung des germanischen Heeres mitbrachte. Es würden sich also auch einige Cohorten römischer Freiwilligen ergeben — auf Inschriften erscheinen in Deutschland: eine Cohorte ohne Zahl [2]), eine coh. I. und I. equitata [3]), eine coh. II, III, IV, V, VI, XXIV, XXVI und XXXII [4]). In Diplomen kommen noch vor: die I, 116 in Germanien, und die XVIII. 154 in Pannonien [5]). Nach den Inschriften waren um diese Zeit am Rhein coh. *I. civium romanorum* und *III. civium rom. voluntariorum* [6]).

Diesen Voraussetzungen zufolge würden die 16 Alen und 52 Cohorten, welche Germanikus hatte, und die wohl bis zum Jahre 42 n. Chr. in Germanien blieben, folgende gewesen sein:

Beim niederrheinischen Heere
die acht Alen:

ala Batavorum und I. Batavor. milliaria,
ala Tungrorum und I. Tungrorum,
ala Cannenefatium milliaria u. I. Cannenefatium,
ala Noricorum und
ala Frisiavonum.

Die 26 Cohorten:

vier Cohorten der Bataver:
coh. Batav. eq. und coh. Bat. eq. mill.,
coh. I. Batavorum quingenaria und I. milliaria;
vier Cohorten aus den Cannenefaten:
coh. Cannenefat. eq. und eq. mill.,
coh. I. Cannenefatium u. I. eq. mill. Cannenefatium,
coh. Nerviorum und I. Nerviorum,
coh. Ubiorum und I. Ubiorum,
coh. Lingonum und I. Lingonum,
coh. Belgarum und I. Belgarum,
coh. Baetasiorum und I. Baetasiorum,
coh. Tungrorum und I. Tungror. eq. mill.,
coh. Frisiavonum und I. Frisiavonum,
coh. Morinorum und I. Morinorum,
coh. Menapiorum und
coh. Cugernorum.

Beim oberrheinischen Heere:
Die Alen:

Ala Treverorum und Treverorum Indiana,
ala Gallorum und I. Gallorum,
ala Agrippiana, und ala Picentiana,
ala Thracum und I. Thracum.

---

[1]) Arneth II. Cardinali IV. Bramb. 1512. [2]) Or.-Henz. 6948.
[3]) Or.-Henz. 3398. (I eq.) Bramb. 1431 und 1542a.
[4]) Bramb. 676. 1467. 1496. 1568. 1570. 1659. Or.-Henz. 8586. 4971. Bramb. 1373. 1750. 1862. u. v. a.
[5]) Rossel „Wiesbaden". Arneth X.
[6]) Bramb. 1431c coh. I. civ. r.   Bramb. 1407b coh. I. C. R.
    1542c coh. I. civ. r.   1407c coh. III. C. R.

Die Cohorten:

coh. Vangionum und I. Vangionum,
coh. Nemetum und I. Nemetum,
coh. Helvetiorum und I. Helvetiorum,
coh. Mattiacorum und I. Mattiacorum,
coh. Raetorum und II. Raetorum,
coh. Raetorum et Vindelicorum,
coh. IV. Vindelicorum,
coh. II. und III Gallorum,

coh. Germanorum und I. Germanorum,
coh. I. Sygambrorum,
coh. Thracum und I. Thracum,
coh. I. Sagittariorum,
coh. Usipiorum und I. Usipiorum,
coh. I. und III. Dalmatarum und
coh. I. und III. civium rom. voluntar.

Die ala Indiana wurde wahrscheinlich gebildet von dem Treverer Julius Indus [1]), die Picentiana von einem Befehlshaber Picens oder Picentius, die ala Agrippiana, wie oben erwähnt, von Agrippa. Statthalter von Germanien waren in dieser Zeitperiode, soweit dieselbe sich ermitteln lassen:
M. Lollius Paullinus von 20—16 v. Chr.;   C. Sentius Saturninus 4 und 5 n. Chr.;
L. Quintilius Varus 5—9 n. Chr.;
nach dessen Niederlage wurde Germanien in zwei Theile getheilt, in Germania Inferior und Superior; im ersteren waren Statthalter:
14—21 n. Chr. A. Caecina [2]),   21—28 C. Visellius Varro [3]),   28—35 L. Apronius Caesianus [4]);
von Germania Superior:
14—23 n. Chr. C. Silius [5]),   23—35. Lentulus Gaetulicus [6]).

§ 3. Auxiliaren in den Jahren 42 bis 75 n. Chr.

Im Jahre 42 unternahm es Kaiser Klaudius, Britannien, welches, wie Tacitus [1]) sagt, Julius Cäsar den Nachkommen mehr zur Eroberung gezeigt als wirklich unterworfen hatte, in völlige Abhängigkeit vom römischen Reiche zu bringen. Zu diesem Zwecke ging er selbst mit einem Heere auf die Insel hinüber, unterwarf in kurzer Zeit einen grossen Theil derselben, und hielt wegen der glücklichen Eroberung im Jahre 43 einen Triumph [2]).

Um aber das eroberte Land zu behaupten, war in Britannien, wo vorher keine Truppen waren, ein stehendes Heer nöthig. Daher erhielten einige Legionen nebst entsprechender Anzahl Auxiliaren [3]) ihre Standquartiere in Britannien angewiesen.

---

[1]) Tac. Ann. III. 42.   [1]) Tac. A. I, 81.
[2]) Tac. A. IV, 18.   [2]) Tac. A. III, 41. IV, 73.
[3]) Tac. A. III, 41. 42.
[4]) Tac. A. VI, 30. Kaiser Tiberius hatte nämlich die Gewohnheit, die Statthalterschaften möglichst lange von einem und demselben Manne, der sein Vertrauen genoss, verwalten zu lassen.
[5]) Agricola cp. 13.   [6]) Sueton. Claud. cp. 17.
[3]) Tac. Ag. 13. Claudius auctor operis (i. e. Britanniae subactae) transvectis legionibus auxiliisque et assumpto in partem rerum Vespasiano.

Diese Legionen waren aus Germanien[1]): die II. Augusta, deren Legat der nachmalige Kaiser Flavius Vespasianus wurde[2]); die XIV. und die XX. Valeria Victrix. Dazu kam aus Pannonien die IX. Hispana, welche 20 n. Chr. vom K. Tiberius nach Afrika gegen den Rebellen Tacfarinas geschickt worden, und im Jahre 24 wieder in ihre pannonischen Quartiere zurückgekehrt war[3]).

Es fragt sich nun welche Auxiliaren mit den germanischen Legionen in das neu unterworfene Eiland hinübergingen.

Vor Allem die Hilfstruppen der Bataver und Cannenefaten als auxilia der XIV. Legion[4]). Nebst diesen — es lässt sich dies mit Grund vermuthen — die zwei Cohorten der Tungrer (ohne Zahl und I.), die coh. Morinorum, Cugernorum, Baetasiorum, Nerviorum, Frisiavonum, I. Lingonum, und I. Dalmatarum. Wenn dazu, was ich für wahrscheinlich halte, neben den vier Alen aus den Batavern und Cannenefaten die alae *I. Thracum* und *I. Tungrorum* kamen, so würden sich für die 3 germanischen Legionen 6 Alen und 17 Cohorten ergeben; weitere Auxiliaren mag die IX. Hispana entweder aus Pannonien mitgebracht haben, oder es mögen dieselben aus Britannien selbst oder aus Spanien ergänzt worden sein.

Dass gerade diese Auxiliaren um diese Zeit nach Britannien kamen, lässt sich aus folgenden Gründen vermuthen.

Die meisten der oben angegebenen Völkerschaften, aus denen die Cohorten genommen sein sollen, waren Britannien benachbart und an das Klima der Insel leicht zu gewöhnen, daher für einen längeren Aufenthalt auf derselben geeignet. Ueberdies finden sich die Cohorten jener Völker in zwei Diplomen als in Britannien stehend aufgeführt. In dem einen Diplom[5]), welches vom Jahre 104 ist, werden Truppen verabschiedet von den vier Alen: I. Thracum, I. Pannoniorum Tampiana, II. Gallorum Sebosiana und II. Hispanorum Vettonum civ. rom.; von den eilf Cohorten: I. Hispanorum, I. Vardionum milliaria, I. Alpinorum, I. Morinorum, I. Baetasiorum, I. Tungrorum milliaria, II. Thracum, III. Bracaraugustanorum, III. Lingonum und IV. Dalmatarum. Im zweiten Diplome[6]) vom Jahre 106 erhalten ihren Abschied aus dem britannischen Heere Soldaten der zwei Alen: I. Tungrorum und Classiana c. r., der 11 Cohorten: I. Celtiberorum, I.[7]) Hispanor., I. Lingon., I. Fida Vardulor., I. Frisiav., I. Nervior., I. Vascon. civ. rom., I. Morinorum[8]), I. Astur., I. Pannonior. und I. Dalmatarum. Von diesen Truppen lässt

---

[1]) Tac. Hist. III, 44. I, 60. A. XIV, 34. [2]) Tac. H. III, 44.
[3]) Tac. A. III, 9. IV, 23. Im Jahre 61. ist nach Tac. A. XIV, 32. Petilius Cerealis ihr Legat.
[4]) Tac. H. I, 59. aus dem Zusammenhang geht hervor, dass bei den acht Cohorten der Bataver auch Cannenefaten sind, cf. pag. 29 Anm. 13.
[5]) Cardinali XI. Or.-Henz. nr. 5442.   [6]) Cardinali XII.
[7]) Im Diplom hat die Cohorte die Zahl X, was aber ohne Zweifel ein Versehen ist, da die Zahl die Reihenfolge der Cohorten zu bestimmen pflegt, nach der coh. Hispan. aber die I. Lingonum folgt. Aehnlich wird auch statt II. Fida Vardulorum und II. Vasconum I. zu lesen sein, da nur erste Cohorten ihr folgen.
[8]) Der Text des Diploms ist hier lückenhaft: Vasc. c. r. et...... orum; die Ergänzung I. Morinorum scheint mir durch das vorausgehende Diplom gerechtfertigt.

sich, so lange nicht das Gegentheil bewiesen ist, mit Wahrscheinlichkeit annehmen, dass sie, zum grössten Theil wenigstens, bei der Okkupation Britanniens auf die Insel geschickt wurden; die Möglichkeit bleibt jedoch nicht ausgeschlossen, dass ein Theil dieser Auxilien erst nach den Bürgerkriegen zwischen Otho und Vitellius einer und zwischen Vitellius und Vespasianus anderer Seits, bei welchen auch das britannische Heer in Mitleidenschaft gezogen worden war [1]), nach Britannien versetzt wurde.

Dahin mussten nach der ersten Besetzung bald neue Hilfstruppen gesendet werden. Denn die wiederholten Aufstände der Britten, welche sich wider die, von den siegreichen Römern gegen besiegte Provinzialen nur zu sehr beliebten und geübten Bedrückungen und Ungerechtigkeiten empörten [2]), machte auch nach dem Siege, welchen im Jahre 61 die XIV. Legion über die Empörer erfocht, und woher sie den Beinamen Martia Victrix sich erwarb, Verstärkungen räthlich, umsomehr, weil Legionen und Auxilien viel gelitten hatten [3]). Daher wurden aus Germanien, wahrscheinlich [4]) von der Legio IV. Macedonica, 2000 Legionare zur Ergänzung der IX. Legion, sowie acht Auxiliar-Cohorten und 1000 Reiter nach Britannien detachirt [5]). Diese acht Cohorten scheinen, falls ich die scharfsinnige Abhandlung von Urlichs [6]) richtig verstanden habe, gewesen zu sein: coh. I. Tungrorum milliaria und II. T. mill. eqitatata (letztere wäre wohl erst nach 42 ausgehoben worden), coh. I. Morinorum, I. Cugernorum, I. Baetasiorum [7]), III. Lingonum, I. Nerviorum und I. Frisiavonum. Die tausend Reiter scheinen gebildet zu haben die ala II. Gallorum Sebosiana, (Sebosiana ist sie benannt von einem Präfekten Sebosus, der die Ale errichtete oder neu organisirte) und ala Classiana (ihren Namen hat diese Ale wohl auch, wie die Sebosiana, von ihrem Stifter).

Eine weitere Frage ist nun: **welche Legionen und Auxiliaren traten an die Stelle der abgegangenen Truppen?**

Es wurden zwei neue Legionen gebildet [8]), wie es scheint durch Theilung zweier alten, der XXII. Dejotariana und XV. Apollinaris; die neugebildeten erhielten dieselbe Nummer mit mit dem Beinamen „Primigenia", d. i. „Neuentstandene". Von diesen zwei neugebildeten kam zunächst nur die XXII. nach Germanien mit der III. Gallica aus Mösien und der IV. Macedonica aus Spanien. Mit diesen Legionen zogen vermuthlich folgende neue Auxiliaren an den Rhein.

---

[1]) Tac. H. I, 61. 70.

[2]) Tac. Ag. cp. 13. Britanni delectum ac tributa et injuncta imperii munera impigre obeunt, si injuriae absunt.

[3]) Zwei Auxil.-Cohorten waren von den Britten aufgefangen, Tac. A. XII, 39, Petilius Cerealis im J. 61. mit der IX. Legion geschlagen worden, XIV, 32.

[4]) Nach folg. Inschrift bei Orelli Nr. 363: C. Jul. C. F. Fab. Camillo || — trib. mil || Leg. IIII. Maced. hast. pura || et corona aurea donato || (a) Ti. Claudio Caesare Aug || cum ab eo evocatus || in Britannia militasset.

[5]) Tac. A. XIV, 38. Ag. cp. 18.   [6]) De vita et honoribus Agricolae pag. 29 f.

[7]) Der Reihenfolge nach ist III. Lingonum und I. Frisiavonum richtiger als IV. Lingonum und II. Frisiavonum, wie Urlichs gelesen hat.

[8]) Grotefend in Pauly's Real-Encyclopädie.

Aus Spanien kamen mit der IV. Macedonica eine *ala Hispanorum*, auf Inschriften[1]) von Mainz und Worms ala Hispana und Ispana genannt; nach der Ansicht Marquardt's und Hassencamp's war sie in Süd-Spanien, in der Provinz Hispania Baetica, ausgehoben[2]). Schon im Diplom Nero's[3]) vom J. 60 findet sich eine ala I. Hispanorum in Illyrikum; eine I. Hisp. Auriana 107 in Rätien, die I. Hispanorum auf einer Inschrift vom Jahre 165; die an den Rhein gekommene war eine ala ohne Zahl. Mit ihr traf in Germanien wohl auch eine Cohorte aus Baetica ein. Cohorten aus dieser Provinz gibt es viele[4]): coh. Hispanorum und I—VI. Hisp.; die coh. II. steht im Jahre 60 in Illyrikum; an den Rhein, glaube ich, kam zu dieser Zeit die *coh. III.*, von welcher Inschriften am Oberrhein gefunden wurden[5]). Aus der Provinz Hispania Tarraconensis, den Conventen Asturia, Gallaecia und Lucensis, folgte eine cohors I. *Lucensium Hispanorum;* von einem Soldaten dieser Cohorte wurde ein Grabstein in Mainz aufgefunden[6]). Diese Cohorte blieb jedoch nicht lange in Deutschland, da wir sie im Jahre 80 in Pannonien sehen[7]), wohin sie entweder mit der im Jahre 61 dahinziehenden XIII. Legion oder durch die Bürgerkriege gekommen sein mag. Aus den nördlichen Bezirken Spaniens wurden viele Cohorten ausgehoben; aus Asturien giebt es nachweislich cohortes Asturum I—VI. Davon waren am Rhein coh. *I. Asturum*, die im Diplom[8]) Vespasians vom J. 74 aufgeführt ist; aus Asturien und dem Nachbar-Convent Gallücien erscheinen cohortes Asturum et Gallaecorum; die I. dieser zwei Volksstämme dient schon seit fünf und zwanzig bis dreissig Jahren im Jahre 60 in Illyrikum[9]); von der *coh. Asturum et Gallaecorum* ist in Mainz eine Inschrift[10]) vorhanden, die ich ohne Bedenken in die Zeit vor Vespasian setzen zu dürfen glaube.

Ueberdies begleiteten die IV. Maced. mehrere lusitanische Cohorten, da Tacitus[11]) solche in dem Heere erwähnt, welches Caecina im Frühjahr 69 für den Kaiser Vitellius nach Italien führte. Aus diesem Volke hat Hassenkamp[12]) sieben Cohorten erwiesen (I—VII); nur von einer einzigen, der coh. III., findet sich eine Inschrift in Köln[13]) —; man darf annehmen, dass diese unter den von Tacitus genannten lusitanischen Cohorten sich befand; welche, ob eine coh. ohne Zahl oder die II., IV., V., noch dabei waren, lässt sich nicht ermitteln, da von diesen fünf Cohorten sich durchaus keine Inschriften finden, die übrigen (I. VI. und VII.) in

---

[1]) Brambach 1227, 889 u. 890. Steiner 287, 433.
[2]) Röm. Alterthümer III. Bd. 2. Theil pag. 372 Anmerk. 2120. Hassencamp, de cohortibus Romanorum auxiliaris, I, pag. 54. Beide reden nur von den Cohorten: ihre Ansicht lässt sich aber auf die Alen anwenden, da bei diesen, wie bei den Cohorten, die Namen der Völkerschaften Spaniens, aus denen sie bestehen, angegeben sind, z. B. ala Hispan, Vettonum, Hispan, Compagonum.

[3]) Arneth I.
[4]) Brambach, Anmerkung pag. 306.
[5]) Arneth III.
[6]) Arneth I.
[11]) Hist. I, 70.
[12]) Bramb. 312.

[7]) Hassencamp pag. 54—60.
[8]) Bramb. nr. 1235. der Soldat heisst Reburrus.
[9]) Arneth II. Cardin. VI.
[10]) Bramb. 1232.
[13]) pag. 67—69.

anderen Ländern verweilten¹). Zur IV. Maced. scheint endlich noch gehört zu haben die coh. *II. Biturigum*. Es werden zwei Cohorten dieses keltischen Volksstammes, von dem ein Theil an der Garonne, ein anderer an der Loire wohnte, auf Inschriften angeführt²).

Ein Präfekt der coh. II. Biturigum, C. Antestius Severus, dessen Grabstein in Mainz gefunden wurde³), war am Ende seines Lebens Tribun der Leg. IV. Macedonica. Die Inschrift lässt unentschieden, wo die Cohorte stand; es lässt sich aber annehmen, dass sie gleichen Standort mit der Legion hatte, also in Germanien diente. Der Grabstein ist vor dem Jahre 70 gesetzt, da in diesem Jahre die Legion zu Grunde ging.

Nach dem voraus Gesagten wären eine Ale und 6—8 Cohorten das der IV. Mac. zugetheilte Hülfs-Corps gewesen. Das der aus Mösien gekommenen III. Gallica scheinen folgende Cohorten gebildet zu haben.

Vor Allem einige thracische Cohorten; deren sind auf rheinischen Inschriften mehrere genannt: I. Thracum, die bereits in früherer Zeit und auch noch in dieser Periode in Germanien ist und im Diplom Vespasians vom Jahre 74 aufgeführt wird; III. Thracum⁴), die im Jahre 107 in Rätien ist, IV. Thracum⁵) und VI. Thracum⁶). Die beiden letzten sind equitatae, und dürften dieselben sein, die im Diplom vom Jahre 80 und 85 aufgeführt sind⁷); in diesem Falle gingen sie mit der III. Gallica oder XIII. Gemina nach Pannonien und verblieben nach den Bürgerkriegen daselbst. Die drei letzteren thracischen Cohorten, *III., IV. eq.* und *VI. eq.*, halte ich für die Begleitung der III. Gallica. Ausser diesen folgte, da die Legion lange Zeit im Osten stand (36 v. Chr. nahm sie Theil am Kriege, den der Triumvir Antonius gegen die Parther führte), und, wie es scheint⁸), aus Syrern rekrutirt war, zwei Cohorten aus dem syrischen Volke der Ituräer. Aus diesem Volke werden sieben Cohorten nachgewiesen⁹); von der coh. I. Ituraeorum und I. Ituraeorum Augusta, die ich für zwei verschiedene Cohorten halte, wurde in Mainz, an demselben Orte, an welchem auch Monumente der VI. Thracum vorhanden sind, vier Inschriften gefunden¹⁰). Die I. Augusta Itur. und VI. Thracum befehligt der Präfekt

---

¹) Die I. war 60 in Dalmatien (Arneth I.) 85 in Pannonien, 86 in Judaea, zwischen 86 und 106 in Cyrene, 106 in Mösien, 114 in Pannonien, 167 noch daselbst, zur Zeit Diocletians in Aegypten. Von der VII. ist eine Inschrift vorhanden, aus der aber der Standort nicht ersehen werden kann.

²) Hassencamp pag. 24.

³) Brambach 1120. Die Inschrift lautet: D . M . Antestio . C. F ǁ Vet. Severo ǁ Praef. Fabr. Praef ǁ coh . II. Biturigum ǁ Praef. coh . I. Cyren ǁ trib . mil . leg . IIII ǁ M . O. V, vixit annos ǁ XLVI. Antestii ǁ Fortunatus et Cec ǀ ilius f. c.

⁴) Bramb. 1550c.

⁵) Bramb. 1523 lautet: Dolanus . Esbe ǁ ai . F . Messus . eq . ex ǁ coh . IIII . Thracum ǁ anno(s)XXXXVI ǁ stipendi(a) XXIIII; cf. Nr. 1290.

⁶) Bramb. 990 lautet: Petronius . Disscentius ǁ Dentubrise . F . eq . turma(e) ǁ Longini . ex . coh . VI. Thra ǁ u.s.w.

⁷) Arneth III und IV.

⁸) Tac. H. III, 24. ihre Soldaten beten, wie es in Syrien Sitte ist, die aufgehende Sonne an.

⁹) Hassencamp I, pag. 61—63.

¹⁰) Bramb. 1099. 1235. 1254. 1259.

Titus Statilius Taurus, der nachher Tribun der XXII. Legion wird, zu gleicher Zeit [1]). Im Jahre 80 sehen wir die I. Augusta Itur. in Pannonien, wohin sie mit der XIII. Legion gekommen sein mag. Die I. Ituraeorum scheint länger in Mainz geblieben zu sein, da von ihr mehr Monumente vorgefunden worden sind als von der I. Augusta. Zu den fünf angeführten Cohorten wurden, vielleicht durch Aushebung in Germanien, selbst zwei Alen hinzugefügt. Als neugebildet erscheinen die ala Claudia nova, die vom Kaiser Claudius errichtet worden war und 74 ihr Quartier noch in Germanien hatte; die ala Claudiana, die auf einer zu Mainz gefundenen Inschrift genannt wird, halte ich nicht für eine und dieselbe. Sie wurde ohne Zweifel, wie der Name „Claudiana" sagt, vom Kaiser Claudius gebildet [2]). Auch die *ala I. Claudia Gallorum* wird von Claudius in dieser Zeitperiode conscribirt worden sein, wenn der Beisatz Claudia nicht bloss ein Ehrenname der Ale ist, sondern auch den Stifter derselben bezeichnet; im Jahre 116 ist dieselbe in Nieder-Mösien, wohin sie durch die dacischen Kriege Trajans mit germanischen Legionen gekommen sein kann.

Der XXII. Primigenia, die durch Theilung der in Aegypten befindlichen XXII. Dejotariana gebildet worden war, folgten zwei Cohorten aus der Provinz Cyrenaica, cohortes Cyrenaeorum oder Cyrenaicae genannt. Die eine war *coh. I. Cyren.*; ein Präfekt derselben ist der oben genannte C. Antestius Severus, der vorher die coh. Biturigum befehligte [3]); die andere *coh. II. Augusta Cyr. equitata*, die in den beiden germanischen Militär-Diplomen [4]) und auf einer bei Heidelberg gefundenen Inschrift [5]) erscheint. Den Beinamen Augusta erhielt sie von ihrer Tapferkeit — bei welcher Veranlassung, ist unbekannt. Eine ala ob virtutem Augusta appellata, die vielleicht aus demselben Volke wie die coh. Aug. stammt, war 191 und 242 in Britannien [6]); ob diese vorher in Germanien stand und mit einer germanischen Legion dahin kam, lässt sich nicht bestimmen.

Die Standorte der germanischen Truppen, die Kaiser Claudius denselben angewiesen, erlitten bald Veränderungen. Eine erste Aenderung trat im Jahre 58 ein. In diesem Jahre rief Kaiser Nero aus Germanien eine Legion *cum equitibus alariis et peditatu cohortium* nach Syrien und theilte dieselbe dem Heere zu, welches Corbulo, der Consular Syriens, nach Armenien gegen die Parther führte [7]).

Nach Grotefend [8]) traf dieser Befehl die III. Gallica. Wenn die Ansicht Grotefends, der ich folge, richtig ist, kam dann an die Stelle der abgegangenen Legion die XV. Primigenia

---

[1]) Bramb. 1999. D. M. || Tito. Statilio. Tauro || praef. coh. I. Aug. Iture || or. et. VI. Thracum. trib || mil. leg. XXII. Pr. P. F. u. s. w.

[2]) Die Claudia nova ist genannt in den Inschriften Orelli 3582. 3408. Bramb. 1228; die Claudiana Or.-Henz. 5270, Claudiana I. milliaria 6519.

[3]) Bramb. 1120. [4]) Arneth II. Bramb. 1512.
[5]) Bramb. 1706. [6]) Lyson IV. Bd. pag. 150.
[7]) Tac. A. XIII, 35.
[8]) In Pauly's Realencyclopaedie des classischen Alterthums zur Legio III. Gallica.

an den Unterrhein, wo sie wenigstens beim Tode Nero's stand. Mit ihr kam aus Pannonien die ala Scubulorum an den Rhein; Rossel[1] scheint anzunehmen, dass diese Ale mit der XXII. dorthin zog; als wahrscheinlicher muss es jedoch erscheinen, dass die Ale der XV. Primigenia zugetheilt war, da die Stammlegion, die XV. Apollinaris, durch deren Theilung die XV. Primigenia entstand, in Pannonien Quartier hatte. Borghesi will Scubulus für Excubulus = Excubitor = custos erklären[2]), was mir etwas gesucht und unwahrscheinlich dünkt; beim Fussvolk finden sich nämlich für den Dienst, den diese excubitores oder custodes zu leisten hätten, cohortes exploratorum und speculatorum[3]); da aber fast jede Reitergattung jenen Dienst ihrer Natur nach zu leisten im Stande ist, dürfte es überflüssig erschienen sein, eigene Cohorten für jenen Zweck zu errichten. Die Scubuli mögen vielmehr ein uns unbekanntes Volk Pannoniens gewesen sein. In Diplomen[4]) werden zwei Alen derselben erwähnt, die auch auf Inschriften sich finden[5]). Ein Präfekt derselben, der vorher Tribun der XIII. Legion war, heisst C. Antonius Rufus. Neben der ala Scubulorum kamen aus Pannonien eine coh. I. Pannoniorum. Aus welchem Theile der Provinz diese Cohorte ausgehoben wurde, wage ich nicht zu bestimmen — es scheint jedoch ein ähnliches Verhältniss, wie bei den cohortes Hispanorum bestanden zu haben, da bei anderen pannonischen Cohorten die Völker, aus welchen sie stammen, benannt sind. In Diplomen[6]) sind zwei Cohorten, I. und II. Pannoniorum, verzeichnet; an den Rhein kam nach Inschriften[7]) die I. Pannoniorum; ein Soldat derselben gehört dem Volksstamme der Breuci an, welche zwischen den beiden Flüssen Drave und Save wohnten und viele Cohorten stellten, von denen zwei die XV. Primigenia an den Rhein begleiteten. Es waren nach Inschriften die coh. VII., deren Präfekt L. Octavius Celer zugleich auch, was selten zu geschehen pflegt, Befehlshaber einer zweiten Cohorte, der I. Thracum ist[8]), und die coh. VIII; die erstere scheint in Obergermanien (Worms) geblieben, die VIII. aber nach Niedergermanien der Legion gefolgt zu sein[9]).

Eine zweite Aenderung der Standorte des germanischen Heeres erfolgte im Jahre 67. Nero bestimmte nämlich in jener Zeit für den Krieg, den er gegen die am Kaukasus wohnenden Völker, die Albaner, Hebrer u. a., zu führen beabsichtigte, die XIII. Legion; diese ging nach dem Osten ab, machte aber in Pannonien auf die Kunde vom Tode Nero's Halt[10]). Ausser der XIII. Legion hatten noch andere Truppen Germanien's Marschbefehl nach Osten erhalten —

---

[1]) Annalen für Nassau V. Bd. 1. Heft.   [2]) Cardinali pag. 91.
[3]) Speculatores bildeten die Leibwache des Kaisers Otho und dienten als Ordonnansen. Tac. H. II, 40. cohortes exploratorum bei Bramb. nr. 991. 1237. 1751.
[4]) Arneth II. Bramb. 1512.   [5]) Orelli 612. Bramb. 896. 1524. 1125.
[6]) Cardinali VI. XX. XXII.
[7]) Bramb. 740 u. 743 in Bingerbrück gefunden. 1519 in Wiesbaden gefunden.
[8]) Bramb. 897. I. O. M || L. Octavius.— Celer. Praef || coh. VII. Breu || et. cob. I. Thra.   (Fundort Worms.)
[9]) Bramb. 223 p. 159. 232.
[10]) Tac. H. II, 11.

Tacitus[1]) nennt sie numeri e Germania, Germanica vexilla —, und waren zu Wasser bereits nach Alexandria in Aegypten gelangt, als sie Nero gegen den aufständischen gallischen Statthalter Vindex zurückrief[2]). Aus Britannien hatte der Kaiser überdies die XIV. Legion, deren Tapferkeit er besonders vertraute, abgerufen; auch sie kam bis zum Tode Nero's nur nach Pannonien[3]). Der Nachfolger Nero's, Kaiser Galba, rief die germanischen Truppen, sowie die ebenfalls zum Albanerkrieg aufgebotenen illyrischen, nach Rom; daselbst wurde er bald darauf von einem Soldaten der XV. Legion ermordet[4]), so dass die Vermuthung nahe liegt, dass ein Theil der XV. Primigenia aus Germanien nach Rom gekommen war; denn der XV. Apollinaris kann der Soldat nicht angehört haben, da diese in Judäa beim Kriege beschäftigt war[5]). Mit der III. und der XIII. Legion, welche für immer Germanien verliessen, schieden aus den deutschen Quartieren die ala I. Claudia Gallorum, und die ala Noricorum, die oben genannten coh. IV. und VI. Thracum, I. Ituraeorum Augusta, VII. Breucorum und V. Gallorum. Wir finden sämmtliche Cohorten unter den in Pannonien stehenden Truppen, von denen ein Theil im Jahre 80 oder 85 verabschiedet[6]) wird, die Claudia I. Gallorum im Jahre 106 in Unter-Mösien[7]).

Nach Abgang jener Legionen sind im Anfange des Jahres 69 in Germania inferior die I. Germanica (ihre hiberna hat sie in der Nähe von Köln[8])), die V. Alauda, XVI. Gallica und XV. Primigenia; in Germania superior die IV. Macedon. und XXII. Primigen. in Mainz und die XXI. Rapax wahrscheinlich in Strassburg. Legat von Unter-Germanien ist Vitellius, der sich in Köln zum Kaiser ausrufen lässt, von Ober-Germanien Hordeonius Flaccus, der im Jahre 70 von seinen eigenen Soldaten ermordet wird. Mit dem Heere, welches die Feldherrn des Vitellius nach Italien führten, zog nur die V. Alauda aus Unter-Germanien unter ihrem Legaten Fabius Valens mit Cohorten und Alen[9]). Unter letzteren sind jene acht batavischen Cohorten, welche sich, obwohl auxilia der XIV. Legion, statt mit ihrer Legion nach dem Orient zu ziehen, von ihr getrennt hatten und in Germanien geblieben waren[9]); überdies zwei Cohorten der Tungrer[10]) mit Alen aus demselben Volke, eine als Treverorum und cohortes Germanorum (Cohorten der von Köln Rhein aufwärts wohnenden Völkerstämme, vor Allem Ubier — Agrippinenses boten dem Vitellius Waffen, Pferde und Soldaten an[11]) — Treverer, Vangionen, Nemeter u. a.). Mit dem zweiten Feldherrn des Vitellius, A. Caecina, gingen nach Italien: die XXI. Rapax aus Obergermanien mit einer coh. Thracum[12]) (wahrscheinlich I. Thr.), Cohorten aus Galliern, Lusitaniern, Germanen, Britanniern nebst Vexillationen der germanischen und brittischen Legionen (denn auch das Heer in Britannien hatte sich dem

---

[1]) Tac. H. I, 6. 26. 31.
[2]) Tac. H. I, 41.
[3]) Arneth III und IV.
[4]) Tac. H. I, 57.
[5]) Tac. H. I, 58. 64.
[11]) Tac. H. I, 57.

[6]) Tac. H. II, 11.
[7]) Orelli nr. 749.
[8]) Arneth V.
[9]) Tac. H. I, 61.
[10]) Tac. H. II, 14.
[12]) Tac. H. I, 68.

Vitellius angeschlossen¹)); unter der Reiterei ist auch die ala Petriana genannt²), die ihren Namen von ihrem Stifter, der vermuthlich Petra hiess, erhielt.

Nach dem Siege des Vitellius bei Bedriacum ging die V. Alauda nach Germanien zurück: wir finden sie³) mit der XV. Primig. in Vetera am Niederrhein, während die I. Germ. in Bonna steht, die XXII. Pg. in Mogontiacum⁴), die XVI. in Novesium⁵), die IV. Mac. wahrscheinlich in Colonia Agrippinensium, von wo aus sie mit der I. und XXII. Mogontiacum von den es umlagernden Mattiaken befreit⁶). Die XXI. Rapax und ein Theil der XV. Prg. und XXII. Primig. war in Italien und nahm Theil an der Schlacht bei Cremona⁷).

Die in Germanien zurückgebliebenen Legionen hatten den Aufstand der Bataver unter Civilis zu bekämpfen; von den Auxiliaren kämpfte der eine Theil für die Römer, der andere ging, was auch die I. und XVI. Legion thaten⁸), zu den Aufständischen über. Auf Seite des Civilis führt Tacitus folgende Alen und Cohorten an, die theils vom Anfange an mit Civilis den Aufstand erregten, theils während desselben zu ihm übergingen: eine cohors *Tungrorum*⁹), cohortes *Nerviorum*¹⁰), die acht coh. *Batavorum*¹¹), welche von Vitellius aus Britannien, wohin er sie nach der Schlacht bei Bedriacum mit der XIV. Legion zurückgeschickt hatte¹²), wieder nach Italien gegen den Feldherrn Vespasian's, Antonius Primus, gerufen worden, aber erst bis Mainz gekommen waren; unter der Bezeichnung „octo Batavorum cohortes" scheinen auch die Cohorten der Cannenefaten einbegriffen zu sein; ein Theil der Cohorten beider Völker waren equitatae¹³). Eine *ala Batavorum* ging bei der Schlacht von den Römern zu Civilis über¹⁴). Auf Seite jener werden namentlich erwähnt: Cohorten aus Gallien¹⁵), wahrscheinlich die coh. *II. III. und IV. Gallorum*, die 106 in Unter-Mösien (durch die dacischen Kriege?) stehen, mehrere cohortes *Belgarum*¹⁶), cohortes *Ubiorum*, welche in Marcodurum von den Batavern zusammengehauen werden¹⁷), cohortes *Vasconum*, welche der Kaiser Galba als Statthalter Spaniens ausgehoben und der Legat Germaniens, Hordeonius Flaccus — nach dem Abgange

---

¹) Tac. H. I, 61.
²) Tac. H. IV, 18. 35.
³) Tac. H. IV, 26.
⁴) Tac. H. III, 18. 22.
⁵) Tac. H. IV, 16.
⁶) Tac. H. IV, 15. 19.
⁷) Tac. H. I, 70.
⁸) Tac. H. IV, 19. 24. 25. I, 55.
⁹) Tac. H. IV, 37.
¹⁰) Grotefend in Pauly's Realencyclop. Tac. H. IV, 61 f.
¹¹) Tac. H. IV, 23.
¹²) Tac. H. II, 66. 69.

¹³) Dass Bataver und Cannenefaten die acht Cohorten bildeten, ergiebt sich aus der Vergleichung folgender Stellen: Tac. H. IV, 15. (Civilis) perlexit Britannica auxilia, Batavorum cohortes missas in Germaniam ac tum Mogontiaci agentes. IV, 19. iisdem diebus Batavorum et Cannenefatium cohortes, cum jussu Vitellii in urbem pergerent, missus Civile nuntius adsequitur.
Dass ein Theil (die Hälfte?) beritten war, lässt sich daraus ersehen, dass die Cohorten vom Statthalter Hordeonius Flaccus eine Vermehrung der Reiterei verlangten: Tac. H. IV, 19.
¹⁴) Tac. H. IV, 18.
¹⁵) Tac. H. IV, 17. 25. 31. Ihre Präfekten waren eingeborne Gallier.
¹⁶) Tac. H. IV, 17. 20.
¹⁷) Tac. H. IV, 18. 55.

des Vitellius zur Thronbesteigung nach Rom hatte Flaccus beide Germanien zu verwalten — durch Briefe herbeigerufen hatte[1]); ferner kämpfen für die Römer zwei *alae Treverorum*, darunter die Indiana[2]), eine *ala Singularium*[3]), die, wie ihr Name sagt, aus der Elite der Alen rekrutirt war[4]), und endlich die *ala Picentiana*, welche die Schmach, an Civilis sich ergeben zu müssen und kriegsgefangen abgeführt zu werden, nicht ertrug, sondern sich durchschlug und nach Mainz entkam[5]).

Da der Aufstand der Bataver siegreichen Fortgang hatte und grössere Dimensionen anzunehmen drohte, wurden sieben Legionen aufgeboten, um an den Unterrhein gegen die Aufständischen zu ziehen. Von diesen Legionen, von denen vier aus Italien: die XI., XXI., VIII. und II. Adjutrix (eine neugebildete Legion), eine, die XIV., aus Britannien und zwei, die VI. und X., aus Spanien kamen[6]), blieben nach Unterdrückung des Aufstandes einige am Rhein zurück; es waren: die VI. Victrix, X. Gemina und XXI. Rapax, die nur vorübergehend in Italien gewesen war; diese drei kamen zu der XV. Primig. nach Germania Inferior; die XI. Claudia, welche vorher in Pannonien stand[7]), und die VIII. Augusta, welche unter Nero in Pannonien und vor Vespasian's Thronbesteigung in Mösien[8]) war, erhielten mit der XIV. Gemina Martia Victrix und XXII. Primigen. ihr Lager in Germania Superior.

Mit den fremden Legionen, denen durch die vielfache Vermischung mit anderen Truppen, welche die Ereignisse der letzten Jahre erheischten, leicht Auxiliaren aus anderen Ländern, in denen die Legion kein Qartier hatte, und von anderen Legionen zugetheilt sein können, (um so mehr, da es einer schnellen Kriegführung, die den Römern eigen war, entspricht, an einen bedrohten Punkt rasch die nächstgelegenen Truppen zu werfen), scheinen folgende Auxiliaren an den Rhein gekommen zu sein: mehrere Cohorten aus dem südlichen Frankreich: die coh. *I. Aquitanorum* mit dem Beinamen veterana, II. und III. Aquitanorum, *I. Aquitanorum Biturigum* und *V. Hispanorum*; diese fünf Cohorten sind nämlich aufgezählt im Diplom[9]) Vespasians vom Jahre 74; sie werden den spanischen Legionen zugetheilt gewesen sein. Die coh. I. Aquitanorum Biturigum war vermuthlich aus den an der Garonne wohnenden Biturigern ausgehoben, während die Cohorten, welche schlechthin mit „Biturigum" bezeichnet sind, aus den an der Loire wohnenden gebildet sind.

Nach den vielen Denkmälern, welche die aquitanischen Cohorten in den Rheingegenden hinterlassen haben, zu urtheilen, hatten diese Cohorten lange Zeit ihre Standquartiere am Rhein. Es finden sich aufgezeichnet coh. I. Aquit.[10]) in Arnsburg und Friedberg, III. Aquit.[11]) in Rückingen (bei Hanau) und Stockstadt a.M., III. Aquit. equitata[12]) bei dem letzteren Ort, III. eq.

---

[1]) Tac. H. IV, 58.
[2]) Tac. H. IV, 62. 70.
[3]) Tac. H. II, 68. IV, 62. 68.
[4]) Tac. H. II, 11. 67. 86. III, 50.
[5]) Arneth II. Cardinali VI.
[11]) Bramb. 1456b. 1761b.
[6]) Tac. H. IV, 18. 55.
[7]) Marquardt, röm. Alterthümer III, 2, pag. 388.
[8]) Tac. H. II, 68. IV, 68.
[9]) Tac. H. II, 85. III, 10.
[10]) Bramb. 1422b.
[12]) Bramb. 1761b.

civ. rom.¹) in Neckarburken, IV. Aq. im Jahre 210 in Mainz²), IV. Aquit. equit. civ. rom. in Obernburg³) — auf den am letzteren Orte gefundenen Inschriften lösen der Präfekt der Cohorte, L. Petronius Florentinus aus Saldasia in Mauretanien, und dessen Arzt, Rubrius Zosimus aus Ostia, für des ersteren Genesung Gelübde; die III. Cohorte führt auf einem in Osterburken entdeckten Steine⁴) den Beinamen *Philippiana*, stand demnach in den Jahren 244/49 an dem Fundorte. Die Cohorten, welche den Beisatz equitat. und civ. rom. führen, können nicht für identisch mit denen im Diplom aufgeführten gelten, sondern gehören der späteren Zeit an. Neben diesen aquitanischen Cohorten stand ohne Zweifel die *coh. II. Asturum*, die im Jahre 124 in Britannien dient⁵), in den Jahren 70 bis 120 in Germanien⁶). Daselbst verweilt, wenn ich mich in der Zeitbestimmung nicht irre, aus Spanien noch eine *ala Lucensium*, ausgehoben aus dem Convento Lucensis, dessen Hauptstadt Lucus Augusti war und von dessen Cohorten oben die Rede. Diese Ala hat eine Inschrift hinterlassen, welche zu Roomburg am Niederrhein gefunden wurde⁷).

Mit einer der zwei pannonischen Legionen, der VIII. Augusta und XI. Claudia, können an den Rhein gekommen sein eine *V. Dalmatarum* und *coh. VII. Raetorum* — zwei Cohorten, die im Diplome vom Jahre 74 genannt sind unter den in Germanien stehenden Hilfstruppen⁸). Auffallend ist, dass bei den Cohorten der Dalmatier, sowohl in Diplomen als Inschriften, bald *Dalmatarum*, bald *Delmatarum* zu lesen ist. Die V. Cohorte, die im genannten Diplom als Dalmat. bezeichnet ist, wird im Diplom vom Jahre 116 als Delm. cohors aufgeführt. Aehnlich verhält es sich bei den Inschriften dieser Cohorte. Auf einer in Mainz gefundenen⁹) — auf derselben wird ein *Capito* als *Decurio* der Cohorte genannt — ist Dalm., auf einer Wiesbadener¹⁰) Delmatarum geschrieben. Denselben Unterschied der Schreibweise lässt sich bei den übrigen Cohorten dieses Volkes beobachten. In den drei britannischen Diplomen Hadrians¹¹) (von 104, 106 und 124) heist es jedes Mal coh. I. Delmat., ebenso in dem vom Jahre 116 und auf den Inschriften cohors IV. Delmatarum — dagegen cohors *III. Dalmatarum*¹²). Aus dieser doppelten Schreibweise geht hervor, dass die Inschriften, welche Delmatarum aufweisen, in die Jahre 74—124 zu setzen sind, während die mit der anderen Lesart einer früheren Zeit angehören. Dem Gesagten zufolge steht in der *nächsten* Zeitperiode die cohors *IV. Delmatarum* am Rhein, da von derselben mit der Bezeichnung „Delmatarum" drei Inschriften¹³) zu Bingerbrück gefunden wurden.

---

¹) Bramb. 1728.   ²) Bramb. 1264.   ³) Bramb. 1747 und 1748.
⁴) Jahrbücher Bd. 46, pg. 112. Sie lautet: Genio ‖ opt(iones) ‖ coh. III ‖ Aquit ‖ Philippi ‖ anae.
⁵) Or.-Henz. 5455.   ⁶) Hassencamp I. pg. 16.
⁷) Bramb. 6 b.   ⁸) Arneth. II. Cardinali VI.
⁹) Or.-Henz. 6705. Bramb. 1069.   ¹⁰) Bramb. 1518.
¹¹) Or.-Henz. 5442. 5455. Cardinali XI. und XII.
¹²) Bramb. 1436 c. 1587 h.   ¹³) Bramb. 741. 742. 669.

Zu den voraus genannten Cohorten erscheinen als neu gebildet: eine *ala Gallorum Flaviana*, die durch den dacischen Krieg nach Nieder-Mösien versetzt wird¹). Für die nach Britannien 43 und 62 abgegangenen Nervischen Cohorten (coh. ohne Zahl und prima) müssen, da coh. Nerviorum zu Civilis übergingen²), neue gebildet worden sein. Als solche erscheinen die II.—VI. Nerviorum, von denen die II. und III., welche milliaria ist, und VI. im Jahre 124 in Britannien Stellung haben³), die IV. und V. nirgends erwähnt werden, und vielleicht diejenigen sind, welche zu Civilis abfielen und dadurch zu Grunde gingen. Zu den neugebildeten Cohorten, die in Germanien selbst und in den demselben zunächst gelegenen Gebieten ausgehoben wurden, zähle ich die coh. I. Sunucorum aus dem niederrheinischen Volke der Sunuker, in deren Gebiet Civilis nach dem Bündnisse mit Cöln Cohorten presste⁴); die genannte Cohorte hat 124 Quartier in Britannien, wohin sie wohl erst 120 unter Kaiser Hadrian ging, so dass ich, da sie in früheren britannischen Diplomen nicht genannt wird, ihr mit Recht ihre Stellung am Niederrhein in dieser Periode anweise.

Aus dem vorigen Zeitabschnitte gingen im batavischen Kriege zu Grunde die Cohorten der Ubier⁵); mehrere der Bataver, so dass sich von diesen bei uns nur noch die erste und dritte Cohorten finden, (letztere wurde wohl erst auf Befehl des Vitellius conscribirt⁶)), drei batavische Cohorten waren noch in Britannien und zeichneten sich im Jahre 83 in der Schlacht, welche Agricola den Britten am Grampian-Berge lieferte, aus neben den Cohorten der Tungrer⁷); die Friesen und Cannenefaten scheinen im batavischen Aufstande gleichfalls schwere Verluste erlitten zu haben, so dass ausser der coh. *I. Frisiavonum*, die 62 nach Britannien versetzt wurde, wo sie noch 106 und 124 sich aufhält, und der ala *I. Cannenefatium*, deren ausgediente Krieger von Vespasian im Jahre 74 die Entlassung erhalten, frisischer und cannenefatischer Truppen keine Erwähnung mehr geschieht. Neben der ala I. Cannenefat. treten im genannten Diplom auf die Alen I. und II. *Flavia Gemina*. Ihr Name besagt, dass sie von Vespasian aus zwei aufgelösten Alen gebildet wurden. Welches diese aufgelösten Alen und aus welchem Volke sie waren, vermag ich nicht zu ermitteln. Auf rheinischen Inschriften⁸) führen mehrere Alen den Namen „Flavia", welche nicht für identisch mit den zwei genannten zu halten sind, und von welchen ich in der nächsten Periode ausführlicher sprechen werde.

Wenn wir diesem Zeitraume einen kurzen Ueberblick widmen und nach der Zahl der am Schlusse desselben in Germanien verbliebenen Auxiliaren fragen, so ergibt sich folgendes Resultat:

Wir finden auch in dieser Periode beinahe dieselbe Anzahl von Hilfstruppen am Rhein, die wir in der vorigen dort antrafen; von denselben stehen⁹):

---

¹) Arneth. V.
²) Or.-Henz. 5455.
³) Tac. H. IV, 28.
⁴) Tac. Ag. 36.
⁵) Tac. H. IV, 28.
⁶) Tac. H. IV, 66.
⁷) Tac. H. IV, 14.
⁸) Bramb. 1428. 1468. 1525. 914. u. v. a.

⁹) Von den in der vorigen Periode aufgezählten Auxiliaren sind hier diejenigen sämmtlich hinweggelassen, von welchen weder in Schriftstellern noch Inschriften und Diplomen der späteren Zeit eine Nachricht hinterlassen ist, wenn sich auch ihre Anwesenheit (z. B. der Cohorten der Nemeter) noch vermuthen lässt.

In Germania Inferior:

Die Alen:
ala Petriana — ala Claudia I. Gallorum, ala Agrippiana — ala Lucensium und
„ Treverorum — „ Indiana, ala Gallorum Flaviana.

Die Cohorten:
coh. Belgarum   — coh. I. Menapiorum, coh. II. Lingonum   — coh. II. Nerviorum,
 „ Thracum   — „ I. Batavorum,   „ III. Batavorum   — „ III. civium rom.
 „ I. Belgarum   — „ I. Sagittarior.,   voluntar.,
 „ I. civium rom.   „ III. Lusitanorum — „ III. Dalmatarum,
      voluntar.   — „ I. Sunucorum,   „ III. Nervior. mill. — „ VI. Norviorum,
 „ I. Pannoniorum — „ I. Germanor.,   „ VII. Lusitanor.   — „ VIII. Breucorum.
 „ II. Asturum   — „ II. Gallorum,

In Germania Superior

sind zu verzeichnen:

Die Alen:
ala Thracum   — ala Hispanorum,   ala Claudia Nova   — ala I. Flavia Gemina,
 „ Picentiana   — „ Scubulorum,   „ I. Cannenefatium   — „ II.   „   „

Die Cohorten:
coh. I. Asturum   — coh. I. Thracum,   coh. II. Aug. Cyrenaica — coh. II. Biturigum,
 „ I. Aquitanorum   — „ I. Aquitanorum   „ Asturum et Gal-   — „ II. Raetorum,
      veterana   Biturigum,   laecorum
 „ I. Ituraeorum   — „ I. August. Cyrenaica, „ III. Aquitanorum — „ III. Gallorum,
 „ I. Claudia Sygamb. — „ I. Vangion. milliaria „ IV. Vindelicorum — „ IV.   „
 „ II. Mattiacorum — „ II. Aquitanorum.   „ V. Dalmatarum   — „ V. Hispanorum und
                                                                       „ VII. Raetorum.

§ 4.
Auxiliaren in den Jahren 75 bis 117.

Nach Unterdrückung des batavischen Aufstandes war im römischen Reiche wieder Ruhe und Frieden eingetreten, der unter Vespasian nur gestört wurde durch die Erhebungsversuche der Völkerschaften Britanniens, welche dem römischen Heere beträchtliche Verluste beibrachten[1]). Desshalb war im Frühlinge des Jahres 71 Petilius Cerealis, der Besieger der Bataver, mit drei

---

[1]) Tac. Ag. 18. Die Stadt Ordovicum hatte eine Ale, die in ihrem Gebiete lag, fast vernichtet; (cp. 26) die Caledonier griffen die IX. Legion an.

Legionen, der II. Adjutrix, VIII. Augusta und XXI. Rapax nach Britannien gegangen; die beiden letzten Legionen waren, da sie bei der Uebernahme des Commando's von Britannien durch Agricola im Jahre 78 nicht mehr auf der Insel standen¹), nicht lange dort geblieben; die II. Adjutrix dagegen verweilte drüben bis zum Jahre 90, in welchem Jahre sie von Kaiser Domitian wegen des an der Mündung des Mains ausgebrochenen suebischen Krieges zurückgerufen wurde²).

Ueber die Legionen, welche in dieser Zeitperiode in Germanien standen, finde ich verschiedene Meinungen. Brambach³) lässt die II. Adjutrix weder in Deutschland verweilen noch nach Britannien gehen; Grotefend⁴) lässt sie nach der Unterwerfung der Bataver sogleich nach Pannonien marschiren; Urlichs⁵) dagegen thut dar, dass sie 71 mit Cerealis nach Britannien ging und unter Agricola's Statthalterschaft (78—85) dort verweilte, von Domitian aber nach Germanien gerufen wurde. Die letztere Ansicht scheint mir die richtige. Im suebischen Kriege war auch die I. Adjutrix thätig⁶), die vielleicht schon von Vespasian an den Rhein geschickt worden war. Dieselbe blieb während dieser Periode in Germanien, die II. Adjutrix bis zum Ausbruche der grossen von Trajan gegen die Dacier geführten Kriege, in welchen sie sich auszeichnete⁷). In diesen Kriegen kämpften⁸) die Legionen: I. Italica, die in Mösien lag, I. Minervia⁹), die vom K. Domitian an Stelle der von den Sarmaten (Daciern) vernichteten V. Alauda errichtet worden war, IV. Flavia Firma, welchen Namen die IV. Macedonica von Vespasian erhielt¹⁰), die V. Macedonica¹¹), die schon unter Vespasian nach Dacien gekommen, XIII., die in Pannonien stand, und wahrscheinlich XIV. Gem. M. V. Von 92 bis 96 lagen demnach am Rhein: die VIII. Aug., XIV. Gem. M. V., XI. Claudia und XXII. Primig. in Ober-

---

¹) Urlichs, commentatio de vita et honoribus Agricolae pag. 28.

²) Dies geht hervor aus der Inschrift bei Henzen 6766: ein Tribun der II. Adjutr. wird im suebischen und sarmatischen Kriege mit den militärischen Ehrenzeichen belobt. Nach der Beweisführung bei Urlichs ist dieser sueb. Krieg der unter dem Kaiser Domitian entstandene.

³) Im prooemium zum corpus inscriptionum rhenanarum.

⁴) In Pauly's Real-Encyclopädie.

⁵) l. c.

⁶) Or.-Henz. 5489. Q. Atilo . T. F || Macc . Prisco || &c. &c , praef . coh . I || Hispanorum . et coh . I . Montanorum et coh . I . Lusitanor . trib . mil . Leg . I || Adjutric . donis . donato || ab . Imp . Nerva . Caesare . Aug || Germ. bello . Suebic . coron || aurea . hasta . pura , vexill || praef. alae . I . Aug. Thracum u. s. w.

⁷) Orelli 799. Grotefend l. c.

⁸) Grotef. l. c. Or.-Henz. 3454. 5659.

⁹) Der Ansicht Brambach's (im Prooemium zu den rhein. Inschriften), dass die I. Min. unter Domitian in Germanien lag, kann ich nicht beistimmen, weil dieselbe, für die V. Alauda errichtet, in Mösien und nicht am Rhein nothwendig war; sie kam vielmehr wahrscheinlich erst ca. 106 in das Rheinland (Jahrbücher XLVII, pg. 161).

¹⁰) Ich kann nicht glauben, dass die IV. Macedonica aufgelöst wurde. Sie war, wie Grotefend bemerkt, zwei Mal siegreich gegen die Bataver, ein Mal gegen die Treverer, entsetzte Mainz — und soll, wahrscheinlich zur Belohnung (?), aufgelöst worden sein; ich halte vielmehr dafür, dass sie ergänzt und zur Auszeichnung Flavia Firma genannt wurde, durch welche Benennung sich der ursprüngliche Name verlor.

¹¹) Or.-Henz. 3461 und 3454.

germanien, die VI. Vict., X. Gem., XV. Primig. und XXI. Rapax in Untergermanien; von 96 bis zum ersten dacischen Kriege: die VIII. Aug., I. und II. Adjutrix, XI. Claud. und XXII. Primlg. in Germ. Superior, die VI. Victr., X. Gem., XV. Pg. und XXI. Rap. in Germ. Inferior; nach dem dacischen Krieg: die VIII. Aug., I. Adj., XI. Claudia und XXII. Pg. am Oberrhein, VI. Vict., X. Gem., I. Minervia und XXX. Ulpia[1]) am Niederrhein. Der Krieg Trajans in Parthien scheint bei den germanischen Legionen keine Veränderungen hervorgerufen zu haben.

In Folge der dacischen Kriege ziehen hinweg aus Germanien nach Osten nachweislich folgende Auxiliaren: ala I. *Claudia Gallorum* und ala *Gallorum Flaviana*, von deren Mannschaft ein Theil 106 in Nieder-Mösien seinen Abschied erhält[2]); coh. I. *Thracum*, die sich wahrscheinlich in den dacischen Kriegen das Bürgerrecht erkämpft, da sie 110 in Dacien dasselbe besitzt; 116 steht sie bereits wieder in ihrer germanischen Garnison am Rhein; auf ähnliche Weise betheiligt sich die coh. I. *Ituraeorum* an den dac. Kriegen, hat 110 in Dacien selbst Stellung und kehrt vor 116 nach Deutschland zurück; II. *Raetorum*, die 107 in Rätien, 116 in Germanien ihr Diplom erhält; II. und III. *Gallorum* und III. *Batavorum*, von welchen die beiden ersteren 74 noch am Rhein, 106 aber in Unter-Mösien stehen, die coh. IV. *Gallorum*, die 106 in Unter-Mösien, 107 in Rätien liegt; coh. I. *Claudia Sygambrorum* und II. *Mattiacorum*, die 134 in Nieder-Mösien auftreten. Dazu kommen noch Cohorten, die wahrscheinlich in Germanien vorher waren, die III. *Lusitanorum*, die 114 in Unter-Pannonien, die VII. *Lusitanorum*, die 107 in Rätien steht. Mit diesen germanischen Truppen marschirten in die Donauländer auch Auxiliaren aus Britannien, die ich jedoch hier nicht aufzählen will.

Nach Britannien dagegen gingen aus Deutschland, sei es mit Petilius Cerealis, sei es unter der Statthalterschaft Agricola's, die Cohorten: I. *Vasconum c. r.*, die erst im batavischen Krieg an den Rhein kommt, in demselben sich auszeichnet[3]) und wahrscheinlich das römische Bürgerrecht erwirbt, in Besitz dessen sie in einem Diplom erscheint, und coh. I. *Pannoniorum*, die im Diplom vom J. 106 in Britannien aufgeführt wird.

Anstatt der abgegangenen Hilfstruppen gingen wieder neue zu. Wir erblicken eine ala I. *Scubulorum* (von der ala Scub. war oben die Rede), auf einer Mainzer Inschrift[4]) und im Militär-Diplom vom Jahre 116. Neben derselben steht angeführt die ala I. Flavia Gemina, die bereits im Diplom vom J. 74 erwähnt ist. „Die fünf übrigen Alen des Jahres 74," sagt Rossel (Annalen für Nassau V. Bd. 1. Heft) „standen nicht mehr in Ober-Germanien, weil sie nicht mehr im Diplom vom Jahre 116 erwähnt sind." Ich glaube zwar, dass aus diesem Umstande ihre Abwesenheit nicht bewiesen werden kann, ich führe jedoch nur diejenigen an, welche sich in Diplomen und Inschriften vorfinden, die bieher zu gehören scheinen.

---

[1]) Für die XV. Primigenia.
[2]) Die Jahrzahlen beziehen sich auf Militär-Diplome: 74 Arneth II. Card. VI, 106 (Mösien) Card. XII und XIII. 107 Christ, 116 Brambach 1512. = Annalen v. Nassau V, 1. 106 (Britannien) Arneth V. = Henzen 6857; 110 (Dacien) A. VI, 104 (Britannien) Card. XI. 134 (Nieder-Mösien) Henzen „diploma militare d'Adriano."
[3]) Tac. H. IV, 33.   [4]) Brambach 1125.

Als Cohorten, die zum ersten Male am Rhein Quartier nehmen, erscheinen: eine coh. *Flavia Damascenorum*, die ihren Beinamen von einem der flavischen Kaiser (Vespasian, Titus oder Domitian) erhielt. Auf rheinischen Inschriften sind mehrere Cohorten aus diesem syrischen Volke aufgezeichnet: eine coh. I. Fl. Dam. milliaria in Friedberg [1]), coh. I. Fl. Dam. mill. equitata Sagittariorum in Strassheim [2]); es sind dieses offenbar zwei verschiedene Cohorten. Die im Diplom vom Jahre 116 bezeichnete mag mit der milliaria in Friedberg identisch sein. Zu diesen beiden kommt noch eine coh. I. Flavia, deren Stempel auf zwei in Utrecht gefundenen Ziegelsteinen zu sehen ist; diese wird nicht die Flavia *Damascenorum*, sondern *Commagenorum* sein [3]). Nur die I. Flav. Damascenorum (mill.) gehört dieser Zeitperiode an, die übrigen Cohorten, sowie die Alen, von welchen Inschriften vorhanden (I. Flavia, I. Flavia milliaria, II. Flavia) überlassen wir einer späteren Zeit.

Das Militär-Diplom vom Jahre 116 führt uns eine coh. I. *Ligurum* et *Hispanorum civ. rom.* vor, welche uns gleichfalls zum ersten Male in Germanien begegnet. Diese Cohorte bestand demnach aus zwei Völkern, und war wohl aus zwei Cohorten, einer cohors Ligurum und einer cohors Hispanorum, deren Mannschaft an Zahl herabgekommen war, gebildet worden; die Cohorte hat sich wahrscheinlich in einem der dacischen Kriege ausgezeichnet, da sie das römische Bürgerrecht hat. Ob die im genannten Diplom vorhandenen Lücken nach der vierten Cohorte mit Ituraeorum, die nach der sechsten Cohorte mit Aquitanorum Biturigum, die nach der neunten mit Hispanorum (ped), die nach der eilften mit Aquitanorum, die nach der vierzehnten mit Vindelicorum zu ergänzen ist, kann man in Zweifel ziehen.

Der Ergänzung Rossel's, coh. I. Ituraeorum, coh. I. Aquitanorum Biturigum, die auch im Diplom Vespasians genannt ist, coh. II. Hispanorum ped. und IV. Vindelicorum, stimme ich zu; statt III. Aquitanorum zu setzen, halte ich es für wahrscheinlicher, dass III. Delmatar. eq. zu lesen sei, weil die folgende III. Delmatarum den Beisatz peditata hat, welcher Beisatz eine berittene Cohorte aus demselben Volke voraussetzt.

Von der cohors IV. Delmatarum war oben die Rede.

Zu diesen, im Diplom aufgeführten, Auxiliaren rechne ich in dieser Zeitperiode: eine *ala Vocontiorum* aus dem mächtigen Volke der Vocontii im narbonnensischen Gallien, von welcher zwei Inschriften am Niederrhein, in Hemmen-Indoornik und Bergendael (bei Cleve), gefunden wurden [4]). Auf der einen ist der Reiter ein Treverer, dem die Schwester einen Grabstein setzt; die andere hat den Beisatz „exercitus Britannici"; daraus geht hervor, dass diese Ale mit britannischen Truppen herüberkam, um am Niederrhein zu bleiben. Aus Britannien kam auch die *ala Britannica*, von der eine Inschrift bei Steiner [5]) verzeichnet ist. Zu diesen beiden am Niederrhein befindlichen Alen zähle ich für diese Periode noch die *ala Longina*, von der in Bonn ein Grabstein gefunden wurde; auf derselben ist der Reiter als „nationis Faedus" bezeich-

---

[1]) Brambach 1417 e.   [3]) Bramb. 1412.
[2]) Or.-Hens. nr. 5638.   [4]) Bramb. 67 und 161.   [5]) nr. 267.

not¹), was wahrscheinlich Raetus zu lesen ist. Nach der äusseren Form zu schliessen, gehört die Inschrift dieser oder den ersten Jahren der nächsten Periode an. Ohne Zweifel weilt am Niederrhein aus der vorigen Periode noch die ala *Petriana*, die 124 in Britannien erscheint²).

Am Oberrhein dienen neben den zwei im Diplom vom J. 116 genannten Alen eine *ala Rusonis*, die ihren Namen von ihrem Präfekten hat, und von der ein Soldat in Mainz begraben liegt³), und *ala Vallensium*, welche aus der südlichen Schweiz rekrutirt war und sich in Rotenburg (im Schwarzwaldkreis) ein Denkmal setzte⁴).

Am Ende dieser Periode verbleiben dem Gesagten zufolge am Rhein⁵):

In Germania Inferior:

Die Alen:
ala Petriana — ala Vocontiorum — ala Britannica — ala Lucensium.

Die Cohorten:
coh. I. Sunucorum — coh. I. Menapiorum, coh. II. Nerviorum — coh. III. Nervior. mill.,
coh. I. Batavorum — coh. I. Vangion. mill., coh. VI. Nerviorum⁶) — coh. VIII. Breucorum,
coh. II. Asturum — coh. II. Lingonum, und coh. IV. Delmatarum.

In Germania Superior:

Die Alen:
ala I. Flavia Gemina — ala I. Scubulorum⁷) ala Vallensium — ala Rusonis.

Die Cohorten⁷):

coh.	I. Thracum civium roman.	—	coh.	I. Aquitanorum veterana,
„	I. Germanorum civ. rom.	—	„	I. Flavia Damascenorum mill.,
„	I. Ligurum et Hispanorum civ. rom.	—	„	I. civium romanor. voluntar.,
„	I. Ituraeorum	—	„	I. Aquitanorum Biturigum,
„	II. Augusta Cyren.	—	„	II. Hispanorum ped.,
„	II. Raetorum civ. roman.	—	„	III. Delmatarum eq.,
„	III. Delmatar. ped.	—	„	IV. Aquitanorum,
„	IV. Vindelicorum	—	„	V. Delmatarum, und
			„	VII. Raetorum equit.

¹) Brambach 498. Biturix . na ‖ tionis . Faedus . equ ‖ ala . Longina ‖ ann . XLII . stip . XX . ‖ heres . ex . testa(mento).

²) Or.-Henzen 5455.

³) Bramb. 1230. Adbogius . Coi ‖ nagi . F . Na . Petr ‖ ucorino . eq . al . ‖ Rusonis . an . ‖ XXIIX . sti . X . ‖ hic . situs est . ‖ ex . testamen ‖ to . libertae . ‖ fecit.

⁴) Ibid. 1631. I . O . M ‖ Al Valle ‖ nsium ‖ posue ‖ runt ‖ ex voto ‖ llm (libentes merito).

⁵) Nur die Auxiliaren sind aufgeführt, die aus Diplomen und Inschriften sich erweisen lassen.

⁶) Diplom Hadrians vom J. 124 bei Or.-Henzen 5455.

⁷) Diplom vom Jahre 116 bei Brambach 1512.

RÖMISCHE
AUXILIAR-TRUPPEN AM RHEIN.

PROGRAMM

DER

KÖNIGLICH BAYERISCHEN LATEINSCHULE ZU HAMMELBURG

IM STUDIENJAHRE 1874/75

VERFASST VON

DR. HARTUNG,

KOENIGL. SUBRECTOR.

Zweiter Theil. (Schluss.)

HAMMELBURG.
J. J. HILLER'SCHE BUCHDRUCKEREI.
1875.

Im Anschlusse an den I. Theil der Abhandlung über „*Römische Auxiliar-Truppen am Rhein*" bleibt übrig zu untersuchen, welche Auxiliaren in den Zeiten nach Kaiser Trajan bis zu den sogenannten dreissig Tyrannen im Rheingebiete Stellung hatten. In den folgenden Abschnitten soll die Beantwortung dieser Frage versucht werden.

§ 5.
Auxiliaren von der Thronbesteigung Hadrians bis zur Beendigung des Markomannen-Krieges (117—180 n. Chr.)

Um die Anordnung des Stoffes beizubehalten, wie sie im I. Theile angenommen wurde, sind zuerst diejenigen politischen Verhältnisse des römischen Reiches zu erwägen, welche nach dem Tode des Kaisers Trajan bis zum Ende des sogenannten Markomannenkrieges militärische Dislokationen veranlassen konnten.

Kaiser Trajan hatte die Grenzen des römischen Reiches durch Eroberungen so erweitert, dass sowohl an der unteren Donau, als auch im Osten des Reiches barbarische Völker unmittelbare Nachbarn der Römer geworden waren. In dieser Nachbarschaft scheint Kaiser Hadrian, Trajan's Nachfolger, eine beständige Gefahr für den Frieden und die Sicherheit seines Reiches erkannt zu haben, weshalb er die alten Grenzen wiederherzustellen suchte[1]). Trotz dieses friedliebenden Charakters widmete der Kaiser, eingedenk des Spruches: „*si vis pacem para bellum*", der Schlagfertigkeit

---

[1]) Mesopotamien und Assyrien gab Hadrian den Parthern zurück, so dass der Euphrat wieder die Grenze zwischen dem römischen und parthischen Reiche bildete; Dacien verblieb jedoch beim Reiche, weil sich bereits zu viele römische Bürger daselbst angesiedelt hatten; die steinerne Brücke aber, welche Trajan über den Ister erbaut hatte, wurde auf Hadrian's Befehl abgetragen, damit den Barbaren der Einbruch in die damals blühenden thracischen Landschaften erschwert werde.

und Disciplin seines Heeres besondere Aufmerksamkeit[1]): seine Heere sollten stets in Bereitschaft sein, die Angriffe der barbarischen Feinde, die zahlreich an den Pforten des Reiches ihr Kriegsgeschrei zu erheben anfingen, siegreich abzuwehren.

Unter Hadrian's Regierung brachen nur zwei bedeutendere Kriege aus[2]). In Britannien scheinen nämlich die dem römischen Theil der Insel benachbarten Caledonier oder Pikten, verstärkt mit Skotten aus Irland, ihre Raubzüge gegen das römische Gebiet erneuert zu haben; desshalb und zugleich weil in den rauhen und armen Berggegenden von Mittel-Schottland die Ernährung eines Heeres schwierig und das Land für das unruhige Volk der Caledonier selbst zu klein war, gab Hadrian die nördliche Eroberung Agricola's bis zum Flusse Eden in Cumberland und bis zur Tyne in Northumberland auf, führte jedoch zwischen den Mündungen der beiden Flüsse einen neuen Grenzwall auf, der von Meile zu Meile mit Castellen versehen und von einem starken Besatzungsheere vertheidigt wurde.

Ein zweiter gefährlicher und blutiger Krieg erwuchs dem römischen Reiche in Palästina. Die Wiederaufnahme des schon von Kaiser Trajan gehegten Planes[3]), an der Stelle des zerstörten Jerusalem eine heidnisch-römische Stadt (Aelia Capitolina) zu erbauen, erzeugte einen neuen jüdischen Krieg. Nach fast vierjährigem Kampfe (132—135) hatte der kaiserliche Feldherr, der kriegskundige Julius Severus, der zuvor Statthalter in Britannien gewesen war, die letzte Kraft des Judenvolkes gebrochen und den Frieden wiederhergestellt.

Wie unter der Regierung des Kaiser Hadrian, so genoss auch unter seinem Nachfolger Antoninus Pius das römische Reich eines fast ununterbrochenen Friedens. Ohne Schwierigkeit wurden die Unruhen in Afrika, Aegypten, Griechenland und Judäa gedämpft; siegreich schlug der Statthalter Jllyrikum's, Bassäus Rufus, die Germanen und Sarmaten zurück; in Britannien wurden die unruhigen Caledonier von dem Statthalter Lollius Urbicus gedemüthigt, das Reichsgebiet abermals bis an die beiden Firths erweitert und die Grenzbefestigungen Agricola's erneuert.

---

[1]) Cass. Dio hist. rom. 69, 9 sagt hierüber: „Hadrian nahm Gegenden und Städte in Augenschein, besah die festen Plätze und Schauzwerke, von denen er einige verlegte, andere aufhob, andere neu aufbaute. Seine Aufmerksamkeit richtete er nicht nur auf das Heerwesen im Allgemeinen: auf die Waffen, Maschinen, Gräben, Mauern, Wälle, sondern auch auf das Einzelne: auf die Lebensweise, Wohnungen, Sitten, sowohl der Soldaten als der Anführer. Vieles, was zu weichlich eingerichtet oder zubereitet war, schaff er um oder änderte es ab. Bei dem germanischen Heere (welches, wie es scheint, dem Luxus und der Bequemlichkeit sich etwas ergeben hatte) führte er die alte Mannszucht zurück, entfernte die Speisesäle, kühlen Hallen und Lustgärten aus dem Lager. Die Soldaten übte er in allerlei Kampfesart, lobte oder tadelte nach Verdienst und hielt Alle an, ihre Pflicht zu thuen. Seine batavischen Reiter waren so geübt, dass sie in voller Rüstung über den Ister schwimmen konnten.

[2]) Kleinere Unruhen, welche in Dacien und Pannonien entstanden waren, unterdrückte der Statthalter dieser Provinzen, Martius Turbo, der Kaiser selbst jagte die Roxolanen, welche an der Palus Mäotis (asow. Meer) wohnhaft mit anderen sarmatischen Stämmen in das Innere von Illyrikum vorgedrungen waren, in ihre Gebirge und Steppen zurück.

[3]) Trajan hatte auf dem parthischen Feldzuge die Ueberzeugung gewonnen, dass die Juden Hass und Rache gegen die heidnische Römermacht als heilige nationale Pflicht ansahen und überall auf Seite der Feinde Rom's standen; desshalb suchte er dieselben zu romanisiren und aus ihrer Sonderstellung herauszureissen und erliess zu diesem Zwecke ein Verbot gegen die Beschneidung. Die in Folge dessen (114—117) entstandenen Judenaufstände wurden von den römischen Feldherren Lusius Quietus und Marcius Turbo blutig unterdrückt.

Den vielen Friedensjahren, deren sich die römische Welt unter Kaiser Hadrian und Antoninus Pius (117—161) erfreut hatte, folgten unter Kaiser Antoninus Philosophus langwierige und schwere Kriege. Der lange Friede hatte, namentlich im armenischen Heere, die Disciplin erschlafft und die Waffenübungen unterbrochen. Der Partherkönig Vologeses III. beschloss desshalb, in das römische Gebiet einen Einfall zu machen, in der Hoffnung, durch einen raschen Feldzug Armenien wieder an Parthien zu bringen. Und das Glück begünstigte ihn anfangs; er rieb die Legion, welche die Besatzung der armenischen Stadt Elegia bildete, auf und machte Fortschritte in Mesopotamien; allein die römischen Feldherrn Avidius Cassius, Martius Verus und Statius Priscus schlugen ihn nach Eroberung der Städte Seleucia und Ktesiphon über den Tigris zurück, und Mesopotamien mit Armenien wurden dem Reiche von neuem beigefügt.

Dem parthischen Kriege schloss sich der grosse deutsche Krieg an, der sich von Illyrien an den Donau-Ufern hinauf bis an den Rhein erstreckte und seine letzten Ausläufer in Gallien und Britannien hatte, von den Römern aber nach dem Volks-Stamme oder Völkerbunde, welcher ihnen am meisten bekannt war, der markomannische genannt wurde. Die Feldzüge gegen die Parther und die im Gefolge derselben hereingebrochene Pest hatten nämlich, wie es scheint, die an der Donau-Grenze aufgestellten Legionen sehr gelichtet. Dies benutzten die angrenzenden germanischen und sarmatischen Volks-Stämme zu einer gemeinsamen Erhebung[1]). Furcht vor dem germanischen Namen erfüllte die Gemüther der Römer und trieb sie zu ernstlichem Widerstand an. Mit dem Erlöse aus verkauften Kostbarkeiten des kaiserlichen Palastes (auf solche Weise füllte Kaiser Markus Aurelius der Weise den leeren Staatsschatz) wurden Werbungen unter den Dalmatiern und Dardanern angestellt, die Lücken des Heeres überdies durch Gladiatoren und Sklaven ergänzt. Unter grossen Wechselfällen wurden in drei Feldzügen die Barbaren bekämpft und endlich nach dem Tode des thatkräftigen Kaisers Markus Aurelius von seinem weichlichen Sohne Kommodus unter nicht besonders ehrenvollen Bedingungen Friede geschlossen[2]).

Es fragt sich nun, welchen Einfluss hatten diese politischen Verhältnisse auf die Stellungen des Heeres in den Rheinlanden?

Nach den dacischen Kriegen standen acht Legionen am Rhein[3]): in Obergermanien die VIII. Aug., I. Adjutrix, XI. Claudia und XXII. Primigenia; in Niedergermanien die VI. Victrix, X. Gemina, I. Minervia und XXX. Ulpia Victrix; dreissig Jahre später gehören die VI., I. Adjutrix und X. Gem. dem germanischen Heere nicht mehr an, welches vom Jahre 162 an nur gebildet wird von vier Legionen: der VIII. Aug. und XXII. Pr. am Oberrhein und der I. Minervia mit XXX. U. V. am Niederrhein.

Zuerst verliess Germanien die VI. Victrix, welche nach Britannien geschickt wurde zum Ersatze für die von den Caledoniern vernichtete IX. Hisp., und daselbst Quartier behielt die folgenden

---

[1]) An verschiedenen Orten brachen die Barbaren in die römischen Provinzen ein: die Chauken suchten Belgien heim, wo der Statthalter Didius Julianus ihnen erfolgreichen Widerstand leistete, die Chatten drangen nach Rätien vor, Quaden, Jazygen, Markomannen plünderten Pannonien und Illyrien.

[2]) Die Römer geben ihre Befestigungen auf dem linken Donauufer auf, die Germanen halten ihre Wohnsitze eine Meile vom Donauufer entfernt, stellen für Jahrgelder Hülfstruppen zum römischen Heere, eine bestimmte Anzahl von ihnen erhält Wohnplätze in römischen Provinzen.

[3]) I. Theil, S. 85. Vgl. Brambach, praefatio.

Jahrhunderte hindurch bis zur Notitia.¹) Wenn die im I. Theile der Abhandlung aufgestellten Angaben begründet sind, gingen mit der VI. Legion auch Auxiliaren vom Rhein nach der britischen Insel: es erhalten nämlich die *ala Petriana* mit den Cohorten der Nervier (II, III mill und VI), der Bataver (I), Asturer (II), Lingonen (II), Vangionen (I mill), Sunucker (I) und Menapier (I), von denen angegeben wurde, dass sie am Ende der Regierung Trajan's in Germanien standen, im Jahre 124 ihren Abschied in Britannien.

Nicht lange nach der VI. Legion verliessen den germanischen Boden auch die I. Adjutrix und X. Gemina, welche wahrscheinlich in Folge des jüdischen Krieges und der sarmatischen Unruhen²) an die untere Donau rückten und im Jahre 150 einen Theil der Besatzung Pannoniens bilden. Ihnen folgte die VI. Claudia, welche wahrscheinlich wegen des parthischen Krieges vom Rhein nach Moesia Inferior gerufen wurde und bereits im Jahre 162 ihre rheinischen Quartiere verlassen hatte.

Mit diesen drei Legionen zogen vermuthlich auch Alen und Cohorten vom Rheine an die Donau. Wenn wir die Militär-Diplome, welche in diesen Zeitabschnitt fallen, zu Rathe ziehen, finden wir unter Antoninus Pius eine ala Britannica civ. rom. in Unter-Pannonien. Es scheint mir die nämliche Ala zu sein, welche am Ende der Regierung Trajans, zwar noch ohne den Beisatz *civ. rom.* am Niederrhein stand. Unter den Truppen Pannoniens, welche in den Jahren 138 und 154 ihren Abschied erhalten, findet sich auch eine Coh. I. Thrac. c. r., welche wahrscheinlich im Jahre 116 zu den germanischen Truppen gehört. Es werden allerdings mehrere erste thracische Cohorten aufgeführt, wie überhaupt in den 57 bis jetzt bekannt gemachten³) Diplomen der Name der thracischen Cohorten 19 mal wiederkehrt und wenigstens 10 verschiedene Cohorten aus diesem Volke unterschieden werden müssen, hierunter fünf erste Cohorten.

Von den Alen des oberrheinischen Heeres in der vorigen Periode hat die Ala I. Flavia Gemina ihren Aufenthalt nach Rätien verlegt, wo sie im Jahre 141 ihrem obersten Kriegsherrn, dem Kaiser Markus Antoninus ein Denkmal setzt.⁴) Auxiliar-Fussvolk mögen vielleicht die abgehenden Legionen erhalten haben an neu ausgehobenen Cohorten im Gebiete der Sygambrer und Mattiaken, Vindeliker, Ubier und Gallier, da eine Coh. I. claud. Sygambror. und II. Mattiacorum 134 in Niedermösien erscheint und I. mill. Vindelicor., I. Ubior. und I. Dacic. Gallor. 157 in Dacien.

Da im Jahre 162 nur vier Legionen die Rheingrenze beschützen, hielt die römische Kriegs-

---

¹) Nach einer Inschrift, welche dem Jahre 127 angehört, Or. — Henz. 6498, war die VI. Vict. in jenem Jahre schon in Britannien. Hier war sie in den folgenden Zeiten an den Grenzbefestigungen thätig und war noch um das Jahr 400 n. Chr. in Garnison daselbst. Vgl. Pauly, Real-Encyclop. Böcking. Not. Dign.

²) Während des jüdischen Krieges drohte 134 ein Kampf mit dem streitbaren scythischen Hirtenvolke der Alanen, welche Wohnsitze hatten zwischen dem Kaukasus und dem kaspischen Meere. Flavius Arrianus, der Statthalter Cappadociens, verhinderte den Ausbruch des Krieges. Verwendet waren dabei die Legionen XII. Fulmin. und XV. Apollin.

³) Mommsen, corpus inscript. latin. Berol. 1873. vol. III. p. 2, pag. 843 ff.

Thracische Cohorten kommen vor in Diplom 9, 11, 12, 14 (doppelt), 21, 24 (doppelt). 25, 27, 36, 39, 40, 42 (doppelt), 44, 46 (dreifach). Im Diplom vom Jahre 157 (nr. 46) führt eine Coh. I. c. r. den Beinamen Germanica, entweder weil sie längere Zeit in Germanien stand, oder sich im Kriege gegen die sarmatischen Germanen ausgezeichnet hatte.

⁴) Stälin I., nr. 236.

Verwaltung einen Ersatz der abgerufenen Legionen nicht für nöthig. Zu dieser Massregel konnte sie bestimmt werden, weil die untere Donaugrenze und der Orient am meisten bedroht waren, und die Grenze in Germanien selbst eine andere geworden war.

Vor dieser Periode war nämlich der Rheinfluss und Donaustrom Gränze, in dieser und der folgenden Zeit der Limes transrhenanus und transdanubianus oder richtiger Raeticus [1]).

Kaiser Domitian [2]) hatte nämlich das Land, welches zwischen dem oberen Rhein, der oberen Donau und dem unteren Maine liegt, zum Reiche gezogen und mit einem Grenzwalle einzufriedigen begonnen; unter Kaiser Trajan wurden die Befestigungen an der oberen und unteren Donau fortgesetzt, und Kaiser Hadrian brachte sie zum Abschlusse.[3]) Das Vertheidigungswerk, welches von Regensburg an der Donau in südwestlicher Richtung über die Altmühl nach Lorch an der Rems lief und von da in nördlicher Richtung bis zum Maine bei Wertheim und der Kinzig (Gelnhausen) sich fortsetzte und von hier, den Taunus und die Ems berührend, bei Deutz am Rhein endigte, hatte den Namen Limes Räticus, soweit es der Provinz Rätien angehörte, Limes transrhenanus, soweit es das Land der belgisch-rheinischen Provinz von dem barbarischen Boden des eigentlichen freien Germaniens abgrenzte. Der Limes bestand zum Theil aus Pallisadenwerk, zum Theil aus Erde oder Rasen, und, wo es die Gegend, durch welche er zog, erlaubte, auch aus Steinen, war gegen die feindliche Seite mit einem Graben geschützt, und auf der befreundeten Seite mit einer fortlaufenden Reihe von Thürmen und Castellen versehen und bewehrt. In der Nähe des Grenzwalles erhielten, um von hier aus die Wacht-Thürme an ihm im regelmässigen Dienste zu beziehen, Abtheilungen der Legionen und Auxiliartruppen ihre Lager, um welche sich durch Verabschiedungen, Einwanderungen [4]), Handel und Verkehr Dörfer und Städte bildeten. Die heutigen Dörfer und Städtchen Murrhardt, Mainhard, Welzheim, Oehringen, Jaxthausen, Obernburg, Aschaffenburg sind nach der Menge der römischen Ueberreste, welche daselbst gefunden wurden, offenbar an die Stelle kleiner römischer Niederlassungen getreten.

An der Errichtung des Limes waren beschäftigt die VIII. und XXII. Legion und verschiedene

---

[1]) Vergl. über den Limes die Schriften: „Der Pfahlgraben" von James Yates; Wanner, Römer-Stat. Juliomagus; Mommsen römische Schweiz; Stälin, würtemb. G., I. B.; Hollander, Kriege der Alamannen mit den Römern.

[2]) Frontin., Strateg. I. cap. 3. sagt von Domitian: „Imperator Caesar Domitianus Augustus, quum Germani more suo e saltibus et obscuris latebris impugnarent nostros, tutamque regressum in profunda silvarum haberent, limitibus per centum viginti millia passuum actis, non mutavit tantum statum belli, sed subjecit ditioni suae hostes, quorum refugia nudaverat.

[3]) Vergl. das über Hadrian's Obsorge für die Sicherheit des Reiches auf Seite 2, Anm. 1 dieser Abhandlung Gesagte sowie folgende Mittheilung Spartian's (Hadr. vit. cap. 12) „per ea tempora et alias frequenter in plurimis locis, in quibus barbari non fluminibus sed limitibus dividuntur, stipitibus magnis, in modum muralis saepis funditus jactis atque connexis, barbaros separavit".

[4]) Tacitus beschreibt in seiner Germania, cap. 29, welche 98 n. Chr. geschrieben ist, die Bewohner am Limes also: „non numeraverim inter Germaniae populos, quamquam trans Rhenum Danubiumque consederint, eos, qui Decumates agros exercent. Levissimus quisque Gallorum et inopia audax dubiae possessionis solum occupavere. Mox limite acto promotisque praesidiis sinus imperii et pars provinciae habentur". In Bezug auf die Ansiedlungen von Soldaten mag hier Platz finden, was Lamprid. im Leben des Kaisers Alexander Severus, Cap. 58 sagt: „Sola, quae de hostibus capta sunt, limitaneis ducibus et militibus donavit, ita ut eorum essent, si heredes eorum militarent, nec unquam ad privatos pertinerent, dicens, attentius eos militaturos, si etiam sua rura defenderent".

Auxiliar-Truppen, namentlich vindelicische und aquitanische Cohorten und römische Freiwillige, wie auch zu anderen Zeiten und anderen Gelegenheiten die Soldaten selbst alle Arbeiten verrichteten, welche zur Anlegung und Sicherung strategisch wichtiger Punkte erforderlich waren.

Mit der Erbauung und militärischen Besetzung des Limes war die Vertheidigungslinie der römischen Grenzen gegen früher bedeutend abgekürzt worden, und waren die germanischen Legionen dem rätischen Heere, von welchem eine Legion ihr Hauptquartier in Augsburg hatte, um vieles näher gerückt; daher wurde das Besatzungsheer in Germanien um die Hälfte vermindert und bestand von 162—280 n. Chr. — ungefähr gegen das Ende des dritten Jahrhunderts wurden die Römer genöthigt, die Besitzungen zwischen Rhein und Donau bleibend aufzugeben und die alte augusteische Grenze wieder aufzunehmen — nur aus vier Legionen, von welchen zwei in Obergermanien, zwei am Niederrhein standen, dort die VIII. Augusta mit dem Stab in Baden-Baden oder Strassburg und die XXII. mit dem Hauptquartier Mainz, hier die XXX. Ulp. in Xanten und die I. Minervia in Köln. Und wie die nämlichen Legionen so lange Zeit in der nämlichen Gegend Standquartier hatten, so war es wohl auch mit den Cohorten und Alen: zuerst bewachten und vertheidigten sie das Land, dann bebauten und cultivirten sie es, und bald erfreute es sich, wie man aus den erhaltenen Ueberresten römischer Häuser, Hypocausten, Altäre und monumentalen Inschriften schliessen darf, eines gewissen Wohlstandes. Die daselbst aufgefundenen Inschriften, deren Chronologie unzweifelhaft ist, reichen von 148 bis 237 unserer Zeitrechnung.

Aus diesen schriftlichen Denkmälern erfahren wir für unsern Gegenstand, dass die Coh. I. Helvetiorum im Jahre 148 in der Nähe des Limes, in Böckingen, bei Heilbronn a.N., ihr Standlager hatte.[1]) Nasellius Proclianus, ein Centurio der VIII. Legion, ist, wie der Titel *Präpositus* und eine gleichzeitig von ihm stammende Inschrift, auf welcher dieser Titel fehlt, vermuthen lässt, in provisorischer Weise ihr Commandant. Nasellius errichtete der *Fortuna Respiciens*, der freundlich sorgenden Glücksgöttin, die auch in Rom verehrt wurde, einen Altar. Derselbe Nasellius weiht zwei andere Altäre, den einen dem pythischen Apollo, den andern dem Gotte Mithra. Der Kult des Mithra, welcher bei den Persern als Sonnengott in höchster Ehre stand, war von den Kaisern Domitian und Trajan auch in Rom eingeführt worden und hatte durch die Soldaten aus dem Orient, welche in Germanien in Garnison lagen, auch auf römisch-germanischem Boden Verbreitung gefunden, wie in ähnlicher Weise auch der Dienst des *Jupiter Dolichenus*, des Schutzgottes von Doliche, einer Stadt in dem zur syrischen Provinz gehörigen Commagene, in den Rheinlanden in Uebung kam. Der Altar, welchen der Centurio dem Apollo setzen lässt, zeigt, wie der der Fortuna, die Consul-Namen vom Jahre 148 unserer Zeitrechnung.

Die helvetische I. Cohorte stand nach der grossen Zahl der von ihr am Limes und in dessen Nähe gefundenen Inschriften lange Zeit, wohl noch im 3. Jahrhundert, im Neckargebiete. Von ihr wird zu unterscheiden sein die aus der Vereinigung mit einer Abtheilung Brittonen entstandene Co-

---

[1]) Brambach 1583. 1584. 1590. Jahrbücher des histor. Vereins für Württembergisch-Franken, Jahrgang 1869 ff. Die Inschriften lauten: Fortunae | Respicienti sacr(um) | Nasellius Pro || clianus > Leg. | VIII. Aug. Prae | positus chor. || .I. Helvetiorum || Torquato et Juliano cos | v(otum) s(olvit) l(ibentissime) m(erito).

1584. Soli invicto | Mithrae | sacrum || P. Nasellius || Pr(oc)li | anus. > Leg. VIII. Aug. v. s. l. m.

1590. Apollini | Pythio sacr | Nasellius | Proclianus > Leg. VIII. Aug. || Torquato et Juliano cos v. s. ll. m.

hors I. Helvetiorum et Brittonum, welche wahrscheinlich von ihrem Standquartier, dem *vicus Aurelius* (Oehringen), den Beinamen Arelianensis führt und auf zwei Inschriften aus dieser und der folgenden Periode erscheint. Oehringen war auch Garnisonsstadt der I. helvetischen Cohorte und einer Abtheilung der XXII. Legion, sowie eines Numerus Brittonum Caledoniorum [1]).

Die Brittones, welche mit Britanni, den celtischen Urbewohnern des heutigen England, identisch sein sollen, stellten mehrere Cohorten zum römischen Heere: in den Diplomen sind vier erwähnt [2]), ausserdem drei Cohorten mit der Bezeichnung Britannica und eine Cohorte III. Britannorum. Von einer ala Britannica war oben die Rede; neben ihr kommt in Diplomen zwei Mal eine Ala mit der Zahl I vor. Welcher Unterschied zwischen den drei Bezeichnungen für den einen Volks-Stamm obwaltet, vermag ich nicht anzugeben. In der Abtheilung der Brittones Caledonii war das schottische Element überwiegend.

Was unter Numerus zu verstehen sei, darüber scheinen die Meinungen noch getheilt. Die würtembergischen Jahrbücher [3]) lassen den Ausdruck gelten sowohl im Sinne von Cohorte als von Ala. Ich möchte ihn für eine cohors equitata halten, welche in einem engeren Verbande mit den Legionen stand und die besondere Bestimmung hatte, den Vorpostendienst am Limes und sonstigen gefährdeten Punkten zu versehen und die Befestigungen im gehörigen Stand zu halten. Solche Numeri finden sich mehrere in der Nähe des Limes [4]). So ein Numerus Brittonum bei dem heutigen Neuwied am Niederrhein; ein Numerus Cattharensium, den, wenn ich nicht irre, Soldaten aus der dalmatinischen Stadt Catthara bilden, in Heddernheim bei Frankfurt a M. in der Nähe des Taunus; daselbst errichtet ein Centurio der Brittones Curvedenses dem syrischen Jupiter Dolichenus ein Denkmal. Ein N. Brittonum Triputiensium weihte unter dem provisor. Commando eines Centurionen der 22. Legion bei dem heutigen Amorbach den Nymphen einen Altar, vollendet unter einem anderen Centurio derselben Legion, der aus Sinope am schwarzen Meere gebürtig ist, im Werk (am Limes?), und setzt der Fortuna ein Heiligthum; ein N. Brittonum et Exploratorum Nemaningensium erfüllt ein [5]) Gelübde dem Apollo und der Diana unter einem Centurio der 22. Legion im Jahre 178 n. Chr. Auf einem

---

[1]) Brambach 1559 und 1560. . . . Nemesi P. Cor(nelio) A(quilio) [o. Leg. Aug. Pr. Pr.] Coh. I. Helve(tior.) et Britt(onum) Aure(lianensium) sub cur(a) G(aji) V(alerii) Titi S(ingularis) Leg(ati) Excor(nicularii). Der Cornicularius war ein Unteroffizier, welcher den höheren Offizieren beigegeben wurde und besonders mit der Militär-Justiz zu thuen hatte.
B. 1563. N. Brit(tonum) Cal(edoniorum). Viele Ziegelplatten mit dem Stempel Leg. XXII. Pr. P. F.

[2]) Diplome bei Mommsen nr. 12, 44, 20 und 26, nämlich I. mill. 85 in Pannonien, I. Ulp. mill. 145/61 in Dacien (diese beiden mögen identisch sein), II. Flav. 99 in Unter-Mösien, II. Aug. Nerv(iorum col. ia?) Pacensis mill. 114 in Unter-Pannonien. Die Britannica I 80 in Pannonien, I mill. 85 das., I mill c. r. (mit I mill. identisch) 110 in Dacien (Diplom 11. 12. 25); III. Britann. 108 in Rätien (Diplom 24). Eine ala Britannica I. Flav. Aug. mill. c. r. 114 in Unter-Pannonien und I. mill. c. r. 167 daselbst (Diplom 28 und 44). Eine Coh. I. Aelia Britt. 238 in Noric. (Mommsen III., I. nr. 4812.)

[3]) Jahrgang 1870 und 71.

[4]) B. 1455. lautet: Jovi Dolloeno C. Julius Marinus] > Brittonum [Curvedens] d. d. 1745. Nymphis N.] Britton [Triputiens sub cura Malpi Mal[c]hi > Leg. XXII. Pr. P. F. 1732. Fortunae sacr. Brittones Trip. [qui sunt sub cura] T. Mani. T. f. Pollia [Magni Scaope] > Leg. XXII. Pr. P. F. o(pus) p(erfecerunt). Vgl.B694. 1487.

[5]) B. 1751. Apollini et Dianae N. Britt. [et Explorat.] Nemaning c(urant) [ ] agent(e) Aurel [Firmino [> Leg. XXII. Pr. Pf. [ ] v. s. l. l. m idibus [ ] Augus(tis) Orfito [et Rufo. cos.

anderen, in Dacien gefundenen, Denkmal¹) stattet für Rettung aus Lebensgefahr den Nymphen seinen Dank ab ein Signifer und Quästor eines N. Britton. im Jahre 180 der christlichen Zeitrechnung. Die Beinamen Curvedenses, Triputienses, Nemaningenses führten die Brittonen von Städten und Gegenden ihrer Heimath. Ausser diesen Mannschaften aus Alt-England begegnen uns noch ²) ein Numerus Divitensium Antoninianorum, N. Exploratorum Batavorum und Ped(atura) Numeri Treverorum, welche der nächsten Zeitperiode angehören.

Bemerkenswerth ist, dass einige dieser Abtheilungen die Bezeichnung haben Exploratores: ihre Aufgabe war es also die Bewegungen der an der Grenze wohnenden Feinde zu überwachen. Ihre Formation zu eigenen Abtheilungen wird, wenn es auch zu allen Zeiten in den Heeren Exploratores gab, mit der Organisation der neuen Grenzbefestigung und den häufigen Einfällen der Germanen in Zusammenhang stehen.

Die I. helvet. Cohorte, von der oben geredet wurde, war jedenfalls mit der Vorschiebung der Grenzlinie an den Neckar gekommen, da sie im Anfange dieser Periode mit dem Stabe der XL Legion noch zu Vindonissa (Windisch) in der nördlichen Schweiz, welche zur germanischen Provinz gehörte, Stellung hatte. In ihrer Nähe im südlichen Theile des Limes transrhenanus hatte Standquartier eine Cohorte italienischer Freiwilligen, die coh. XXIV., welche an mehreren Orten des Dekumatenlandes inschriftliche Denkmäler hinterlassen hat³). Zu Murrhardt im Neckar-Gebiete lässt ihr Tribun Sextus Julius Florus Victorinus in Folge eines gemachten Gelöbnisses einen Tempel von Grund aus wiederherstellen; ein Centurio von ihr errichtet einen Gelübdestein der Minerva und dem Herkules, Ziegel mit dem Stempel der Cohorte finden sich auch im Schwarzwalde, das merkwürdigste Denkmal von ihr ist aber eine Inschrift, welche nach Schrift und Inhalt aus dem Ende des 2. oder dem Anfange des 3. Jahrhunderts datiren dürfte, auf welcher ein Tribun, — die Freiwilligen-Cohorten waren alle von Tribunen commandirt, — der zu Sicca Veneria in Afrika beheimathet ist, den ländlichen Gottheiten einen Altar weiht. Die Freiwilligen-Cohorten bestanden also damals nicht blos aus jungen Leuten Roms und Italiens, sondern auch aus Provinzialen; ein Soldat der Cohorte hat den Vornamen Asson, welcher nicht klingt, wie ein römischer oder italienischer.

Wenn wir den Lauf des Limes weiter verfolgen, so finden wir in Mainhardt⁴) Spuren von der Anwesenheit einer Asturischen Cohorte. Die Zahl derselben ist nicht recht zu ermitteln; zwei Dalmatier dienen in der nämlichen Abtheilung und begleiten militärische Aemter, der eine ist als Mensor mit der Absteckung des Lagers der Cohorte beauftragt, der andere als Optio (Adjutant?) einem anderen höheren Offizier, vielleicht dem Commandanten der Cohorte, zur Dienstleistung beigegeben.

¹) Mommsen, inscript. lat. vol. III, 1, nr. 1396 Nymphis || sanctissimis || P. Aelius Marce || linus Signifer et. Quästor. N. Brit. || mortis periculo. li || ber. v. s. L m || Imp. Comm. Aug ⁶ Felice. V. et Glabrione || II Cos.

²) B. 991. 1237. 7.

³) Brambach 1568. S(oli) I(nvicto) M(ithrae) || Sex. Julius || D. F. Hor. Flo || rus Victori || sus Trib. co(h) XXIIII. V. C. R. tem(plum) |' a solo restituta(m). || votum pro(se) ac suis solvit. 1570 D. M. || Asson Justus mil || coh. XXIIII Vol vix || an XL Cintus Mns || sic har(es) sua vol(untate) f. 1596. Campestrivus || Sacrum || P. Qvintivs. L. Fil. || Qvir. T. Ermiavs | Domo. Sicca || Veneria. Trib |. Coh. XXIIII Vol. c. r.

⁴) B. 1621.

Etwas nördlicher von der vorigen Abtheilung finden wir eine Coh. I. Germanorum in Olnhausen[1]) an der Jaxt. Ihr Centurio L. Petronius entrichtet dem Jupiter und der Juno ein Gelübde; — eine Cohorts dieses Namens mit dem Beinamen c. r. führt auch das Wiesbadener Diplom auf: ob beide Cohorten identisch sind oder nicht, ist schwer zu entscheiden, ich möchte das erstere für wahrscheinlicher halten, jedenfalls stand eine germanische Cohorte längere Zeit an der Grenzmark, da sie ein zweites Denkmal in Olnhausen hinterliess, welches ohne Zweifel aus dem 3. Jahrhundert n. Chr. ist. Auffallend ist es, dass die Cohorte in ihrer eigenen Heimath stand; indessen lesen wir[2]) von Kaiser Markus Aurelius „*emit et Germanorum auxilia contra Germanos*", und vielleicht ist der Begriff Germanorum zu erklären, wie im I. Theil versucht wurde.

Am Pfahlgraben begegnen wir in dieser Zeitperiode ferner einer Coh. III. Aquitanorum equitata c. r. in Neckarburken[3]), welche mit den übrigen aquitanischen Cohorten bereits im I. Theile verzeichnet wurde und früher in Stockstadt am Main längere Zeit Quartier gehabt zu haben scheint, wo sie jedoch die römische Civität noch nicht erlangt hatte. Eine Cohors IV. Aquitanorum equitata c. r. unter dem Präfecten L. Petronius Florentinus aus Saldasia in Mauretanien dient in Obernburg am Main[4]), wo nach daselbst gefundenen Ziegelplatten auch die IV. Vol. C. R. den Uebergang des Limes über den Main deckte, während in dem benachbarten Miltenberg eine Cohorte, welche aus einer Vereinigung der Rauraker und Sequaner gebildet war, die 1. Sequanorum et Rauracorum equitata, ihrer Seits den Main und Limes vertheidigte[5]).

Im Norden des Maines sicherte dagegen die fruchtbaren Marken am Ostabhange des Taunus in der Gegend des heutigen Friedberg und Heddernheim eine Cohors I. Flavia Damascenorum mill., eine ala I Flavia mill. und die XXXII. Cohorte römischer Freiwilligen[6]).

Die Cohorte der Damascener wurde schon im Diplom vom Jahre 116 aufgezählt, dort ohne den Beisatz mill.; verschieden von ihr halte ich eine andere, dieser Zeit angehörige, syrische Cohorte, welche in Strassheim Quartier hatte und die Bezeichnung führt coh. I. Flav. Dam. mill. eq. Sagittariorum). Von den in Heddernheim stehenden Auxiliaren bringt ein Reiter der ala Flavia, in welcher auf einer Wiesbadener Inschrift ein civis Sequanus dient, der Fortuna seine Huldigung dar; von der Coh. XXXII. Vol. werden uns zwei Centurionen genannt, von welchen der eine dem Mithra, der andere seinem verstorbenen Sohne ein Denkmal setzt. Die Verbindung zwischen den Truppen im

---

[1]) Bramb. 1616. J. O. M. , Junoni Reg. L. Petronius Tertius > coh. I. Ger. ex voto suscepto pro se et suis pos alt. l. l. m.

[2]) Capitol. Marc. Aur. Cap. 21.

[3]) B. 1726. Coh. III. Aquit. eq. c. r. 1761 b COH. III. E. AQ. und COH. III. AQ.

[4]) B. 1747. Apollini et Aes culapio. salut. Fortunae. sacr. || pro salute I. Pe troni Florenti ni. Praef. coh. IIII. Aq. eq. c. r. M. Ru brius Zosimus medicus coh. ss. domo. Ostia · · · v. s. l. l. m.
B. 1748. J. O. M. L. Petronius Florentinus domo. Saldas praef. coh. IIII. Aq. eq. c. (r.) etc.

[5]) B. 1740. In. h. (d. d.) Mercurio . . . Mansuet Nuss(lius?) > coh. I. Seq. et. R(aur). sigil. Mercur || Apronian et Bra(dua) cos. = 191 n. Chr.
1788. Minervae Aenatoren t coh. I. Seq. et Raur. eq. v. s. l. l. m.
1744. - - - Seq. et Rauracor um curaverunt.

[6]) B. 1428. Fortun. sacrum Tacitus eq. alae I. Flav iae milli. fl. m. 1417. e. Coh. F. Dam. mill. 1467. 1496.

Norden des Maines mit denen im Süden stellten der Garnisonen bei Hanau und Aschaffenburg einer Seits, Seligenstadt und Stockstadt anderer Seits. In der Nähe von Hanau finden sich¹) Laterkeln von der coh. III. Dolmatarum, von der III. aquitanischen Cohorte und der XXII. Legion. Die Delmatin. Cohorte finden wir schon im Jahre 116 in Obergermanien, so dass ich sie unbedenklich auch dieser Periode zuzähle.

In Seligenstadt vermuthe ich die I. civ. rom., die im Diplom Trajan's und früher zum germanischen Heere gehört.

Im Hauptquartier zu Mainz bilden neben der XXII. Legion die Besatzung eine ala II Flavia, von welcher ein Krieger aus dem gallischen Volke der Baetasi daselbst einen Grabstein hat²); ferner eine Schwadron, welche in Steiermark und dem Erzherzogthum Oesterreich ausgehoben war, die als Noricorum; zwei Soldaten von ihr, der eine C. Romanius Capito aus Celeia (Cilly) in Steiermark, haben in Mainz Grab-Denkmale. Vom Oberrhein kam diese Ala später an den Unterrhein, wo sich ein Soldat derselben, ein Treverer, der Ordonnanz-Dienste in der Schwadron versah, einen Grabstein setzen lässt, und ein zweiter Soldat, welcher Doppel-Söldner (Duplicarius) war, dem Mithra ein Gelübde erfüllt³). Nebstdem die ala I. Scubulorum, schon unter Trajan am Oberrhein, von welcher ein Decurio, der zugleich Ordonnanz-Offizier des Consular's ist, seiner Gattin ein Denkmal setzt⁴). Zu diesen Reiterschwadronen kam eine I. Cohorte aus dem syrischen Volke der Ituräer, die in Mainz mehrere Monumente hinterlassen hat:⁵) eines derselben ist der Grabstein eines Tubicen der Cohorte, der nach achtjährigem Dienste im Alter von 24 Jahren stirbt; zwei andere Grabschriften gehören Soldaten der Cohorte an, welche erst in späteren Lebensjahren in die Armee eintraten. Ausführliches über die ituräischen Cohorten wurde im I. Theile berichtet.

Neben der syrischen Cohorte diente, wenn die Grabschrift⁶), welche einem, in dem heutigen Tongern in Belgien beheimatheten, Reiter gesetzt ist, aus dem 2. Jahrhundert unserer Zeitrechnung stammt, eine coh. I. Asturum equit. Von diesen spanischen Cohorten war im Allgemeinen früher schon die Rede, weiter unten werden wir asturische Abtheilungen auch am Niederrhein finden.

Mit dem Hauptquartier Mainz erhielt die Verbindung rheinaufwärts die ala Sebosiana in Worms, deren Name auf ihren Stifter Sebosus hindeutet und von welcher ein Decurio, der einen

---

¹) Bramb. 1436 b.
²) B. 881. Ammaeus Oseda vonis f. cives ' Betasius eq. alae II. Flaviae h. s. e.
³) B. 1229. C. Romanius .| eq. alae Norico ' Claud. Capito : Celeia. ann. XL. stip. XX etc. 187 C. Julio Adari f. || Primo Trevero ; eq. alae Noric. statori ann || XXVII, stip. VII. h. a. f. c. 984. Deo Soli I(nvicto) M(ithrae) . . . Dup(lic) ale. Noricorum. Aus dieser Widmung und dem Umstande, dass der norische Reiter ein Treverer ist, gehören wahrscheinlich diese Inschriften dem 2. Jahrhunderte an, nicht wie im I. Theile S. 19 gesagt wurde, der Zeit von 25 v. bis 42 n. Chr.
⁴) B. 1125. Juliae Privatae sive [cive?] Florentiae || conjugi. incomparabili. Januarius [Potens Decurio alae I. Scubulor. Singularis] Cos. dulcissimae ob merita ejus f. c.
⁵) B. 1289. Sibbaeus. Eron.] is. f. tubicen. ex || cohorte. L || Ituraeorum || miles ann. XXIV || stipendiorum || VIII h. s. e. 1233 Caeus. Han || eli f. mhiles ¦ ex coh. I. Itu || raiorum || annorum L. stipendiorum XIX. || h. s. e. Jamlicus ¦ frater f. 1234. Monimus || Jerombali. f. mil. chor. I. Ituraeor. ¦ ann. L stip. XXI. h. s. e.
⁶) B. 1231. Freiorerus || Veransati. f. || cives. Tung. eq. ex. ¦ coh. I. Astur. an. XL. stip. XXII. h. s. e. ¦ t. f. j. h. f. c.

Grabstein in Worms hat¹), aus Termes gebürtig ist, einer Stadt im tarraconensischen Hispanien. Eine ala II. Gallorum Sebosiana findet sich unter den verabschiedeten Auxiliaren Britanniens im Diplom des Kaisers Trajan vom Jahre 103. Auf dem rechten Rheinufer stand bei dem heutigen Heidelberg²) eine coh. II. Aug. Cyrenaica equit., welche mir identisch scheint mit der im Diplom von 116 erwähnten; südlich von ihr in dem vicus Aurelius Aquensis (Baden-Baden) die XXVI. coh. römischer Freiwilligen, von welchen ein Centurio der Göttermutter ein Gelübde erfüllt und ein Soldat aus Ara Cöli einen Denkstein setzt³). In der Nähe von Strassburg, wo nach 162 die VIII. Aug. Hauptquartier hatte, steht eine Cohorte aus einem Volke in Mösien, die I. Trimachorum, deren Centurio aus Domania, einer Stadt in Klein-Armenien, gebürtig sein soll⁴).

Endlich sind an der Grenze von Ober- und Untergermanien noch zu verzeichnen die coh. IV. Delmatarum in Bingen und coh. V. Delmatarum mit zwei rätischen Cohorten, die II. c. r. und VII. eq., in Wiesbaden am Taunus. Zu dem im I. Theile über die dalmatinischen Cohorten Gesagten sei hier noch beigefügt, dass aus diesem Volke sehr viele Cohorten ausgehoben wurden: in Diplomen werden sie sechsmal erwähnt, Inschriften von ihnen finden sich fast in allen Theilen des römischen Reiches; im 1. und 4. Jahrhundert ist die Schreibweise *Dalmatarum* im Gebrauch, im 2. und 3. *Delmatarum*⁵). In Bingen sind nach Braubach drei Inschriften von der IV. Dalmat. Cohorte gefunden worden, Grabschriften dreier Soldaten⁶). In Wiesbaden⁷) erscheint die V. Cohorte, welche nebst den beiden rätischen Cohorten schon in der vorigen Periode dem rheinischen Heere eingefügt war. Die zweite rätische hat mehrere Monumente in Wiesbaden und eine Inschrift in dem in der Nähe des ersteren liegenden Saalburg hinterlassen⁸).

Wenden wir uns nun zu den Garnisonen des Niederrheins, so treffen wir im Norden des Taunus am Limes viele Spuren von der coh. IV. Vindelicorum, welche schon 116 unter dem rhein. Heere war und nach den von ihr gefundenen schriftlichen Denkmälern noch im 3. Jahrhundert Standquartier am Taunus hatte⁹). Auf dem linken Rheinufer stand vermuthlich damals in Andernach

---

¹) B. 694b. M. Sempronius. L. f. domo] Termestinus] anno XX . . .] Dec. eques. alae] Sebosianae] h. s. e.
²) B. 1708. . . . . Coh. II. Aug] Ciren eq. (turma) Augi . . . .
³) B. 1687. Matri Deum] C. Sempronius Saturninus >] Coh. XXVI. Vol. C. R.] v. s. l. m.] 1689. L. Reburrinius] L. F. Cl. Candidus] Ara. mil. ch. XXVI.] Vol. c. r.] Anici Victoris (centuria) stip XIII] h. f. c. Laterculi von der XXVI. Coh. B. 1662 und 1673c.
⁴) Stälin I, S. 85. Steiner nr. 99. L. Valerio. Alb] fno. Domanisi] > Coh. I. Trimach. . . . .
⁵) Diplom 9, 21, 25, 27 (doppelt) und 30.
Inschriften mit bestimmter Chronologie bei Mommsen, inscriptiones latinae, vol. III. nr. 1979 und 6373 coh I. ∞ Del aus dem Jahre 170 n. Chr.; nr. 1577 coh. III. Delmatarum Valerian Galiena (e) Eqq. C. R. P. F. vom Jahre 257.60; nr. 5565. eqq. Dalm. Aqueniani Comitatenses v. 27. Juni 310; nr. 88. eqq. VIIII. Dalm. v. J. 371 n Chr.
⁶) B. 741. Bato Dasantis Fil.] natione Ditio. mil. ex.] coh. IIII. Delmatarum, a] an. XXXV. stipendior XV.] h. s. e. h. p. 742. Annaius. Pravai. f. Daversetus] mil. ex coh. IIII. Delmatarum] ann XXXVI. stipend. XV.] h. s. e. h. p.
849. Bensus. Sni] ti. f. Delmat.] mil. coh. IIII ((Delma)tar.
⁷) 1518. Dassius. Da] etoris. fil.] Macseius] mil coh. V.] Delmatarum] ann XXXV stip. XVI.
⁸) 1497. Saalburg: Fortunae] C. Mogillonius. Prisci] anus. praef. coh. II. Raet. c. r. etc.] h. s. e. 1520. 1522. Wiesbaden.
⁹) B. 678. und 666.

die asturische Infanterie-Cohorte und ein Fähnchen Veteranen derselben; die Zahl der Cohorte ist ungewiss, ich möchte sie jedoch für die II. halten, weil von der vexillatio der II. Coh. in dem benachbarten Brohl eine Inschrift gefunden wurde. Auf dem Andernacher Steine setzt ein Imaginifer der Coh. dem Herkules Saxanus ein Denkmal. In Remagen garnisonirte vielleicht schon in unserer Zeitperiode, sicherlich in der nächsten eine coh. I. Flavia Commagenorum equitata. Die I. u. II. Cohorte dieses Volkes des nördlichen Syriens führen, wahrscheinlich zur Anerkennung ihrer Tapferkeit, fast ohne Ausnahmen den Beinamen Flavia[1]). Die Commagener scheinen wenigstens fünf Cohorten gestellt zu haben.

Ausser der genannten asturischen Cohorte in Andernach wird hieher zu beziehen sein die Coh. V. Asturum, in welcher ein Soldat aus Intercatia, einem festen Platze im nördlichen Spanien an der Römerstrasse von Asturia nach Caesaraugusta, Signifer ist und in Bonn sich ein Denkmal setzt[2]). Mit dieser Cohorte theilte in Bonn das Quartier die ala Longina, von welcher Brambach eine Inschrift aufgenommen hat[3]).

Im Hauptquartier zu Köln hat Standquartier die ala Sulpiciana nach zwei Inschriften, von welchen die eine die Consul-Namen des Jahres 187 unserer Zeitrechnung zeigt. Der Reiter der Ala, welcher Bürger von Utrecht und Doppel-Söldner ist und Ordonnanz-Dienste bei dem Consular versieht, erfüllt einer mir unbekannten Göttin ein Gelübde; der Reiter auf der zweiten Inschrift gehört dem thracischen Volke der Bessi an. Mit dieser Schwadron stand zu Köln und in der Umgegend eine ala Frontoniana, deren Mannschaft nach anderen Inschriften aus dem Volks-Stamme der Tungri in Belgien ausgehoben wurde und von welcher ein Decurio und ein Präfect Gedenksteine am Rhein hinterliessen[4]). Die weitere Besatzung Köln's bildete eine coh. VI. Ingenuorum civium roman., in welcher ein civis Britannicus dient, (die Bezeichnung Ingenuorum wird mit Voluntariorum gleichbedeutend sein), eine coh. II. civ. rom. pia fidelis, deren Decurio von seinen Commilitonen ein Denkmal erhält[5]), und aus der früheren Zeit die Coh. VIII. Breucorum[6]).

Wenn wir noch weiter rheinabwärts den Römern folgen, so führt uns eine bei Mörs gefundene Inschrift[7]) eine cohors Silaucensium vor, eines pannonischen Volks-Stammes, dessen Hauptstadt Silacenae

---

[1]) Diplom Nr. 39 und 40 für I. Fl. in Mösien 105 und Dacien 157. Die Coh. Commagen., Coh. II. Commag. und II. Flavia bei Mommsen, inscript. lat. vol. III., nr. 6267. 1247. 1371—74 und 1379 aus den Jahren 119 bis 247 n. Chr. sämmtlich in Dacien.

[2]) B. 478. Pintaius. Pedilici. f. Astur trans || montanus. Castelo || Intercatia. signifer || coh. V. Asturum || anno XXX. stip. VII. || h. ex t. f. c.

[3]) B. 314. Deae Hariamae (?) || h. d. d. (= in hon. domus divinae) Ti Ulpius || Acutus Du(p) Al || Salp. Sing. Cos || Cives Traianenses || v. s. l. m. || Crispino || et Aeliano Coss. 844. Longinus. Blarta. Bisse. f. || Bessus. eq. alae Sulp. an. XXXVI.

[4]) 271. M. Lucilius Secu || ndus Decurio || mil. ex ala Front || domo Camp pie || Luciline M. l. Pal || ladi M. Lucilio || Blanco lib. h. e. t. f. c. 1994. L. Claudius... || Prudens.... || Praefectus alae Frontonianae || h. s. e. || ossa monimentum domi. Im Diplom 26 ist der Reiter der ala ein Bojer. Inschriften von der ala Front. und I Tungror. Front. zahlreich bei Mommsen, I. l. 786—820.

[5]) B. add. 2083 f. D. Senio Vitali || mil. coh. VI. (in) genu. || c. r. ... civis Brit. etc. Vergl. B. 232.

[6]) B. 676. JOM Jun || Reg || Marti Her || sacrum C || Domitius || Exinus. D. || coh. II. c. r. pf || commilitones etc.

[7]) Brambach 230.

hiess; der Soldat der Cohorte, dem der Grabstein gesetzt ist, hat aber seine Heimath an der Loire bei dem gallischen Volke der Turones oder Turoni (h. Tours). Aus einer anderen Inschrift[1]) erfahren wir, dass unter einem Kaiser, der Antoninus Augustus genannt ist und den Steiner für Caracalla hält, eine Cohorte der Baeti, die im holländischen Geldern wohnten, bei Kattwyk am Niederrhein einen Bau (ein Bad oder etwas dergl.?) vollendet. Dieser Cohorte glaube ich schon in dieser Periode beifügen zu dürfen, die XV. römischer Freiwilligen und den N. Exploratorum Batavorum, von welchen in Roomburg Monumente gefunden wurden, die unzweifelhaft dem Anfange des dritten Jahrhunderts n. Chr. G. angehören und die unten weiter besprochen werden. In unserer Zeitperiode vermuthe ich überdies aus einem spanischen Volke die Coh. V. Bracar-Augustanorum, deren Präfect M. Stlaccius Coranus seine militärische Laufbahn als Praefectus Fabrum beginnt, vom Präfecten der Cohorte zum Tribun der II. kaiserlichen Legion und zum Präfecten der ala Hispanorum in Britannien avancirt, wo er sich, wahrscheinlich in den Kämpfen gegen die Caledonier, die militärischen Ehrenzeichen erringt.[2])

Wenn wir endlich die Ala Vocontiorum aus der vorigen Periode auch in dieser zum rheinischen Heere zählen, so erhalten wir am Niederrhein 4 Alen und 13 Cohorten, während in Obergermanien 3 Alen und 27 Cohorten Standquartier hatten, welche der leichteren Uebersicht halber hier zusammengestellt folgen.

In Obergermanien standen:

a) Die Schwadronen:

I. Flavia ∞.   — ala Noricorum.   — ala Sebosiana.

I. Scubulorum und II. Flavia.

b) Die Infanterie-Abtheilungen:

I. Helvetiorum.	I. Helvetiorum et Brittonum Aurelianensium.
(I.?) Asturum.	I. Germanorum c. r.
I. Sequanorum et Rauracorum eq.	I. Flavia Damascenorum ∞.
I. Flavia Damascenorum ∞ eq. Sagittariorum.	I. Voluntariorum Civium rom.
I. Ituraeorum.	I. Asturum equitata.
I. Trimachorum.	II. Aug. Cyrenaica equit.
II. Raetorum c. r.	III. Aquitanorum eq. c. r.
III. Delmatarum.	IV. Vol. c. r.
IV. Aquit. eq. c. r.	V. Delmatarum.
VII. Raetor. equit.	XXIV. Vol. c. r.
XXVI. Vol. c. r.	XXXII. Vol. c. r.
Numerus Brittonum Caledoniorum.	N. Brittonum et Exploratorum Nemaningensium.
N. Cattharensium. — N. Brittonum Triputiensium.	— N. Brittonum Curredensium.

---

[1]) Steiner cod. i. r. R. 966. Imp. | Caes. || Anto. || Aug. || Coh. , Baet. | opu(s) peirfec).
[2]) Or.—Henz. 6853. M. Stlaccius. C. F. Col || Coranus ! Praef. Fabrum etc. | Praef. Coh. V. |; Bracar. Augustanorum || in. Germania. trib. mil. Leg. II. || Aug. praef. equitum alae || Hispanorum in Britannia || donis. militaribus donatus etc.

In **Niedergermanien** hatten Quartiere:
  a) Die Alen:
    ala Longina. — ala Sulpiciana. — ala Frontoniana. — ala Vocontiorum.
  b) Die Cohorten:
      coh. Silaucensium.   cob. Baetorum,
  I. Flavia Commagenorum equit.   II. Asturum pedit.
  II. Vol. c. r. pf.   IV. Vindelicorum.
  V. Asturum.   V. Bracaraugustanorum.
  VI. Vol. c. r.   VIII. Breucorum.
  XV. Vol. c. r.   Numerus Brittonum.   N. Batavorum Exploratorum.

§. 6.
Vom Ende des Markomannenkrieges bis zu den dreissig Tyrannen (180—260).

Die achtzig Jahre der römischen Geschichte, welche wir noch zu besprechen haben, sind reich an kriegerischen Ereignissen. Aus den verworrenen und einander oft widersprechenden Nachrichten der Schriftsteller dieser Zeiten und ihren dürftigen und abgerissenen Berichten erfahren wir über die politische Lage des römischen Reiches ungefähr Folgendes.

Der habsüchtigen und grausamen Regierung des Kaisers Commodus (180—192) folgten blutige Bürgerkriege, hervorgerufen durch ehrgeizige Feldherren und meuterische Heere; mit den Bürgerkriegen wechselten die Angriffe der barbarischen Grenzvölker an der Donau und am Euphrat.

Die Siege, welche die illyrischen und pannonischen Legionen über die syrischen Heere des Pescennius Niger im Osten (193—195), und die britischen Truppen des Clodius Albinus im Westen (197) erlangten, machten den Statthalter der Donauländer Septimius Severus zum Alleinherrscher des Römerreiches. Die Lücken, welche diese Kriege den römischen Heeren verursachten, wurden durch Barbaren ausgefüllt. Die Unterstützung, welche die Parther dem P. Niger geleistet hatten, gab den Vorwand zu einem parthischen Feldzuge (198—202), an welchem europäische und asiatische Truppen Theil nahmen. Dem parthischen Kriege folgte nach kurzer Ruhe ein Kriegszug nach Britannien (208—211), der jedoch trotz der vielen Menschenopfer nur den Erfolg hatte, dass die caledonische Grenze zurückgezogen und die Befestigungen Hadrians wieder hergestellt wurden.

Während der Regierung der Kaiser Antoninus Commodus und Alexander Severus (180—211) hatten an der Nordgrenze des Reiches Vereinigungen germanischer Völker stattgefunden, die in der Folge unter dem Namen der Alamannen, Franken und Sachsen in der Geschichte auftreten, Beutezüge und Raubeinfälle in das schwache römische Nachbarland machen und zuletzt die Erben des dahinsiechenden römischen Weltreiches werden. An der unteren Donau gesellte sich ihnen der Waffenbund der Gothen bei, die von der Mitte des 3. Jahrhunderts an der Römerherrschaft Abbruch thuen und zum Untergange derselben das Ihrige beitragen. Zum ersten Male wird die Gegenwart der Alamannen, deren Name wahrscheinlich „allerlei Volk" bedeutet, in der Nähe des Limes den Römern fühlbar im Jahre 213. Kaiser Caracalla selbst unternahm gegen dieselben einen Feldzug, kam an die Donau, überschritt an der Grenze Rätiens den Limes, drang in das Land der Alamannen ein und lieferte ihnen am Mainflusse eine Schlacht, über deren Ausgang die gleichzeitigen Berichte nicht übereinstimmen, während der Kaiser selbst einen Sieg nach Rom melden liess und den Beinamen *Germanicus Maximus* annahm.

Bei seiner Anwesenheit an der Donau gab aber Caracalla Befehl[1]), alle diejenigen Punkte zu befestigen, die dazu geeignet wären, Brücken zu bauen, befestigte Lager zu errichten, Heerstrassen herzustellen. Durch diese neu hergestellten oder verstärkten Befestigungen zurückgehalten und durch Geld und Verträge gewonnen, scheinen die Alamannen einige Jahre von erneuerten Angriffen abgebracht worden zu sein. Als aber im Orient die Grenzen des Reiches von den Persern, welche auf den Trümmern des Partherreiches eine neue Monarchie gegründet hatten, ernstlich bedroht wurden, und Kaiser Alexander Severus mit einem mächtigen Heere, zu welchem alle Provinzen Mannschaften gestellt hatten, am Euphrat stand, da begannen die Alamannen von neuem ihre Angriffe, die bald einen so gefährlichen Charakter annahmen, dass der Kaiser nach Beendigung des persischen Krieges sofort an den Rhein zu ziehen genöthigt ward. Hier fand Alexander die Legionen in Aufruhr, wagte in Folge dessen, wie es scheint, gegen die Feinde Nichts zu unternehmen, sondern unterhandelte mit den Germanen, wodurch die treugebliebenen Legionen erbittert wurden, den Kaiser sammt seiner Mutter in der Nähe von Mainz ermordeten (235) und den thatkräftigen Befehlshaber Maximin zum Kaiser ausriefen.

Maximin ging im folgenden Jahre mit einem grossen, wohlgeübten Heere (seine Soldaten waren grössten Theils Pannonier) bei Mainz über den Rhein, zog Main aufwärts bis zum Limes, verwüstete und verheerte jenseits desselben das feindliche Land weit und breit, schlug die Alamannen in mehreren Gefechten und nahm, nachdem er mehr durch diese Verwüstungen als durch seine Siege die Main- und Donaugrenze gesichert hatte, im Jahre 236,37 Winterquartier zu Sirmium in Pannonien.

Mit kurzen Unterbrechungen[2]) ruhten nun die Einfälle der Alamannen, das römische Reich durfte sich aber eines allgemeinen Friedens nicht erfreuen, indem die Perser 242,45 wieder in Mesopotamien einfielen, und einige Jahre nachher (249,50) die Gothen Dacien heimsuchten, die Donau überschritten, Mösien, Thracien und Illyrien plünderten.

Bald sollte jedoch das Römerreich in noch grössere Noth und Bedrängniss kommen: unter den Kaisern Valerian und Gallienus (253—268) schien das Ende der römischen Herrschaft zu bevorstehen; von allen Seiten her überflutheten die Heere der Barbaren die Grenzen des Reiches: am Euphrat die Perser, die Gothen an der Donau, am Rhein die Alamannen und Franken[3]), und was die Feinde verschonten, das nahm die Pest. Indessen vertrieb Postumus, welchen Kaiser Valerian zum Commandanten des Limes transrhenanus und Statthalter der Provinz gesetzt hatte, die Germanen aus Gallien und legte, als er nach Valerian's Gefangennahme durch die Perser 258 den Kaiser-Titel an-

---

[1]) Cassius Dio 77, 13. Herodian IV, 7.

[2]) Kaiser Philippus Arabs führt seit 248 den Titel Germanicus, und Capitolin. sagt im Leben des Maximus und Balbinus, Kap. 13 „cum jam paratum esset, ut proficisceretur Balbinus contra Germanos" etc.

[3]) Die Alamannen drangen bei diesem Einfall über den Rhein durch die Schweiz, wo sie Aventicum zerstörten, nach dem südöstlichen Gallien vor, gingen über die Alpen und durchstreiften die ganze Po-Ebene bis nach Ravenna. Die Franken machten einen Plünderungszug durch das südliche Frankreich, überschritten die Pyrenäen und gelangten bis Tarraco.

genommen hatte, um seine Herrschaft in Gallien zu sichern, Festungen auf germanischen Boden an[1]). Diese zerstörten zwar durch einen plötzlichen Einfall die Alamannen, Kaiser Lollianus aber, des Postumus Nachfolger auf dem gallischen Thron, stellte dieselben wieder her und das Decumatenland verblieb wieder einige Zeit im ruhigen Besitze der Römer. Dagegen scheinen die Alamannen den Limes Räticus durchbrochen und Rätiens sich bemächtigt zu haben, von wo aus sie über den Brennerpass nach der Po-Ebene vordrangen, und am Garda-See von Kaiser Claudius geschlagen wurden. Dieser Sieg vertrieb sie jedoch nicht aus Vindelicien und dem nördlichen Rätien: Kaiser Aurelian erst brachte dieses auf kurze Zeit zu Stande[2]). Nach dem Tode dieses kräftigen Herrschers fassten die Barbaren neuen Muth, überschritten den Limes transrhenanus und den Rheinstrom und überschwemmten Gallien. Noch einmal stellte Kaiser Probus den Limes als Grenzmark her, legte daselbst neue Befestigungen an und schützte sie durch Garnisonen; sein Tod war auch das Ende der Römerherrschaft im Decumaten-Lande; die Alamannen zerstörten die kaum erst errichteten Bollwerke und setzten sich am Rheine und an der Donau fest, ohne je wieder von dort verdrängt zu werden.

Der Vollständigkeit halber fanden diese Ereignisse, welche in die Jahre 260—280, also über die Zeit der dreissig Tyrannen hinausfallen, hier eine Stelle.

Dass die aufgeführten wechselvollen politischen Ereignisse Veränderungen in den Standorten der römischen Heere bewirkten, unterliegt keinem Zweifel. Wie lange jedoch der Wechsel dauerte und welche Truppentheile er betraf, vermag ich bei dem so mangelhaften mir zu Gebote stehenden Material auch nicht annähernd zu bestimmen; von längerer Dauer war derselbe keineswegs und kehrten die Legionen regelmässig wieder in ihre Quartiere an den Rhein zurück, wo viele von ihnen hinterlassene Inschriften aus dem 2. und 3. christlichen Jahrhundert ihre Gegenwart beweisen[3]). Von den Hülfstruppen scheinen Stellung in Dacien erhalten zu haben: Die ala Frontoniana und der Numerus Brittonum. Auf einer in Dacien gefundenen Inschrift setzt nämlich die Ala dem Kaiser Alexander Severus, von welchem sie auch den Ehrennamen Alexandriana führt, aus Dankbarkeit für erhaltene Gunstbezeugungen durch den Statthalter der Provinz ein Denkmal, und ein Signifer des Numerus bezeigt den Nymphen Dank für Rettung aus Lebensgefahr[4]).

Den Kern des rheinischen Heeres bildeten, wie oben gesagt, im 2. und 3. Jahrhundert die VIII. Aug. und XXII. Primigenia am Oberrhein und die I. Minervia mit der XXX. Ulpia am Nieder-Rhein. Die Legionen führen in diesen Zeiten Beinamen von den regierenden Kaisern. Die VIII. Aug. soll unter Kaiser Commodus die Benennung *Pia Fidelis Constans Commodiana*, welche ihr auf Inschriften beigelegt wird, durch den Entsatz der Stadt Novia erhalten haben; ein Centurio derselben, Namens P. Ferasius Avitus, der früher Adlerträger der I. Adjutrix war und aus Savaria in Ober-Ungarn, wo letztere Legion stand, gebürtig ist, lag im Jahre 191 mit seiner Compagnie in Aschaffen-

---

[1]) Trebellius Pollio, triginta tyranni 3, 9; 5, 4. Eutrop., hist. rom. lib. IX, cap. 7—9.
[2]) Flavius Vopiscus sagt im Leben Aurelian's, Cap. 35. „ad Gallias profectus Vindelicos obsidione barbarica liberavit." Vergl. über die Alamannenkriege die sehr lehrreiche Abhandlung von Holländer.
[3]) Vergl. Pauly, Real-Encyclopädie unter „Legionen". Stälin, württemberg. Geschichte.
[4]) Mommsen, i. l. III. nr. 797 (Imp. Caes. M. Aurelio ‖ Severo Alexandro ‖ Pio Felici Augusto optimo [maxi) moque. princi(pi) ‖ (indul)gentiis. eius. aucta ‖ (libe)ralitatibusque di " (tat)a. ala. Frontoniana. ‖ (Alex)andriana ex quaestura ‖ (em) dedicante Jasdio ‖ (Domitiano. Leg. Aug. Pr. Pr.
Die Inschrift für N. Britt. ist oben S. 8 angegeben.

burg und entrichtete daselbst dem Jupiter Dolichenus und dem kaiserlichen Hause ein Gelübde[1]). Auch auf einem Denkmal[2]) vom Jahre 201 trägt die Legion noch denselben Ehrennamen, während sie in der folgenden Zeit die Bezeichnung *Antoniniana* annahm. Der I. Minervia scheint unter Kaiser Septimius Severus der Ehrentitel *Severiana* verliehen worden zu sein; die XXII. dagegen führt neben dem Namen *Pia Fidelis Severiana* noch die Benennung *Antoniniana* unter Kaiser Caracalla oder Heliogabal und *Alexandriana* unter Kaiser Alexander Severus; der XXX. Ulpia Victrix aber ist unter Kaiser Severus und Alexander die Auszeichnung *Pia Fidelis Severiana Alexandriana* und *Severiana Alexandriana Augusta* zu Theil geworden. Wenn wir diesen Namen eine Bedeutung beilegen, so müssen wir annehmen, dass die genannten Legionen unter jenen Kaisern, deren Namen sie trugen, durch Ergebenheit und Tapferkeit sich auszeichneten[3]).

Wenn wir nun nach den Auxiliaren fragen, welche mit jenen vier Legionen die rheinische Besatzung bildeten, so treffen wir in den Jahren 196/97, in welchen der Sohn des Kaiser Severus die Würde eines Cäsar bekleidete, am Niederrhein die XV. Cohorte freiwilliger römischer Bürger, welche auf Befehl des Ober-Commandanten der Provinz bei dem heutigen Roomburg ein eingefallenes Zeughaus wiederherstellten[4]). Daselbst hatte nach einem Denkstein[5]) aus der letzten Hälfte der Regierung des Kaisers Severus auch ein N. Exploratorum Batavorum Quartier. Zu diesen Infanterie-Abtheilungen kam, wie bereits im vorigen Abschnitte angezeigt wurde, eine Schwadron aus der Provinz Noricum, die ala Noricorum in der Gegend des heutigen Cuicar, welche die Verbindung mit dem Hauptquartier der Legion in Xanten und den weiter rheinabwärts liegenden Truppentheilen erhielt. Zwischen Xanten und Köln hatten vielleicht noch Stellung eine 2. Schwadron, die ala Vocontiorum nebst den beiden Cohorten Silaucensium und Baetorum — von allen dreien war oben schon die Rede.

Am Sitz des Ober-Commandanten der Armee des Niederrheins in Köln lernten wir schon in voriger Periode durch eine Inschrift aus dem Jahre 187 n. Chr. die ala Sulpiciana kennen, welcher die beiden Cohorten römischer Freiwilligen, die VI. und II., mit dem Beinamen Pia Fidelis, beizuzählen sind.

Weitere Verstärkung bot dem rheinischen Heere die coh. V. Asturum in Bonn, von welcher bereits eine Inschrift wiedergegeben wurde, und die I. berittene Cohorte aus dem syrischen Volke der Commagener mit dem Beinamen Flavia in Remagen. Den Reitern dieser Abtheilung macht nach einem schriftlichen Denkmal aus dem Jahre 250 n. Chr. ein Arcias Marinus, Priester des Dolichenus,

---

[1]) Or.-Henz. 6681. J. O. M. ǁ Doliceno, in ho ǀ nor. d. d. P. Ferasius, (?). Avitus Savarl ǁ a. > Leg. VIII. Aug. P. F. C. C. ǁ ex. aquilifero. Leg. ǀ, I. Adjutricis. pro. so ǁ et suis. v. s. l. l. m. ǁ Aproniano ǀ et. Bradua. cos.
[2]) Mommsen, röm. Schweiz, nr. 64. Deo invicto ǀ genio loci ǁ Firmidius Se verinus. mil., Leg. VIII. Aug. P. F. C. C. ǁ stip. XXVI. aram ǀ ex voto pro saluto ǁ sua v s l m posita ǁ Muciano et Fabiano cos.
[3]) Or.-Henz. 6682. 5498. 929. 3394. 6804. 3182. Der Soldat der I Minervia ist in Thracien zu Hause, wo vielleicht der Aushebungsbezirk der Legion war. Mommsen, röm. Schweiz Nr. 14. 64. 219.
Auch andere Legionen führen jene Beinamen, ebenso Auxiliaren, z. B. hat bei Or.-Henzen 6689—92 die coh. I. Aelia Dacorum die Namen Antoniana, Gordiana, Postumiana, Tetricianorum.
[4]) B. 6a. Imp Caes L Septimio(s) Se(ver) us Aug et M Aurelius Antonin ǁ us Caes coh. XV Vol armamentarium vetus tate con(l)absum restituerunt sub Val. Pudente Leg Aug Pr Pr curante Caecilio Batone pref.
[5]) B. 7. Impp. Caes. L. Septimius. Pius. Pert(inax et) ǀ M. Aurelius. Antoninus Augg. . . . . . ǁ Numero expl. Bat. cur. Coquenidio. Rufo.

ein Geschenk¹). Für eine Cohorte aus Commagene wird die erwähnte I. Flavia zu halten sein, weil sie den Jupiter Dolichenus verehrt, dessen Kult in Commagene, wie oben berührt, einheimisch war. Auf dem rechten Rheinufer vertheidigen die Grenze die coh. IV. Vindelicorum, welche in zahlreichen Ziegelsteinen²) an verschiedenen Orten in der Nähe des Taunus Beweise ihres jahrelangen Aufenthaltes hinterlassen hat. Daselbst war auch unter einem Centurio der VIII. Legion an der Führung eines Befestigungs- oder Vertheidigungswerkes beschäftigt eine Pedatura Numeri Treverorum³). Die Pedatura, d. i. die Strecke, welche die Soldaten zu bearbeiten hatten, sei es nun bei einem Graben oder einem Wall oder einem Castrum oder einer Strasse, betrug für den N. der Treverer 96 Passus. Da diese Abtheilung von einem Centurio der VIII. Legion befehligt wird, lag vermuthlich diese Legion in der Nähe derselben; nach andern Inschriften⁴) hatte sie im 3. Jahrhundert wenigstens unter Caracalla und Alexander in Mainz Quartier, während die XXII. in die frühere Stellung der VIII. eingerückt war. Nach zwei württembergischen Inschriften⁵) fällt diese Veränderung in die Zeit von 179 bis 186.

Im Hauptquartier Mainz standen neben der Legion die IV. aquitanische Cohorte, deren Cornicularius (Auditeur?) im Jahre 210 dem Mercurius einen Tempel mit Bild und Altar errichtet⁶). Die Cohorte wird nicht identisch sein mit derjenigen, welche nach einem Denkmal bei Mommsen im Jahre 204 in Nieder-Ungarn stand⁷). Ein weiteres Glied der Mainzer Besatzung war eine I. Cohorte Belgier, welcher auf einer Inschrift⁸) die Ehrennamen Septimia Alexandriana beigelegt sind. Belgische Cohorten werden bereits vom Geschichtschreiber Tacitus im ersten Jahrhundert am Rhein erwähnt; in den Militär-Diplomen kommt, soweit mir bekannt, der Name belgischer Auxiliaren nicht vor. Mit diesen Cohorten führen uns schriftliche Denkmäler zwei Numeri vor: den uns bekannten N. Cattharensium, und einen N. Exploratorum Divitiensium Antoninianorum. Von beiden theilt uns Brambach⁹) zwei Inschriften mit: auf der einen errichtet unter dem Consulate des Fuscus und Dexter, d. i. 225

---

¹) B. 845. In. h. dd ‖ Arcias Mari ; nus sacerdo ; s Dolicheni ‖ donum dona ‖ vit eqnitibus ‖ chortis I. F. Decio et Crato cos.
²) Laterkeln von der IV. Vind in Libbach. B. 1550b, Niederbiber und Neuwied. B. 703d. 1547i.
³) B. 1548. Ped. N. Treveror ‖ um. P. LXXXVI ‖ sub. cur. agente Cres ‖ centino Reslecto > ‖ Leg. VIII. Aug. Vegetius, epit. instit. rei mil. 3,8 sagt über den Begriff pedatura: „singulae centuriae dividentibus campidoctoribus accipiant pedaturas et fossam aperiunt.
⁴) Pauly, Real-Encyclopädie Legio VIII. und XXII.
⁵) B. 1617 und 1618 unten S. 80 mitgetheilt.
⁶) In. h. d. d. Deo ‖ Mercurio ‖ C. Mabriano ‖ aed. cum. si ‖ gillo. et. ar ‖ am. posuit ‖ Marcellin ‖ ius. Marcianu ‖ s. Cor. Coh. IV. Aq. ‖ v. s. ll. mer. Fau ‖ stino. et Rufino. Coss.
⁷) Inscr. l. vol, III. nr. 3913. . . . ‖ Coh III. Aq. ‖ Gaianus ‖ Alumnus ‖ v. s. l. m. ‖ - - Cilone. it. cos.
⁸) In. h. d. d. Genio. chor. I ‖ Septimie Bel(gar) A(lexand) ‖ p. s. etc.
⁹) B. 1317. J. O. M. ‖ et Jun. Reg. ‖ Finitius. Fi ‖ delis. mil. ; N. Cattha ‖ rensium ‖ in suo ? posit ‖ Fusco. et ‖ Dextro. Cos. Laterkeln dieses Numerus wurden gefunden in Heddernheim, Mainz, Hesterich, Libbach und anderen Orten.

B. 1237. D M ‖ Togio Stat ‖ nto. militi ‖ numeri Expl ‖ oratorum [Divitiensium ‖ Antoninia ‖ norum stip [endiorum ‖ XVIII. Togis ‖ Faventina ‖ soror. et ‖ heres ‖ (ca)ri ‖ (ssi) mo (fratri). 991. D M ‖ T. Fl. Salviani ‖ Ex. Praef. Explora ‖ torum. Divitiensium ‖ militiae. quartae ‖ e uiti. romano ‖ Baebius. Leidorus ‖ >. Leg. amico ‖ f. c.

n. Chr., ein Soldat der Catthar. Abtheilung auf seinem Eigenthum in Castell bei Mainz dem Jupiter und der Juno ein Heiligthum; einem Soldaten aus dem N. Divitiensium lässt die Schwester unter dem Kaiser Caracalla oder Heliogabal einen Grabstein setzen.

Diese Divitienses hatten ihre Heimath nicht, wie Einige meinten, in Deutz bei Köln, sondern in Thracien. Der Dalmatinische Numerus gehörte, wenn die vielen Ziegelsteine, welche seinen Stempel tragen, diesen Schluss zulassen, lange Zeit dem rheinischen Heere an. Auch die Cohorte des tongrischen Bürgers Frejoverus, die I. Astur. equit., und die syrische Cohorte der Ituräer diente, wie in der vorigen Periode, auch im 3. Jahrhunderte mit den Alen II. Flavia und I. Scubulorum noch in Mainz.

In Bingerbrück sorgte für die Ruhe und Sicherheit des Landes und die ungestörte Verbindung mit dem Unterrhein die IV. Cohorte der Dalmatier. Im Rheingau schützte die Römerherrschaft die ala Sebosiana, den Rheinübergang bei der Mündung des Neckar bewachte die II. Aug. Cyren. equit.

Die Vertheidigung der Grenze am Taunus war in dieser Zeit die Aufgabe einer Heeresabtheilung aus dem tapferen Volke der bayrischen Hochebene und des Innthales, der coh II. Raetorum c. r. mit einer Schwadron aus dem Morgenlande, der ala I. Flavia (Damascenorum) ∞ ; die Cohorte lag einige Zeit in der Saalburg bei Homburg, längere Zeit in Wiesbaden; die Flavia hinterliess Gedenksteine im letzteren Orte und in Heddernheim. Soldaten aus der Umgegend von Damascus leisteten auch als Bogenschützen gute Dienste am Limes in der Cohorte I. Flavia Damascenorum ∞ equit. Sagitt[1]). Auch die Legio XXII. P. Alexandriana pia fidelis hatte, wenn die Inschrift richtig gedeutet ist, im Jahre 230 n. Chr. Mannschaft zur Besatzung Heddernheims abgegeben[2]), zu welcher überdies die XXXII. Vol. C. R. gehörte, wie die Inschriften zweier Centurionen der Cohorte vermuthen lassen[3]).

Die Mainlinie vertheidigte in Seligenstadt eine Cohorte freiwilliger römischer Bürger, wahrscheinlich die I., auf deren längeren Aufenthalt in Deutschland die an verschiedenen Orten gefundenen Cohorten-Ziegel hinweisen; in Hanau die III. Delmatinische; in Aschaffenburg der Numerus Exploratorum von der britischen Insel (Brittonum et Nemaningensium); in Obernburg eine Reiter-Cohorte aus dem südlichen Frankreich, IV. Aquitan. equit. c. r., und die IV. Cohorte römischer Bürger.

Die Wache an der Grenzmark hatten übernommen: in Miltenberg die Mannschaft einer Abtheilung, welche an den Quellen der Seine und der Gegend des französischen Jura ausgehoben war, die berittene I. Cohorte der Sequaner und Rauracer. In ihrer Nachbarschaft stand ein N. Brittonum Triputiensium, um die Wege aus dem Odenwalde an den Main offen zu halten. Am Limes selbst hatten zwei aquitanische Cohorten Stellung, beide mit der nämlichen Zahl: die Coh. III. Aquit. eq. c. r., die früher erwähnt wurde, und III. Aquit. mit dem Beisatze Philippiana[4]). Diesen Beinamen erhielt die Cohorte unter der Regierung des arabischen Philippus 244.49, vielleicht bei dem tausend-

---

[1]) B. 1412. Marti et Victo riae Soemus Severus Cornicul Coh I Fl Damas ∞ eq. Sag. v. s. l. l. m
[2]) B. 1444. In. h. d. d. Genium plateae novi vi ci cum edicula et ara T. Fl. Sanctinus mil. Leg. XXII. P. Alexand. P. F. Immunis Cos. et Perpetuus et Felix fratres c. r. et Taunenses ex origi ae patris T. Fl. Maternl Ve terani coh. III. Praet. Piae Vindicis et Aurelia Ammias mater eorum c. r. d. d. Agricola et Clementino cos.
[3]) B. 1467. D(eo) Iu(victo). C. Lollius Crispus > Coh. XXXII Vol. 1480. Dis Man Q. Favonio Varo Fil Q Favoni us Varus (>) Coh. XXXII Vol. pater - - - -
[4]) Rheinische Jahrbücher. Bd. 46, S. 112. Genio Opti(ones) , Coh. III. Aquit. Philippianae.

jährigen Jubelfeste Rom's, vielleicht für ihre Auszeichnung in einem Feldzuge gegen die östlichen Germanen (die Karpen an der Donau) im Jahre 1001 der Stadt. Ein weiteres Glied in der Vertheidigungs-Kette an der 'Limes-Linie war die Coh. I. Germanorum (Antoniniana) in Jaxthausen und Olnhausen. Von ihrer Anwesenheit hat die Cohorte daselbst ein schriftliches Zeugniss hinterlassen¹), welches wahrscheinlich aus der Regierungszeit des Kaisers Caracalla stammt: demselben zufolge lässt auf kaiserlichen Befehl der Statthalter der oberrheinischen Provinz ein schadhaft gewordenes Bad der Cohorte wiederherstellen. In Olnhausen scheint auch eine oder die andere Compagnie der oberrheinischen Legionen in Garnison gewesen zu sein, da ein Freisoldat der XXII. Legion, der in Aelia Augusta (Augsburg) zu Hause ist, im Jahre 186 dem Jupiter, der Juno und der ägyptischen Göttin Isis seine Huldigung darbringt, während ein Soldat der VIII. Aug., der ebenfalls von den härteren Arbeiten des Dienstes Befreiung geniesst, im Jahre 179 dem Genius des Ortes ein Gelübde erfüllt²). Die XXII. Legion hatte auch Mannschaft abgegeben zur Besatzung Oehringens, wo eine sehr grosse Anzahl Ziegelplatten mit dem Legions-Stempel und dem Capricorn, dem Feldzeichen der ersten Cohorte dieser Legion, zu Tage gekommen sind³). Die Legions-Soldaten theilten, wie in früherer Zeit, das Quartier mit der combinirten Cohorte der Helvetier und Brittonen und dem Numerus Caledoniorum. Südlich von diesen lag bei Murrhardt und Benningen das 24. Bataillon römischer Bürger, welches seine lange Anwesenheit auf deutschem Boden durch Denkzeichen an verschiedenen Orten bekundet⁴), und die I. helvetische Cohorte, mit welcher wir im vorigen Abschnitt begonnen.

Wenn zu diesen Truppen noch die XXVI. Cohorte italienischer Freiwilligen gerechnet wird, von welcher in ihrem Quartier, dem vom Kaiser Caracalla bevorzugten und zur civitas Aquensis erhobenen Baden-Baden, verschiedene Monumente vorhanden sind, so ergibt sich, dass das germanische Heer am Nieder-Rhein aus 3 Alen und 10 Cohorten bestand, während die Vertheidigung des Ober-Rheins 4 Alen und 26 Cohorten anvertraut war. Im Nachstehenden folgt ein übersichtliches Verzeichniss dieser Truppentheile.

In **Obergermanien** standen:

a) Die Alen:
   Sebosiana.
   I. Scubulorum.

   I. Flavia (Damascenorum) ∞.
   II. Flavia.

b) Die Cohorten:

I. Asturum eq.
I. Flavia Damasc. ∞ eq. Sagitt.

I. Belgar. Sept. Alexand.
I. Flavia Damascenorum ∞.
I. Helvetiorum.

---

¹) B. 1608. Würtemb. Jahrb. 1870, nr. 46. Imp. Caes. (M. Aurelius Antoninus) P(ius) F(elix) Invict. Aug. ⸽ (et Imp. Caes. P. Septimius Geta Anton. Aug) balineum ∥ Coh. I. Germ. (Antonin) ∥ vetus tate conlabsum re ∥ stituerunt curante. Q. ∥ Caec. Pudente. V. C. Leg. Augg. ∥ Pr. Pr. insistente. Q. Mamil ∥ Honorato. trib. coh. s. s.
²) Würtemb. J. nr. 50. B. 1617. J. o. m. J. r. et ∥ His(idi). sed. T. Fl. ∥ Vitalis. Ael. Aug. ∥ mil. Leg. XXII. P. p. £ ∥ Bf. Cos. stip. XXVI. pro ∥ salu. te. sua. et sui ∥ omnium. v s ∣ m ∥ Imp. C(o)m p f V et ∥ Glabri Cos.
nr. 51. B. 1618. . . , G. L. ∥ Iponnius (?) ∥ Gratinus ∥ miles Leg ∥ VIII Aug ∥ Bf Cos ∥ pro se et su ∥ is Imp Com ∥ modo II. et ∥ Vero II Cos.
³) W. J. nr. 43. b. 1—11.
⁴) B. 1898. Wirnberg im Odenwald; 1700 Leon in Baden.

I. German. Antonin.	I. Brittonum et Helvetiorum.
	I. Ituraeorum.
I. Seq. et Raur. eq.	I. Vol. civ. rom.
II. Aug. Cyren. eq.	II. Raetor. c. r.
III. Delmatar.	III. Aquitan. eq. c. r.
III. Aquit. Philippiana.	IV. Aquitan.
IV. Aquit. eq. c. r.	IV. Delmatar.
IV. Vol. civ. rom.	XXIV. Vol. c. r.
XXVI. Vol. c. r.	XXXII. Vol. c. r.
Numerus Britton. Caledon.	N. Britt. et Explor. Nemaning.
N. Cattharensium.	N. Explorator. Divitiensium Antonin.

In **Niedergermanien** hatten Quartiere:

a) Die Alen:
    ala Noricorum. — ala Sulpiciana. — ala Vocontiorum.

b) Die Cohorten:

Bactorum.	Silaucensium.	I. Flavia Commagenor. equit.
II. Vol. c. r. Pf.	IV. Vindelicorum.	V. Asturum.
VI. Vol. c. r.	XV. Vol. c. r	N. Explorator. Batavor.
N. Treverorum.		

§. 7.
Schlussbemerkungen.

Der Landstrich, welcher im Süden durch das Mittelmeer und die Pyrenäen, im Westen durch den atlantischen Ocean, im Norden durch den Kanal und die Nordsee, im Osten durch den Rhein, die Alpen und den Varfluss begrenzt wurde, gehörte im Beginne der Kaiserzeit unter dem Namen *Gallia (transalpina)* zum römischen Reiche und war unter Augustus in 4 Theile getheilt: *Gallia Belgica, Aquitania, Gallia Lugdunensis* und *Gallia Narbonnensis*. *Gallia Belgica*, welches nach Mommsen[1]) das Land östlich von der Seine und Saone bis zum Rhein und die nord-westliche Schweiz und überdiess das allmälich hinzugekommene überrheinische Vorland in sich fasste, zerfiel in drei Verwaltungsbezirke: eine Civilstatthalterschaft, *Belgica* im engeren Sinne, das heutige südliche Belgien mit dem nordöstlichen Frankreich und zwei grosse Militär-Commando's an der germanischen Grenze, welche man im gewöhnlichen Sprachgebrauche mit *Germania Superior* und *Germania Inferior* be-

---

[1]) Mommsen, römische Schweiz, Mittheilung der antiquarischen Gesellschaft in Zürich, 9. Band 1854.
Nebstdem dienten mir zur Benützung:
Mommsen, corpus inscriptionum latinarum, Berolin. 1873., vol. III.
James Yates, der Pfahlgraben (im 23. Jahresbericht des histor. Vereins von Schwaben Jahrgang 1857).
Scriptores historiae Augustae, recens. H. Peter.
Holländer, die Kriege der Alemannen mit den Römern. Karlsruhe 1874.
Wanner, Beiträge zur Ausmittelung der röm. Militärstation Juliomagus.
Schlosser und Weber, allgemeine Weltgeschichte.
Harster, die Nationen des Römerreiches in den Heeren der Kaiser. Speier 1853.
Würtembergisch Franken, historische Zeitschrift. Jahrgang 1869—71.

zeichnete. Unter dem Commandanten von Ober-Germanien stand auch die nord-westliche Schweiz. So lange der Rhein die Hauptgrenze war und mit acht Legionen vertheidigt wurde, stand in Vindonissa am Zusammenflusse der Aar und Reuss eine Legion, welche die Aufgabe hatte, die Verbindung der Donau- und Rhein-Armee unter sich und mit Italien zu sichern. Augustus scheint zuerst die XIII. Gemina nach Vindonissa gelegt zu haben; dieselbe wurde aber bald von der XXI. Rapax abgelöst. Die XXI. stellte die gemauerten Stand-Quartiere her, deren Ueberreste bei Windisch, Cloten, Koblenz und Schleitheim entdeckt wurden. Von Kaiser Vespasian wurde die XXI. anderswo verwendet und durch die XI. Claudia ersetzt. Diese Legion wurde mit Veränderung der Grenze auf das rechte Rheinufer verlegt und Abtheilungen von ihr nach Hüfingen, Rottweil und Baden-Baden vorgeschoben, die Schweiz und der südliche Theil von Baden und Würtemberg wurden nicht von Truppen besetztes, befriedetes Provinzland und blieben es, so lange der Limes Transrhenanus in den Händen der Römer war. An Auxiliaren, die dem oberrheinischen Heere beizufügen sind, verzeichnet Mommsen nach Tacitus und den Inschriften die VI. und VII. Cohorte der Raeter, welche im Hauptquartiere selbst zusammengehalten wurde, und die Coh. III. Hispanorum nebst der XXVI. freiwilliger italienischer Bürger, welche auf Vorposten standen. Vom Rheine wurde die XI. Legion 150/162 nach Mösien geschickt, wo sie in der Folgezeit ihren bleibenden Aufenthalt erhielt; in Rottweil standen ihr zur Seite die ala Vallensium, die im ersten Theile angeführt wurde, und die Cohors I. Helvetiorum, die im Jahre 148 an die Grenzmark detachirt war.

In Bezug auf die Zeitbestimmung der Inschriften wird es erlaubt sein, einige unterscheidende Merkmale hier zusammenzustellen.

Die schriftlichen Denkmäler tragen, wie nicht leicht etwas Anderes, deutlich das Gepräge der Geschmacksrichtung ihrer Zeit. Inschriften mit verbundenen und übergeschriebenen Buchstaben gehören dem 2. Jahrhundert an. Der Ausdruck „*derotissimus numini ejus*" mit vorausgehendem Namen des Kaisers oder seiner Familie findet sich auf Ehrendenkmalen für das kaiserliche Haus schon seit Marc Aurel, öfter aber seit Septimius Severus. — Der Anfang vieler Denkmale I H D D (= *in honorem domus divinae*) kommt auf Inschriften zum ersten Male vor im Jahre 170 n. Chr.

Als Titel der Kaiser wird „Proconsul" erst von Hadrian an gebraucht. Mit dem Titel Caesar, welcher seit Hadrian Bezeichnung der Thronfolger ist, verband sich seit Caracalla das Prädicat *nobilissimus*. Vom Ende des ersten Jahrhunderts an ist „*Vir clarissimus*" Titel der Senatoren.

Soldaten, welche das römische Bürgerrecht erhielten, mussten das *nomen gentilicium* der Kaiser annehmen, welche ihnen dasselbe verliehen hatten, z. B. *Claudius*, *Flavius*, *Ulpius*, *Aelius* u. a.

Zum Schlusse folgt unten eine Zusammenstellung sämmtlicher Hülfstruppen, welche nach Schriftstellern, Militär-Diplomen und Inschriften im Rheingebiete in den drei ersten Jahrhunderten der Kaiserzeit Stellung hatten. Wir ersehen daraus, dass die verschiedenartigsten fremden Völker die Macht Roms an den Grenzen des Rheines stützten, weil es Rom verstand, ein Volk durch das andere zu beherrschen und allen seinen Soldaten römische Sitte und Gemeinsinn einzupflanzen. Die fremden Elemente aber waren es auch, welche den Bau des Reiches, als innere Feinde seine Fundamente untergraben hatten, zum Einsturz brachten. Wohl gelang ihnen dieses erst in vielen Jahrzehnten; denn wie der grosse Organismus des römischen Reiches Jahrhunderte zu seiner Entwicklung nöthig hatte, so war auch ein längerer Zeitraum erforderlich, bis derselbe dem Naturgesetze verfiel, in sich abstarb und endlich zusammenbrach.

In **Germanien** standen: a) die Alen:

Name.	Bezeichnung.	Zeit.	Stellung in anderen Provinzen.
Agrippiana	—	(42. 75.)	
Batavorum	—	(42.)	
„	(I mill)	(42.) 69.	N.
Britannica	—	(117.)	I. 69.
Cannenefatium	(mill)	(42.)	
„	I (c. r.)	74.	P. 154.
Claudia Nova	—	74.	Dl.
Damascenorum	I. mill	(260.)	
Flavia	I. mill		
„	II.		
„ Gemina	I.	74. 116.	R. 141.
„ „	II.	74.	
Frontoniana	—	(180.)	D. 222 36.
Gallorum	(Flaviana)	16.	M. 105.
„	(I Claudia)	16. (75.)	M. 105.
(Frisiavonum)	—	(16.)	
Hispanorum	—	(75.)	
Longina	—	(180.)	
Lucensium	—	(75—117.)	
Noricorum	—	(2. und 3. Jahrh.)	
Petriana	—	68. (116.)	N. 69. B. 124.
Picentiana	—	74.	B. 124.
Rusonis	—	(116.)	
Scubulorum	—	74.	
„	I	116.	
Sebosiana	—	(160.)	
Sulpiciana	—	187.	
Treverorum	—	68.	
„	Indiana	69.	B.
Thracum	—	(42—75.)	
„	I	(42.)	B. 103. (P. 145 60.)
Tungrorum	—	(42.)	
„	I	(42.)	B. 105.
Vallensium	—	(117.)	
Vocontiorum	—	(160.)	

Anmerkung: Die eingeklammerten Angaben sind fraglich; die Zahlen 42, 75, 117, 160, 260 bedeuten die Zeitperiode, in welcher der Truppentheil angesetzt wurde. — Die Abkürzungen bezeichnen: B. Britannien, D. Dacien, Dl. Dalmatien, I. Italien, J. Judaea, M. Mösien, N. Noricum, P. Pannonien, R. Rätien.

b) die Cohorten:

Name.	Bezeichnung.	Zeit.	Stellung in anderen Provinzen.
Aquitanorum	I.	(75.)	B. 124.
„	I. Veterana	74. 116.	
„	II.	(75.)	
„	III.	74. (116.)	
„	III. equit.	(117.)	
„	III. eq. c. r.	(180. 260.)	
„	III. Philipp.	244 49.	
„	IV.	74. 116. 210.	
„	IV. eq. c. r.	(180. 260.)	
Aquitan. Biturig.	I.	74. (116.)	
Asturum	I. (eq.)	74. (180. 260.)	
„	(II.) ped.	(180.)	
„	II.	(117.)	B. 124.
„	V.	(180. 260.)	
Astur. et Callaecor.	—	(75.)	
Baetorum	—	(180. 260.)	
Batavorum	(eq.)	(42.) 68.	
„	(eq. mill.)	(42.) 68.	
„	(I. quing.)	(42.) 68. (117.)	B. 124.
„	(I. mill.)	(42.) 68. (117.)	
„	III.	(75.)	
Baetasiorum	—	(42.)	
„	I.	(42.)	B. 103. 124.
Belgarum	—	(42. 75.) 69.	
„	(I.)	(42. 75.) 69.	
„	I. Sept. Alex.	193 235.	
Biturigum	II.	(75.)	
Bracaraugustanorum	V.	(180.)	B. 108.
Breucorum	VII.	(75.)	P. 85. 167.
„	VIII.	(75. 117.)	
Cannenefatium	(mill.)	69.	
„	(eq. mill.)	69.	
„	(I.)	69.	P. 138.
„	(I. eq. mill.)	69.	
Civium rom. Vol.	I. (eq.)	(42. 75.) 116. (260.)	
„	II. Pf.	(180. 260.)	

Name.	Bezeichnung.	Zeit.	Stellung in anderen Provinzen.
Civium rom. Vol.	III.	(42. 75.)	
„	IV.	(180. 260.)	
„	VI.	(180. 260.)	
„	XV.	196 97. (260.)	
„	XXIV.	(180. 260.)	
„	XXVI.	(180. 260.)	
„	XXXII.	(180. 260.)	
Commagenorum	I. Flavia.	250.	M. 105. D. 157.
(Cugernorum)	—	(42.)	
Cyrenaica	I. (Augusta)	(75.)	
„	II. Augusta eq.	74. 116. (180. 260.)	
Dalmatarum	(I.)	(42.)	
„	III. (ped.)	74.	
„	III. (eq.)	74. (180. 260.)	
„	IV.	(75. 117. 180. 260.)	
„	V.	74. 116. (180.)	
Damascenorum	I.	116.	
„	I. ∞ .	(180. 260.)	
„	I. Flav. ∞ eq. Sag.	(180. 260.)	
Frisiavonum	—	(42.)	
„	I.	(42.)	B. 105. 124.
Gallorum	(II.)	69. (42. 117.)	M. 105.
„	(III.)	69. 74. (42. 117.)	D. 129. (M. 99. 105.)
„	IV.	(117.)	M. 105. R. 108.
Germanorum	—	(42.)	
„	I.	(42. 75.)	
„	I. c. r.	116.	
„	I. Antonin.	211 222.	
Helvetiorum	—	(42.)	
„	I.	(42. 75.) 148. (180. 160.)	
Helvet. et Brittonum	Aurelian.	(180. 260.)	
Hispanorum	II. (ped.)	(117.)	
„	III.	(42. 75.)	
„	V.	74.	
Hispan. Lucensium	I.	?	
Ituraeorum	I. Aug.	(180.)	
„	I.	(75. 117. 180. 260.)	

Name.	Bezeichnung.	Zeit.	Stellung in anderen Provinzen.
Ligurum et Hispan.	I. c. r.	116.	
Lingonum	—	(42.)	
"	I.	(42.)	B. 105.
"	II.	(75. 117.)	B. 124.
Lusitanorum	III.	(75.)	P. 114.
"	VII.	(75.)	R. 108.
Mattiacorum	—	(42.)	
"	I.	(42.)	
"	II.	(75.)	M. 134.
(Menapior.)	—	(42.)	
"	I.	(75. 117.)	B. 124.
(Morinor)	—	(42.)	
"	I.	(42.)	B. 103.
Nemetum	(—)	50.	
"	(I.)	50.	
Nerviorum	(—)	(42.) 69.	
"	(I.)	(42.) 69.	B. 105.
"	(II.)	69. (117.)	B. 104.
"	(III.) mill.	69. (117.)	B. 124.
"	(VI.)	69. (117.)	B. 124.
Pannoniorum	I.	(75.)	
Raetorum	—	16. (42.)	
"	II.	(42. 75.)	R. 108.
"	II. c. r.	116. (180. 260.)	
"	VI.	(42.117.)	
"	VII. (eq.)	74. 116.	
Raetor. et Vindelic.	—	(42.)	
Sagittariorum	I.	(42. 75.)	
Sequanor. et Raurac.	I. eq.	191. (260.)	
Silaucensium	—	(180. 260.)	
Sunucorum	I.	(75. 110.)	B. 124.
Sygambrorum	I. (Claud.)	(42.)	M. 134.
Thracum	—	(42.)	
"	I.	74.	J. 86.
"	(I.) c. r.	116.	D. 110. P. 138. 154.
"	I. Germ. c. r.	(117.)	P. 167.
"	III.	?	

Name.	Bezeichnung.	Zeit.	Stellung in anderen Provinzen.
Thracum	IV. eq.	(42.)	
"	VI. eq.	(42.)	P. 85.
Trimachorum	I.	(180.)	
Tungrorum	—	(42.) 69.	
"	(I. eq. mill.)	(42.)	B. 103.
Ubiorum	(—)	69.	
"	(I.)	69.	D. 157.
(Usipiorum)	(—)	(42.)	
"	I.	(42.)	B. 78.85.
Vangionum	(—)	(42.) 50.	
"	(I.)	(42.) 50.	
"	(I. mill.)	50. (75. 117.)	B. 124.
Vasconum	(—)	69.	
"	(II.)	69.	B. 105.
Vindelicorum	IV.	(42.)74.(116.)(180.260.)	

c) die Numeri:

Batavor.	Explorator.	196;97. (260.)	
Brittonum	—	(180.)	D. 186.
Britton. Caledon.	—	(180. 260.)	
Britton. Curvedens.	—	(180. 260.)	
Britton. et Explorator.	Nemauingens.	178. (260.)	
Britt. Triputiens.	—	(180. 260.)	
Cattharensium	—	(180.) 225. (280.)	
Divitiensium Explor.	Antonin.	211/222.	
Treverorum	—	(260.)	

DE ORIGINIBUS HISTORIAE ROMANAE

SEU

DE ANTIQUISSIMIS CARMINIBUS HISTORICIS,

DE LEGIBUS REGIIS

ATQUE

DE COMMENTARIIS REGUM

SCRIPSIT

CHRISTIANUS PETERSEN,

PHILOSOPHIAE DOCTOR ET PHILOLOGIAE CLASSICAE PROFESSOR PUBLICUS

IN GYMNASIO HAMBURGENSIUM ACADEMICO.

PRAEMISSUM EST INDICI SCHOLARUM IN GYMNASIO ACADEMICO
A PASCHATE 1835 USQUE AD PASCHA 1836 HABENDARUM.

HAMBURGI 1835.
TYPIS JOANNIS AUGUSTI MEISSNERI, AMPLISSIMI SENATUS, GYMNASII ET JOANNEI TYPOGRAPHI.

IN COMMISSIS PERTHESII ET BESSERI.

VIRO

DOCTISSIMO ACUTISSIMO

DE STUDIIS HOMERICIS MERITISSIMO

GREGORIO GUILIELMO NITZSCHIO

PHILOSOPHIAE DOCTORI

IN UNIVERSITATE KILONIENSI

ELOQUENTIAE PROFESSORI PUBLICO

SEMINARII PHILOLOGI DIRECTORI

REI SLESVICO-HOLSATICAE ADMINISTRATORIBUS

EXTRA ORDINEM ADSCRIPTO

REVERENTIAE ET AMICITIAE

TESTANDAE

HAS LITTERAS

CONSECRATAS VULT

AUCTOR.

De originibus historiae Romanae.

Quae mirabile Niebuhrii ingenium de populi Romani origine et rebus gestis memoriae prodidit nova, ea an vera atque certa sint, dubitarunt multi, refutavit mea quidem sententia adhuc nemo. Quo quis diligentius pervolutaverit eius libros, quo intentius perspicere studet, quid de reipublicae Romanae principio et commutationibus ille statuerit, quibusque argumentis sententiam suam probaverit, eo maiore flagrabit studio aut fortius affirmandi, si quid dubium videtur, aut accurate refellendi, si in errorem eum putat incidisse. Gaudio perfunditur animus, si argumenta invenire contigit, quae omnem tollant dubitationem, omninoque evanescere iubeant obscuritatem. Sed cogitantibus nobis et animo volutantibus, quam difficile sit assequi tanti viri solertiam atque doctrinam, non deerunt cautio et modestia. Summopere vero oportet nos vereri in rebus examinandis tam arduis tamque gravibus, ne succumbamus rerum novarum cupidini, neve inhaereamus praeoccupatae opinioni. Solum veritatis studium nobis praeferat facem necesse est.

Ex quo magnus ille vir res Romanas perscrutandi novam monstravit viam, quaesitum est, utrum poësis, an prosa oratio sit vetustior, non in toto hominum genere, sed apud Romanos. Quam quidem de aetate utriusque orationis quaestionem mittamus, teneamus vero et probare studeamus, id quod maxime est impugnatum, res gestas maiorum a Romanis iam antiquissimo tempore cum carminibus esse celebratas, tum incultis horridisque annalium monumentis illustratas.

Prae ceteris Niebuhrius sibi proposuerat antiquissimos quosque rerum cognoscendarum fontes investigare et aperire, ut certa esset norma, ex qua de auctorum fide statueretur. Attamen in hac ipsa re et plurimis aliis non ubique caute videtur egisse, neque mihi omnino satisfecit. Etenim tam aperte nonnunquam sibi ipsum repugnasse contendere ausim, adeo non diligenter fuisse versatum in gravissimis nonnullis, qui huic rei lucem affundant, locis veterum scriptorum enucleandis, ut iusto harum rerum iudici sperem de eius quadam incuria nullam remansuram esse dubitationem.

Sed ne quis audaciorem me putet, quam deceat esse eum, qui primum de rerum Romanarum cognitione publice disserat, idque contra virum summae auctoritatis, iam praemonere satius est visum, me potius rationem argumentandi impugnare, quam quod effectum est argumentatione, res vero, quas e tenebris eruit, me ea, quam ille aperuit, via denuo perscrutatum esse atque retractasse, neque nullas quidem vel in dubium vocasse vel refutasse, plurimas vero, quas attingere licuit, magis firmare studuisse, ut iam, si non omnino stabilitae, tamen certiores et clariores factae viderentur. Tantum abest, ut eius meritis obtrectem, ut, si quid bonae frugis protulisse videar, id me illi acceptum referre ingenue fatear.

Itaque cum de carminibus istis antiquis absolvero, de aliis litterarum monumentis illustrantibus illis res gestas atque instituta regum Romanorum, imprimis de ipsorum legibus et commentariis paullo fusius agam.

I.

De antiquissimis Romanorum carminibus historicis.

Nemo animadverterat, Perizonium (in Animadversionibus historicis c. 6) in lucem protraxisse aliquot veterum scriptorum locos, qui docerent, ultima iam antiquitate a Romanis laudes maiorum esse celebratas carminibus, ex iisque repetendam historiae originem, cum Niebuhrius (in prima Historiae Romanae editione Vol. I. p. 178) idem statuit, aliis argumentis ductus; poësin enim in ipsa antiquissima historia agnovit, quippe quae propius accederet ad ornatas poëtarum fabulas, quam ad priscorum annalium sterilitatem.

Cum hac de re plures litem ei intendissent*), eam in secunda et tertia operis sui editione (Vol. I. ed. 3 p. 283 sqq. Vol. II. p. 6) iterum in disquisitionem

---

*) A. W. v. Schlegel Rec. Heidelberger Jahrbücher. 1816. No. 53. sqq. W. Wachsmuth die ältere Geschichte des Römischen Staats. Halle 1819. p. 19. Fr. Lachmann de fontibus Historiarum Livii commentationes. Gottingae 1822. Comm. I. p. 18.

vocavit, veterumque scriptorum testimoniis nisus fortius affirmavit, ipsasque eiusmodi poëmatum reliquias e monumentis protulit, ut, fuissentne haec carmina necne, iam minus quaererent, quam de eorum ambitu, conditione et integritate dubitarent*). Neque originem tantum horum carminum atque aetatem investigavit, sed indagare etiam voluit, quas subierint vicissitudines, et quomodo perierint. Persuaserat sibi vir sagacissimus, quae prius fuissent cantata, ea in suum usum convertisse Ennium, primosque annalium auctores, qui soluta uterentur oratione (Vol. I. p. 235, 246, 280. Vol. II. p. 6), deinde imprimis Ennii celebritatem effecisse, ut in oblivionem venirent poëmata ista obsoleta. Nihilominus eorum reliquias opinatur usque ad Augusti tempora pervenisse, neque illas in litterarum monumentis esse servatas, sed in ore vulgi viguisse, publice cantatas, ut ipse Dionysius, homo Graecus, eas audiret atque intelligeret (Vol. I. p. 246 et 280). Eamque sententiam acriter defendit miro obcaecatus errore; namque, ne quid de lingua Latina moneam, tum omnino mutata, neve de vulgo, tum fere peregrino facto, scriptores, qui horum carminum mentionem faciunt, praeter Dionysium omnes ea, ut deperdita, deplorant.

Mirum est, hominem ceteroquin cautissimum non sensisse, parum esse verisimile, quod professus esset, magis etiam mirandum, eum non accuratius inspexisse, non diligentius perpendisse Dionysii verba. Quae cum ego aggrederer, ipsa typographorum signa („ "), priusquam legerem, mihi indicarunt, non Dionysii esse verba, sed alius scriptoris ab eo allata. Namque in vulgari illa de Romuli et Remi natalibus narratione (lib. I. c. 79) hoc legitur: *Οἱ δὲ ἀνθρωδέντες γίνονται κατά τε ἀξίωσιν μηςητῆς καὶ φρονήματος ὄγκον οὐ συοφορβοῖς καὶ βουκόλοις ἐοικότες, ἀλλ' οἵους ἄν τις ἀξιώσειε τοὺς ἐκ βασιλείου τε φύντας γένους καὶ ἀπὸ δαιμόνων σποράς γενέσθαι νομιζομένους, ὡς ἐν τοῖς πατρίοις ὕμνοις ὑπὸ Ῥωμαίων ἔτι καὶ νῦν ᾄδεται.* Neque tamen Dionysium Halicarnasseum haec patria carmina cantata audivisse, sed Fabium Pictorem, qui omnium Romanorum primus confecit Annales, docent verba, quae Dionysius praemisit, haec: *περὶ δὲ τῶν ἐκ τῆς Ἰλίας γενομένων Κόϊντος μὲν Φάβιος, ὁ Πίκτωρ λεγόμενος, ᾧ Λεύκιός τε Κίγκιος καὶ Κάτων Πόρκιος καὶ Πείσων Καλπούρνιος καὶ τῶν ἄλλων συγγραφέων οἱ πλείους ἠκολούθησαν, τῇδε γράφει.* Quisque, opinor, concedet, non de statura tantum et genere iuvenum

---

*) K. L. Blum Einleitung in Roms alte Geschichte. Berlin 1828.

esse cantatum, sed de vita etiam divino consilio servata, rebusque fortiter gestis. Haec carmina etiam Plutarchus respicit, vel auctor, quem secutus est, non modo in Romuli vita, sed etiam in oratione, quam a Numa habitam fingit, cum ei regnum Romanum offerretur (c. 5): καὶ ῾Ρωμύλον μὲν αὐτοὶ παῖδα θεῶν ὑμνοῦσι φήμαις καὶ τροφήν τινα δαιμόνιον αὐτοῦ καὶ σωτηρίαν ἄπιστον ἔτι νηπίου λέγουσιν.

Ex isto Fabii loco coniicimus, pluribus diversisque carminibus easdem res esse celebratas, exque carminum varietate varias de originibus Romanis ortas esse opiniones. Licet alia causa excogitari possit, quae effecerit, ut primi iam rerum urbanarum commentarii inter se differrent, certe Fabium nihil nisi plurium poëmatum notitia commovere potuit, ut ad carminum consensum (ἐν τοῖς πατρίοις ὕμνοις) provocaret. Quod si iam dubium non est, Fabium in rebus Romanis narrandis veteres poëtas esse secutum, idem de Ennio est sumendum, quippe qui et prius scripserit, et in ea ipsa fabula de natalibus Romuli cum Fabio consenserit. Etenim uterque Romuli matrem non *Rheam Sylviam*, sed *Iliam* vocavit*) Lupamque feminam dixit.**) Maiore etiam iure Naevium colligimus priscis carminibus esse usum, quippe qui et Ennio fuerit antiquior, et ipsum versuum Saturniorum metrum adhibuerit.***)

Ut horum carminum indolem, quantum fieri potest, investigemus, praemissis veterum testimoniis, Niebuhrii coniecturam examinemus, ipsa poëtarum vestigia persequentes, quae adhuc appareant. Poësi sacra praetermissa, de qua nemo dubitet, duo carminum historicorum genera Niebahrius recte videtur distinxisse, Naenias et carmina vere historica vel heroica. De Naeniis, cum nihil sit magni momenti, quod addamus, disceptationem omittendam duximus. De ceteris vero carminibus, quae traduntur, quamquam hodie minime sunt ignota, tamen hic repetantur oportet, quo facilius nostra sententia percipiatur.

---

*) Servius ad Virg. Aen. I. 277, III. 333. Dion. I. 79.

**) Quinct. Inst. I. 6, 12. „*Lupus masculinum, quamquam Varro in eo libro, quo initia Romanae urbis enarrat, Lupam feminam dicit, Ennium, Pictoremque Fabium secutus.*" At huic loco nihil tribui posse confiteor, nisi soluta fuerit quaestio de Fabiorum Pictorum diversitate. Cf. Nieb. Vol. II. p. 9. Blum p. 73. Equidem in eorum sententiam discedendam arbitror, qui putant, Fabium et Graece et Latine scripsisse. Lachmann Comm. 1. p. 26.

***) De aliis rebus ab Ennio discessit, de Ilia vero, Aeneae filia, ei assensus est. Serv. ad Virg. Aen. I. 277.

"*Atque utinam*, inquit Cicero (Brut. c. 19 §. 75), *exstarent illa carmina, quae multis saeculis ante suam aetatem in epulis esse cantitata a singulis conviris de clarorum virorum laudibus in Originibus scriptum reliquit Cato.*" Quo ex loco apparet, Catonis aetate hunc morem non amplius obtinuisse, quamquam, quod tradit, multis saeculis ante suam aetatem carmina illa *esse cantitata*, inde non efficitur, multis ante saeculis etiam *desitum esse* cantari. Unde hoc compertum habet, nisi primi historici audiverunt? id quod de Fabio nunc constat. Accuratius ex eodem Catonis libro hunc morem describit Cicero in Quaest. Tusc. (IV. 2) hisce verbis: "*Gravissimus auctor in Originibus dixit Cato, morem apud maiores hunc epularum fuisse, ut deinceps, qui accubarent, canerent ad tibiam clarorum virorum laudes atque virtutes.*" Duplicem canendi modum exposuit Varro, in libro, quem scripsit de Vita populi Romani, secundo, auctore Nonio (II. 70): "*In conviviis pueri modesti ut cantarent carmina antiqua, in quibus laudes erant maiorum, et assa voce et cum tibicine.*" Ut caeteros praetermittam locos, qui nihil novi addant*), ipsa Dearum ratio, a quibus canendi facultatem repetebant, multum carminibus esse tributum arguit. Etenim praeter Naeniam, cui extra portam Viminalem sacellum erat dedicatum (Festus ed. Lind. p. 106), Camoenas antiquitus Romani studiose colebant.**) De Camoenis a rege Numa cultis infra disputabimus. Hoc loco sufficiat Varronis locum adscribere (L. L. VII. §. 36): "*Fauni dei Latinorum, ita ut Faunus et Fauna sit; hos versibus, quos vocant Saturnios, in silvestribus locis traditum est solitos fari futura, a quo fando Faunos dictos. Antiquos poetas vates appellabant a versibus viendis.*"

Quod monet Varro ad versum enucleandum Ennii hunc:
"*Versibus, quos olim Fauni vatesque canebant.*"

Quem versum etiam Niebuhrius testem citavit, quo Romanis priscis poësin vindicaret; etenim nec notiones et voces habere potuerunt rerum, quae iis ignotae essent, neque tam diversos deos colere, quibus poësis originem tribuerent, nisi ipsam magni aestimabant, eiusque diversa habebant genera. Itaque si carmina funebria ad Naeniam, carmina sacra ad Faunos referebant, etiam historica fuerint oportet,

---

*) Cic. Tusc. I. 2. Valer. Max. II. 1, 10. Cic. de Rep. l. IV. apud Aristidem Quinct. II. p. 69, ed. Meibom. Horat. Od. IV. 15, Epist. II. 1. v. 23—27.

**) Varro de Ling. Lat. VII. 26 et 27.

quae a Camoenis repeterent, quas a carminibus esse dictas Festus (p. 34) tradit, „*quod canerent antiquorum laudes.*"

Quae omnia si Fabii auctoritati adiungimus, Schlegelio et Wachsmuthio assentiri non possumus, poëmata illa tam exigua fuisse tamque inania, ut inde nihil in historiam redundaret, sed nobis persuasum est, recte a Niebuhrio esse collecta atque ab institutis legibusque bene seiuncta, quae ex illis in historiam translata putaret. Audacius tamen, quam verius idem credidit, carminum nexum, ambitum et fines posse instaurari. Fundamentum enim, quo nititur eius argumentatio, non satis est firmum. Ex paucis, quae apud Ennium atque Livium eadem reperiuntur, hunc illius vestigiis ingredi colligit; cumque ab Ennio veterum carminum non nisi metrum et sermonem mutatum opinetur, illa ipsa in Livio apparere contendit. Constat quidem Livii orationem omnino pendere ex auctoribus, quos quoque loco sequatur, eumque hac de causa nunc ad poëtarum ornatum efferri, nunc annalium veterum sterilitatem prodere, sed neque cognitum habemus, quam accurate Ennius expresserit priores, neque verum est, Livii, ubi elegantius et ornatius scribit, auctorem esse Ennium. Nam ut de chronologia taceam valde implicata, neque Livius quidquam de Ilia habet, Aeneae filia, neque Ennius Rheae Sylviae nomen agnoscit: adeo quae alter matri Romuli accidisse narrat, ab alterius narratione omnino discrepant*), similesque discrepantias plures facile investigamus.

Eadem de causa neque Naevius Livii auctor esse potest.**) Unde igitur hausit fabulas Livius? In primis libris nihil adhibitum esse, nisi Fabii, Cincii, Pisonis, aliorumque annales, probare studuit Lachmannus, a quo ut rem non tantum omnino confectam credamus, efficit orationis, de qua diximus, inaequalitas. Animadverso, Livii narrationes, de quibus agimus, potius ad tragoediarum leges, quam secundum epicae poësis normam esse comparatas, facile nobis persuasimus, fieri potuisse, ut recordatio tragoediarum togatarum, quas aut in scena spectavisset, aut domi legisset, eius stilum regeret, rerumque nexum, quem poëtae scenici aut excogitaverant, aut arctius ligaverant, in historiam transferret.***) Pauciora

---

*) Quinti Ennii Annalium Fragmenta. Opera et studio E. S(pangenbergii). Lips. 1825. p. 11. seqq.

**) Naevii librorum de bello Punico Fragmenta in eodem opere exhibita p. 168. sqq.

***) Liv. I. 46. De Servii Tullii morte: „*Tulit et Romana regia sceleris tragici exemplum.*"

exstant fragmenta, quam ut res ad liquidum perduci possit: itaque hoc tantum moneo, cum tragoedias huius modi et semper et imprimis Augusti aetate*) apud Romanos in honore fuisse, tum quae ex Attii Bruto servata sunt, quamvis sint exigua, tamen in nonnullis locis Livianae narrationis memoriam excitare.**)

Quae de carminum priscorum numero et amplitudine Niebuhrius exposuit cum multo etiam magis in dubium videantur esse vocanda, Blumii***) sententiam amplecti malim, multa quidem fuisse carmina historica, ea vero minora.

De Romulo unum fuisse carmen Niebuhrius opinatur (I. p. 243 et 288), quod ab eius natalibus inciperet, resque gestas narraret usque ad mortem. Verum enim vero nos de ipsis natalibus plura exstitisse poëmata, e fabularum varietate arguere sumus conati. Hoc etiam loco non satis sibi convenit Niebuhrius, cum Iliae nomen et res *Graecis* deberi contenderet (I. p. 235.) simulque Fabium, qui easdem fabulas exhiberet cum carminibus *Romanis* consentire concederet. Sed hac ipsa de causa narrationem de Ilia, Aeneae filia, a Romanis esse repetendam suspicor, illam vero fabulae formam, quae Rheae Sylviae nomine utatur, eamque pro Numitoris, Albani regis, filia habeat, Albae Longae originem debere. In utraque fabula, ad Graecae mythologiae similitudinem, urbis Romae situm lociique naturam agnoscimus. Rhea Sylvia, seu Ilia, nil aliud est, quam fossa, quam Romani postea Cluiliam nominabant, nunc Marranam nuncupant, quae Rheae Sylviae nomen accepit, quia per sylvam fluit, Iliae vero, quia per valles sinuatur (cf. Festus s. h. v. p. 78. Isidor. Origg. IV. 6, 14. XI. 1, 100). Hic enim rivus, vel torrens, cum antea in Anienem vallis Albanae aquam derivasset, postea deflexus est per vallem Circi Maximi in Tiberim. Id et veteres tradiderunt, et recentiores, qui hanc regionem noverant, testantur (Nieb. Vol. I. p. 225). Nunc intelligimus, quod Horatius (Od. I. 2, 18) de Tiberi memorat, Ilias coniuge:

---

*) De Fabula togata Romanorum. Scrips. Ioa. Hen. Neukirch. Lips. 1833. p. 28. sqq.

**) Cogito de Bruti stultitia (Liv. I. 56. Neukirch p. 84. ex Cic. Divin. I. 23) atque de Servii Tullii mentione (Liv. I. 59. Neukirch p. 94. ex Cic. orat. pro Sext. c. 58). Quae si non omnino eadem sunt, tenendum, e tragoedia magis rerum nexum et dicendi genus esse petitum, quam ipsas fabulas. Cf. Nieb. Vol. I. p. 379. N. 1130.

***) p. 8. sqq.

Vidimus flavum Tiberim retortis
Littore Etrusco violenter undis
Ire deiectum monumenta regis
Templaque Vestae,
Iliae dum se nimium querenti
Iactat ultorem, vagus et sinistra
Labitur ripa, Iove non probante, u-
xorius amnis.

De quo loco docte refert Porphyrion, (quod miror Niebuhrio non in mentem venisse vel non ab eo esse memoratum): „*Ilia, auctore Ennio, in amnem Tiberim iussu Amulii regis praecipitata est. Antea enim Anioni matrimonio iuncta; atqui hic legitur, quasi Tiberi potius nupserit*"*). His concessis, non audacius videbor pronuntiare, Romulo significari civitatem Palatinam, quam Romani incolebant, Remo autem Remurium, i. e. murum e regione situm, urbem Aventini**); Iliam, quae inter hos montes flueret, vocari geminorum matrem, Tiberim vero patrem, quod flumina efficerent, ut montes habitari possent; postea cum bellis excelleret populus Romanus, in Tiberis, patris, locum suffectum esse Martem, belli auctorem; lupam vero vel lupam de solo intellexerim stagnum, quod Tiberis inundatio effecisset, exsiccante***), picum, qui infantibus cibos apportasse dicitur****), de glandibus et pomis, Accam Larentiam, cuius filii habentur fratres Arvales, spicea corona et albis infulis ornati, de agri cultura*****), Faustulum denique, pastorem, de re pecuaria.

De Numa parva tantum exstitisse carmina Niebuhrius concessit (I. p. 268). In hisce ipsarum Camoenarum cultum, quem Numa aut instituisset, aut auxisset, fuisse celebratum, Cicero et Plutarchus significant. Ille (de Orat. III, 51): „*Nihil est autem*, inquit, *tam cognatum mentibus nostris, quam numeri atque*

---

*) Servius ad Aen. I. p. 277 „*Hanc*, ait, *ut quidam dicunt, Iliam sibi Anien fecit uxorem, ut alii, inter quos Horatius, Tiberis.*" Cf. Ovid. Amor. III. 6, 45.
**) Festus s. v. Remurinus ager p. 136 et 229. Serv. ad. Aen. VII. 659.
***) Creuzer's Symbolik. II. p. 133.
****) Eadem avis est Κελεός in mythologia Cereris. Hymn. Hom. in Cer. v. 96. Creuzer's Symb. IV. p. 437. Cf. Mythogr. Vatic. ed. Bode. III. 11, 11. p. 236.
*****) Gellius N. A. VI. 7.

voces, *quibus et excitamur et incendimur et lenimur et languescimus et ad hilaritatem et ad tristitiam saepe deducimur, quorum illa summa vis carminibus est aptior et cantibus, non neglecta, ut mihi videtur, a Numa, rege doctissimo, maioribusque nostris, ut epularum solemnium fides ac tibiae Saliorumque versus indicant.*" Accuratius rem indicavit Plutarchus (Vit. Numae c. 8): τῷ δὲ Νουμᾷ δρᾶμα θείας τινὸς ἢ νύμφης ὁρείας ἔρως ἦν καὶ συνουσία πρὸς αὐτὸν ἀπόρρητος καὶ ποιηταὶ μετὰ Μουσῶν διατριβαί· τὰ γὰρ πλεῖστα τῶν μαντευμάτων εἰς Μούσας ἀνῆγε καὶ μίαν Μοῦσαν ἰδίως καὶ διαφερόντως ἐδίδαξε σέβεσθαι τοὺς Ῥωμαίους Τακίταν προσαγορεύσας, οἷον σιωπηλὴν ἢ ἐνεάν. Ne quis de Tacita Musa coniecturam faciat, Romanos Musis omnino non centum, sed instinctum modo divinum et meditationem tribuisse, monemus, a verbosis etiam Graecis et Musarum matrem, Mnemosynen, tacitam induci, et ex ipsis novem sororibus unam, Polyhymniam, cui fabulas divinas et poëmata sacra adscriberent, ad divinum eius afflatum significandum, feminae meditantis et tacentis statu effingi esse solitam.*)

Tulli Hostilii res, imprimis bella cum Albanis gesta, uno non parvo carmine fuisse contentas, eoque ex carmine ipsos versus Saturnios apud Livium (I. 26) esse servatos Niebuhrius arbitratur (Vol. I. p. 288), arguens, e libris pontificiis eiusmodi poëmatum reliquias esse depromptas (I. p. 383). Sed quod Livius legem nuncupat horrendi *carminis*, inde non sequitur, hoc de iusto carmine seu poëmate esse intelligendum. Formulae enim Fetialium (c. 24 et 32) aliaeque multae a Livio aliisque scriptoribus**) appellantur carmina. De horum versuum natura cum praematura morte nobis ereptus Niebuhrius nos docere non potuerit***), ego iudicare non ausim; id tamen affirmare non dubito, antiqui iuris formulis numerum fuisse poëticum dictionemque, quae ad divinum poëtarum instinctum efferretur. Nihilominus inde non collegerim, has formulas e poëmatis esse petitas, sed omnem orationem publicam antiquitus instar poëmatum fuisse, quod Germanorum quoque iura vetera probant. Simul inde discimus, Romanis per omne aevum minime defuisse poënis amorem atque facultatem. Illae vero parricidii formulae unde provenerint, postea videbimus.

---

*) Il Museo Pio-Clementino descritto da Giamb. Visconti. Roma 1782. p. 45. sqq.
**) Cic. pro Rab. c. 4. pro Murena c. 12. de Orat. I. 57.
***) I. p. 288 N.

Ad Ancum Marcium venimus, de quo nullum fuisse poëma Niebuhrius (I. p. 288 et 300) contendit, quamquam *boni* cognomine in priscis carminibus eum fuisse ornatum, (p. 292) ipse profitetur. Quare etsi minus polita et elata, aliqua tamen poëmata etiam de hoc bono rege exstitisse crediderim, praesertim cum, quantus ornatus perierit, cum narrationes in solutam orationem transirent, non cognitum habeamus, neque intelligamus, quomodo ad posteros pervenerint, quae de eius rebus in bello gestis traduntur, nisi ex carminibus.

De magno illo poëmate, quod historiam Romanam complexum esse dicitur a Tarquinii Prisci incunabulis usque ad pugnam apud lacum Regillum commissam (I. p. 288 et 394), non habeo, quod addam, nisi de hoc quoque tempore plura ponenda esse carmina, e quibus historicorum narratio sit composita.

Nunquam intermissam esse poësin apud Romanos, idque agnosci ex iis, quae de Coriolano et Camillo memoriae sunt prodita, libenter concedimus*), neque tamen minus Virginiae, Manlii Capitolini, Manlii Torquati, Deciorum aliorumque laudes esse carminibus celebratas, eodem iure statuimus. Neque desunt testimonia de continuata poësi. Quam propensi fuerint Romani ad carmina facienda, probant duodecim tabulae, probat triumphorum licentia. „*Nostrae*, inquit Cicero (libro IV. de Rep. apud Augast. de Civ. Dei II. 9) *duodecim tabulae, cum perpaucas res capite sanxissent, in his hanc quoque sanciendam putaverunt, si quis occentavisset, sive carmen condidisset, quod infamiam faceret flagitiumve alteri.*" Maior in carminibus pangendis libertas erat, ubi triumphum sequebantur milites, qui mos, non diu post reges exactos primum memoratus**), etiam post bellum Punicum secundum valuit***). Sed non ludicrorum tantum carminum triumphalium fit mentio, sed graviorum etiam atque severorum. „*Longe maximum*, inquit Livius (IV. 20 de Mam. Aemilio A. U. 318), *triumphi spectaculum fuit Cossus spolia opima regis interfecti gerens. In eum milites carmina incondita, aequantes cum Romulo, canere.*" Ipsam T. Livii narrationem ab his carminibus originem duxisse, inde apparet, quod profitetur, eam publicis monumentis quodammodo repugnare. Quam magni semper Romani fecerint cantum et poësin, arguunt etiam, quae de ludis scenicis traduntur (Liv. VII. 2), deque tibicinum fidicinumque auctoritate (IX. 30). Si nulla

---
*) Niebuhr Vol. II. p. 7.
**) Liv. III. 29.
***) Liv. XXVIII. 9. XXXIX. 7.

poëtarum nomina sunt servata ex hac aetate, id iustae historiae defectui est adscribendum, aliorumque populorum exemplis illustratur. Neque negligendum est, cum nova litterarum Graecarum ratio introduceretur, priscam poësin popularem, iam inveteratam deterioremque factam, coeptam esse contemtui haberi. Clarissimum denique et certissimum de illa testimonium dicunt studia Livii Andronici*) et Q. Naevii, qui in carminibus heroicis, quae ad Graecorum exemplar componerent, tradito versuum Saturniorum metro uterentur.

Omnibus, quae de hac re exposuimus, bene perpensis, neque id Niebuhrio dare possumus, carmina historica forma ea, qua ad posteros pervenissent, non ante urbem a Gallis incensam esse induta. Vidimus enim a Numae aetate inde, Romae et cantitatum esse et novas semper res fortiter gestas, quae novis carminibus laudarentur. Linguam vero Latinam ab Anci Marcii aetate usque ad bellum Punicum secundum minus esse mutatam contenderim, quam duobus seculis, quae deinceps sequuntur. Licet carmina plebi maxime faverint, eaque a plebeiis facta arbitremur, inde non efficitur, ea tum demum esse facta, cum plebs Patriciorum iuri esset aequata. Neque pro certo affirmaverim, omnino nulla fuisse carmina, quae Patriciorum causam defenderent. Si recte iudicavit Blumius (p. 20 et 60 sqq.), id quod nos quidem credimus, Naevium et Cincium Alimentum a parte plebis stetisse, Ennium vero et Fabium Pictorem patribus favisse, non est, quod negemus, simile discrimen fuisse inter auctores carminum, quae quisque praetulisset.

II.

De legibus regiis et iure Papiriano.

Quam multa litterarum monumenta e regum Romanorum aetate servata fuerint, primus docte demonstravit Wachsmuthius**), eorum recensum auxit Fr. Lachmannus***). Niebuhrius eorum argumentis non est commotus, ut regum historiam minus incertam relinqueret, quamquam instituta regia in litterarum monu-

---

*) Liv. XXVII. 37. Festus s. v. Scribas, p. 258.
**) Die ältere Geschichte des Röm. Staats, p. 1 sqq.
***) De Fontibus hist. Livii Comm. I. c. 1, S. 1 et 2, p. 8 sqq.

mentis multa esse servata concessit*). Hic nimium, illi parum carminum fallaciis, annorum computationi postea refectae, annalibusque e memoria instauratis tribuerunt: utrique**) monumentorum gravissima et amplissima, ipsorum regum commentarios et leges, non satis videntur attendisse. Horum indolem et rationem, cum nemo adhuc, quod sciam, diligentius examinaverit, nos nunc in disquisitionem vocare conati sumus.

Commentarii regum, qui nunc appellari soliti sunt, a nullo veterum ita in universum laudantur, sed ubi eorum mentio fit, certi cuiusdam regis nomen additum reperimus. Neque omnium quidem regum afferuntur commentarii, sed Romuli tantum, Numae, Tulli, Anci atque Servii. Quod ne quis fortuito factum opinetur, animadvertendum, Tarquiniorum neque commentarios neque leges diserte nominari, eorumque historiam multo pluribus laborare difficultatibus et maiore 'etiam obscuritate, quam ceterorum regum. Iure inde colligimus, Tarquiniorum historiam e carminibus potissimum esse petitam, accedentibus tamen aliquot monumentis publicis, quae eorum instituta et res gestas aut respicerent aut continerent***). Non parva inde accrescit fides C. O. Muelleri****) sententiae, Tarquinios non Romanorum fuisse reges rite creatos, sed Tarquiniensium, qui rerum Romanarum vi essent potiti.

De regum Romanorum monumentis disceptaturi a legibus initium capimus, quia earum et reliquiae aliquot minus laceratae et depravatae ad nos pervenerunt, et historia fere integra est servata. Quae enim de fide iis praestanda exortae sunt dubitationes, iam eo tolluntur, quod qui reliquias collegerunt, magis de prisca forma restituenda solliciti erant, quam ut indolem et historiam accuratius inquirerent, quas vero vicissitudines subierint, nemo, quod sciam, satis diligenter persecutus est. Tam accurata traditur historia institutorum et legum, ut ipsa diligentia, qua commutationes memorantur, eam spuriam fictitiamque esse non sinat, praesertim cum auctores habeamus maxime inter se diversos, qui de iis consentiant,

---

*) Vol. I. p. 275 sqq.

**) Neglexit quidem eorum nemo, sed non tanti fecit, quanti ego eos faciendos duco.

***) Simile quoddam animadvertit Niebuhrius Vol. I. p. 390, C. Taciti auctoritate nixus. Annal. III. 26.

****) Etrusker Vol. I. p. 118 et 383.

atque probare possimus, diversa exstitisse monumenta, in quibus illi easdem leges reperissent litteris consignatas.

Romulus gentis Romanae auctor urbisque conditor etiam rempublicam constituisse primusque leges tulisse dicitur. Dionysius (II. 9) Ὁ δὲ Ῥωμύλος, inquit, ἐπειδὴ διέκρινε τοὺς κρείττους ἀπὸ τῶν ἡττόνων, ἐνομοθέτει μετὰ τοῦτο καὶ διέταττεν ἃ χρὴ πράττειν ἑκατέρους. Idem c. 24 Δοκεῖ δὲ καὶ τῆς ἄλλης εὐκοσμίας, ᾗ χρώμενοι Ῥωμαῖοι διεφύλαξαν εὐδαιμονοῦσαν τὴν πόλιν ἐπὶ πολλὰς γενεάς, ἐκεῖνος ἄρξαι, νόμους καλοὺς καὶ συμφέροντας, ἀγράφους μὲν τοὺς πλείστους, ἔστι δ᾽ οὓς καὶ ἐν γράμμασι κειμένους καταστησάμενος.*) Licet dubitemus, Romulum fuisse certum hominem, qui illa egerit omnia, quae ei tribuuntur, tamen fieri potuit, ut litterarum monumenta superessent ex eo tempore, quod omni historiae luce careat. Accedit, quod hodie etiam exstat monumentum, quod illi aetati semet ipsum vindicet.**) Ex Cincii libro tertio de re militari apud Gellium (XVI. 4) formula belli indicendi servata est, quae ceteris formulis ad eandem rem pertinentibus antiquior est habenda, quod et hostilis populi nomen continet omnino ignotum, et populum Romanum appellat, Quiritium nomine omisso***), ut antequam Sabini in civitatem reciperentur, condita sit oportest. A principio igitur orbis haec formula est repetenda. Sed artificiosa hac argumentatione opus non est, tam multa Romuli traduntur instituta, eaque tam accurate descripta, quae non nisi litteris mandata aut observari aut servari possent. Quamvis, quae semper custodita sunt, usu tradita esse possint, eorum tamen, quae postea vel ter quaterve mutata vel omnino abrogata sunt, notitia litteris debeatur necesse est. Neque alia ratione temporum discrimen posteris innotescere potuit. Itaque fidem praestemus illis monumentis, quae Romuli instituta accurate distinguant a Numae Pompilii legibus. Accipe ipsa Dionysii verba (II. 63.): Ὅσα μὲν οὖν ὑπὸ Ῥωμύλου ταχθέντα ἐν ἐθισμοῖς τε καὶ νόμοις [Νουμᾶς] παρέλαβεν, ἀπὸ τοῦ κρατίστου τετάχθαι πάντα ἡγησάμενος, εἴα κατὰ χώραν μένειν, ὅσα δ᾽ ὑπ᾽ ἐκείνου παραλελεῖφθαι ἐδόκει, ταῦτα προςετίθει.

Quae Numa constituerat, a Tullo Hostilio, qui ei in regno successit, viro belli studiosissimo, neglecta esse dicuntur. Ancus vero Marcius, qui cum excepit,

---

*) Cf. Plutarch. Rom. c. 29. Fest. s. v. Plorare. Serv. ad. Virg. Aen. VI. v. 609.
**) Idem dici potest de carminibus fratrum Arvalium.
***) Initium est: „QUOD POPULUS HERMUNDULUS HOMINESQUE POPULI HERMUNDULI ADVERSUM POPULUM ROMANUM BELLUM FACERE etc." De Hermunduris cogitari non posse, non est, quod moneam.

totum ius et civile et sacrum restituit. Ut intelligatur, quam definita et accurata sit narratio, ipsa rursus Dionysii verba (III. 36) adscribo: Καὶ μετὰ τοῦτο συγκαλέσας τοὺς ἱεροφάντας, καὶ τὰς περὶ τῶν ἱερῶν συγγραφάς, ἃς Πομπίλιος συνεστήσατο, παρ᾽ αὐτῶν λαβὼν, ἀνέγραψεν εἰς δέλτους καὶ προὔθηκεν ἐν ἀγορᾷ πᾶσι τοῖς βουλομένοις σκοπεῖν, ἃς ἀφανισθῆναι συνέβη τῷ χρόνῳ· χάλκεαι γὰρ στῆλαι οὔπω τότε ἦσαν, ἀλλ᾽ ἐν δρυΐναις ἐχαράττοντο σανίσιν οἵ τε νόμοι καὶ αἱ περὶ τῶν ἱερῶν διαγραφαί.*) Romuli leges esse restitutas non diserte additur, veri tamen simile est, cas aut omnino non sublatas esse aut comprehendi legibus Numae, quae diserte a libris sacrorum distinguuntur. Praeterea ex hoc loco discimus, iam codices tum exstitisse institutorum et publicorum et sacrorum, eorumque exempla a pontificibus esse servata.

Tarquinius Priscus, quem peregrinum Romae regnasse dixi, et ipse leges neglexerit, oportet; qui enim ei in regno successit, Servius Tullius denuo eas instauravit, teste Dionysio (IV. 10): Νόμους τε συνέγραψεν ἐκ τῶν ἀρχαίων καὶ παρημελημένων ἀνανεούμενος, οὓς Ῥωμύλος τε εἰσηγήσατο καὶ Νουμᾶς Πομπίλιος, οὓς δὲ αὐτὸς κατιστάμενος. Quid mutaverit Servius, quid addiderit, infra videbimus, hoc loco sufficit, ex ipsis veterum testimoniis legum regiarum historiam contexere. Ceterum animadvertendum est, tum etiam Romuli leges esse instauratas. Anci vero Marcii et Tulli Hostilii ne quis putet nulla tum exstitisse instituta, non praetermittendum est, ea cum ad ius belli et pacis pertinerent, non sublata videri a rege bellatore.

Quae adhuc disserui, solius fere Dionysii fide nituntur, quam si quis, etsi immerito suspectam habet, eum Taciti auctoritas convincat, qui eadem exhibet in brevius contracta (Ann. III. 26): *Nobis Romulus, ut libitum, imperitaverat: dein Numa religionibus et divino iure populum devinxit: repertaque quaedam a Tullo et Anco: sed praecipuus Servius Tullius sanctor legum fuit, quis etiam Reges obtemperarent.*"

Tarquinium Superbum peregrinum rursus regem, eumque, qui non secundum leges, sed suo arbitrio imperaret, rempublicam a Servio optime constitutam omnino

---

*) Cf. Liv. I. 32. „*Numae Pompilii regia aequa, filia ortus, Ancus Marcius erat. Qui, ut regnare coepit, et aevitae gloriae memor, et quia proximum regnum, cetera egregium, ab una parte haud satis prosperum fuerat, aut neglectis religionibus, aut prave cultis, longe antiquissimum ratus sacra publica, ut ab Numa instituta erant, facere, omnia ea ex commentariis regis pontificem in album relata proponere in publico iubet.*"

evertisse, non est, quod dubitemus; videamus autem, quam diligenter de eius tyrannide memoriae sit proditum: τοὺς τε γὰρ νόμους, inquit Dionysius (IV. 43), τοὺς ὑπὸ Τυλλίου γραφέντας, καθ' οὓς ἐξ ἴσου τὰ δίκαια παρ' ἀλλήλων ἐλάμβανον καὶ οὐδὲν ὑπὸ τῶν πατρικίων, ὡς πρότερον, ἐβλάπτοντο περὶ τὰ συμβόλαια, πάντας ἀνεῖλε· καὶ οὐδὲ τὰς σανίδας, ἐν αἷς ἦσαν γεγραμμένοι, κατέλιπεν, ἀλλὰ καὶ ταύτας ἀναιρεθῆναι κελεύσας ἐκ τῆς ἀγορᾶς διέφθειρεν.

Regibus expulsis nihil prius agitatum est, quam, ut, libertate stabilita, respublica secundum commentarios Servii Tullii constitueretur, legesque reducerentur, quas ille aut tulisset, aut confirmasset. Rege sacrorum creato, qui sacra faceret, quae reges habuissent, eaque lege lata, quae secures e fascibus tolli iuberet, Dionysius pergit (V. 2), iam privatas leges esse restitutas: Τοῦτο δὴ τὸ πολίτευμα κατασκηνάμενοι, πρόθυμον ἐποίησαν εἰς τὴν διαμονὴν τῶν πραγμάτων τὸν δημότην καὶ ταπεινὸν ὄχλον, καὶ ἄλλα τούτοις παραπλήσια οὐκ ὀλίγα. Καὶ γὰρ τοὺς νόμους τοὺς περὶ τῶν συμβολαίων τοὺς ὑπὸ Τυλλίου γραφέντας, φιλανθρώπους καὶ δημοτικοὺς εἶναι δοκοῦντας, οὓς ἅπαντας κατέλυσε Ταρκύνιος, ἀνενεώσαντο, καὶ τὰς θυσίας τάς τε κατὰ τὴν πόλιν καὶ τὰς ἐπὶ τῶν ἀγρῶν, ἃς ἐποιοῦντο κοινῇ συνιόντες οἱ δημόται καὶ οἱ φυλέται, πάλιν προςέταξαν ἐπιτελεῖσθαι, ὡς ἐπὶ Τυλλίου συνετελοῦντο. Mirum est, de legibus colligendis et recensendis novaeque recensionis auctore hoc loco nihil addere Dionysium, neque respicere ad ea, quae de hac legum instauratione antea dixerat. De legibus enim Numae ab Anco repetitis ubi disserit (III. 36), Μετὰ δὲ τὴν ἐκβολήν, inquit, τῶν βασιλέων [οἵ τε νόμοι καὶ αἱ περὶ τῶν ἱερῶν διαγραφαί] εἰς ἀναστροφὴν δημοσίαν αὖθις ἤχθησαν ὑπ' ἀνδρὸς ἱεροφάντου Γαίου Παπιρίου, τὴν ἁπάντων τῶν ἱερῶν ἡγεμονίαν ἔχοντος. Utroque loco videtur alios adhibuisse auctores; altero autem ut Numae tantum leges memoraret, altero solius Servii, rerum nexus effecit: illic enim de Anci meritis disseruit, hic eas respici voluit leges, quae maxime populares essent. Aliorum etiam rogum leges esse repetitas priusquam demonstremus, Dionysium hic a Livio dissentire animadvertendum est, maioremque fidem praestandam esse Livio. Ille enim, tempore non accuratius significato, simulac reges essent expulsi, hoc factum narrat, quod ad Brutum et Collatinum, consules, referremus, nisi diligentiorem haberemus narrationem Livii, qui auctor est, legem de fascibus aliasque leges populi gratas a Valerio demum Publicola esse latas, coniuratione, quae in favorem Tarquiniorum facta erat, detecta, primoque ipsorum impetu depulso. Inter leges Valerias Horatias illam quoque exstitisse, quae legum regiarum collectionem fieri iuberet, et Dionysii testimonium statuere nobis suadet, auctoritate Livii correctam, et popularis legum, quas tulit Valerius, indoles. ,,*Latae deinde*, inquit Livius (II. 8), *leges non solum, quae regni suspicione consulem absolverent, sed quae adeo in contrarium verterent, ut popularem etiam facerent.*" Satis autem constat, quam grata fuerint in vulgus Servii Tullii aliorumque regum instituta.

Iis, quae hucusque disputavimus, auctoritatem adiungimus iureconsultorum, quorum cum alii leges regias pro iuris fonte habeant, tum Pomponius in Enchiridio de earum origine et collectione historicis consentit. ,,*Et quidem initio*, inquit (l. 2. §. 1 et 2. D. de Or. iur. (I. 2), *civitatis nostrae populus sine lege certa, sine iure certo primum agere instituit, omniaque manu a regibus gubernabantur. Postea, aucta ad aliquem modum civitate, ipsum Romulum traditur populum in triginta partes divisisse, quas partes Curias appellavit: propterea quod tunc reipublicae curam per sententias partium earum expediebat. Et ita leges quasdam et ipse curiatas ad populum tulit, tulerunt et sequentes reges, quae omnes conscriptae exstant in libro Sexti Papirii, qui fuit illis temporibus, quibus Superbus Demarati Corinthii filius, ex principalibus viris. Is liber, ut diximus, appellatur ius civile Papirianum, non quia Papirius de suo quicquam ibi adiecit, sed quod leges sine ordine latas in unum composuit.*" Utrum ipsius auctoris incuria factum sit, ut *Tarquinium Superbum Demarati filium* nuncuparet, an librariorum negligentia accusanda, hodie discernere non possumus. Neque diutius immorari volumus in vero Pupirii praenomine investigando. Mirum enim est, eum, qui hoc loco *Sextus*, postea (§. 36) *Publius* appellatur, apud Dionysium (III. 36) *Gaii* praenomine distingui. Praeterea sunt, qui suspicentur *Manium Papirium*, qui regibus exactis, pontificibus et auguribus commendantibus, propter iuris sacri peritiam, primus rex sacrorum est creatus*) (auctore Dionysio V. 1), eundem esse atque nostrum, qui ,,*iuris imprimis peritus leges regias in unum contulisse*" dicatur. Neque sane infitias eamus, eum, qui rex sacrorum fuisset, postea in collegium pontificum esse cooptatum et deinceps Pontificem Maximum factum, praesertim cum septemdecim annis post, cum plebs in montem sacrum secederet, M. (Marcus

---

*) Ex coniectura Ursini auctiore Festus (p. 251) primum sacrorum regem nuncupavit Sicinium Bellutum.

an Manius!) quidam Papirius Pontifex Maximus esset.*) Manli praenomen proxima aetate in gentis Papiriae familia Crassorum fuisse usurpatum, fasti consulares docent, Marci vero praenomen postea quidem frequentius est.

Legum regiarum historiam Pomponius (l. l. §. 3) his verbis persequitur: „*Exactis deinde regibus lege Tribunicia omnes leges hae exoleverunt: iterumque coepit populus Romanus incerto magis iure et consuetudine uti, quam per latam legem; idque prope viginti annis passus est.*" Quomodo haec verba distinguenda et intelligenda sint, maxime certant iureconsulti. Sunt qui post vocem *tribunitia* interpungendum censeant, ut de lege cogitetur, qua Brutus, tribunus Celerum, iussisset, exsules esse L. Tarquinium cum coniuge et liberis.**) Verum enim vero, siquidem a Pomponio regulas grammaticas observatas censemus, tum leges regias prius exolevisse dixisset, quam instauratas esse, quod absurdum est. Neque numerus viginti annorum, per quos populus Romanus incerto iure usus esse dicitur, tum haberet, quo referretur. Sed cuiusque vocabuli vi bene perpensa, tantum abest, ut Livius et Dionysius a Pomponio dissentiant, ut ipsi iustam Pomponii interpretationem suppeditent. Viginti annis ius incertum fuisse dicitur, viginti autem annis ante duodecim tabulas ius incertum factum est legibus Publiliis Laetoriis, quas A. U. 283 pertulerunt tribuni plebis Publilius Volero et C. Laetorius***), ut plebeii magistratus tributis comitiis fierent, atque quod plebs tributim scivisset, legis vigorem haberet. Quae leges quamvis ad solam plebem pertinuerint, tamen, cum ex una republica duas facerent, iure publico perturbato, neque privatum custodiri passae sunt. Consulto igitur Pomponius leges *exolevisse*, non *sublatas vel abrogatas* esse dixit, idque vere.****) Consulibus enim, ad quos regum iurisdictio transierat, superbientibus plebs obsequium praestare amplius noluit. Dionysius

---

*) Asconius ad Cic. Cornel. p. 77 ed. Orell. Vol. 5. Part. II. Manli praenomen fuisse pontificis, siquidem idem est atque ille sacrorum rex, propterea suspicor, quod ex variis litterae M formis et integris et mutilatis cum G vel C tum P ipsaque S facilius oriri potuerunt, quam ex aliis M. Nam M et S antiquitus eandem habuerunt formam, sicuti G et C, haec autem (C) non diversa est a prima linea litterae M, et P similis duabus prioribus lineis eiusdem litterae, si curvis lineis pingebatur.

**) Zimmern Gesch. des Röm. Privatr. Vol. I. §. 26. p. 87. Niebuhr I. p. 586.

***) Liv. II. 56. Dionys. IX. 41—43. Niebuhr. II. p. 246.

****) I. A. Bachii Hist. Iurispr. L. I. c. 2. §. 1. N. a. ed. Stockmann. p. 22.

3

(X. 1) Ἐταράττετο γάρ, inquit, [ὁ δῆμος] αὖθις ὑπὸ τῶν δημάρχων ἀναδιδασκόμενος, ὅτι πολιτειῶν κρατίστη τοῖς ἐλευθέροις ἐστὶν ἰσηγορία· καὶ κατὰ νόμους ἠξίου διοικεῖσθαι τά τ' ἰδιωτικὰ καὶ τὰ δημόσια. Οὔπω γὰρ τότ' ἦν οὔτ' ἰσονομία παρὰ Ῥωμαίοις, οὔτ' ἰσηγορία, οὐδ' ἐν γραφαῖς ἅπαντα τὰ δίκαια τεταγμένα· ἀλλὰ τὸ μὲν ἀρχαῖον οἱ βασιλεῖς ἐφ' αὑτῶν ἔταττον τοῖς δεομένοις τὰς δίκας, καὶ τὸ δικαιωθὲν ὑπ' ἐκείνων, τοῦτο νόμος ἦν. Ὡς δ' ἐπαύσαντο μοναρχούμενοι, τοῖς κατ' ἐνιαυτὸν ὑπατεύουσιν ἀνέκειτο τά τ' ἄλλα τῶν βασιλέων ἔργα καὶ ἡ τοῦ δικαίου διάγνωσις, καὶ τοῖς ἀμφισβητοῦσι πρὸς ἀλλήλους ὑπὲρ ὁτουδήτινος ἐκεῖνοι τὰ δίκαια οἱ διαιροῦντες ἦσαν. Τούτων δὲ τὰ μὲν πολλὰ τοῖς τρόποις τῶν ἀρχόντων ἀκόλουθα ἦν, ἀριστίνδην ἀποδεικνυμένων ἐπὶ τὰς ἀρχάς· κομιδῇ δ' ὀλίγα τινὰ ἐν ἱεραῖς ἦν βίβλοις ἀποκείμενα, ἃ νόμων εἶχε δύναμιν, ὧν οἱ πατρίκιοι τὴν γνῶσιν εἶχον μόνοι διὰ τὰς ἐν ἄστει διατριβάς.*) Propterea duodecim tabulae, praeter constitutionem reipublicae et ius criminale, imprimis iurisdictionem accuratius circumscripserunt atque deciderunt, si quid aut dubium videretur aut in patribus aliter observaretur atque in plebe.

Plerique hodie opinantur, legibus duodecim tabularum latis, leges regias non amplius valuisse; quam opinionem falsam esse demonstraturi contrariam defendimus sententiam: nonnullas quidem leges regias esse sublatas, universas vero non abrogatas, sed suppletas, ita ut ipsae etiam postea iuris fontem efficerent ab illis diversum. Ne ad veterum auctorum silentium provocem, qui nunquam diserte referant, leges regias esse abrogatas, (Pomponius enim, cui hoc vulgo tribuitur, non dixit): qui earum reliquias nobis servarunt, plerumque addunt, hanc illamve legem suo etiam tempore valere.**) Deinde quovis fere tempore causas ex legibus

---

*) Eundem iuris statum etiam decem post annis fuisse, docent tribunorum rogationes de legibus novis scribendis: „C. Terentillus Arsa, inquit Livius (III. 9), *tribunus plebis eo anno fuit; is consulibus absentibus, ratus locum tribuniciis actionibus datum, per aliquot dies Patrum superbiam ad plebem criminatus, maxime in consulare imperium, tanquam nimium, nec tolerabile liberae civitati, invehebatur: Nomine enim tantum minus invidiosum, re ipsa prope atrocius, quam regium, esse. Quippe duos pro uno domino acceptos, immoderata, infinita potestate; qui, soluti atque effrenati ipsi, omnes metus legum omniaque supplicia verterent in plebem. Quae ne aeterna illis licentia sit, legem se promulgaturum, ut quinque viri creentur legibus de imperio consulari scribendis. Quod populus in se ius dederit, eo consulem usurum: non ipsos libidinem ac licentiam suam pro lege habituros.*"

**) Dionys. II. 25. III. 22.

regiis esse actas reperimus. Romuli legem de vino mulieribus non bibendo liberae etiam reipublicae temporibus ipsoque septimo urbis seculo esse observatam, exemplis docent Plinius, Gellius et Valerius Maximus.*) Quid, quod Cornelius Cossus, homo plebeius, non multo post leges XII tabularum latas et ante urbem a Gallis direptam (319. U. C.) ex lege Numae spolia opima Marti dedicavit? Quem honorem cum patricii ei inviderent, ipse de eo cogitare non potuisset, nisi lex publice proposita ei innotuisset.**) Ipse Cicero causas dixit ex legibus regiis. Eiusmodi est causa Rabiriana, in qua agenda ad legem regiam provocaverat accusator. „*Namque haec tua,* ait Cicero (c. 4), *quae te hominem clementem popularemque delectant: I LICTOR, COLLIGA MANUS, non modo huius libertatis mansuetudinisque non sunt, sed ne Romuli quidem aut Numae Pompilii: Tulli Hostilii****), *superbissimi atque crudelissimi regis, ista sunt cruciatus carmina: quae tu homo lenis ac popularis, libentissime commemoras: CAPUT OBNUBITO, ARBORI INFELICI SUSPENDITO. Quae verba, Quirites, iam pridem in hac republica non solum tenebris vetustatis, verum etiam luce libertatis oppressa sunt.*" Hoc ipsum, quod Cicero contendit, hanc legem lege Porcia et Cornelia esse obrogatam, docet, eam antea valuisse. Neque eius adversarius ad legem provocare potuisset, quam nullo reipublicae tempore valuisse omnes scirent. Atque exstant exempla. T. Sempronius Gracchus et C. Claudius, censores, a P. Rutilio, tribuno plebis, propter nimiam severitatem A. U. 584 perduellionis sunt accusati.****) Sexti quoque Roscii causam ex lege regia eaque Servii Tullii esse dictam suspicor, probare tamen non possum. *****) Cicero legem antiquissimam, non regiam

---

*) Plin. H. N. XIV. 14. Gell. X. 23. Val. Max. II. 1. 5. VI. 3. 9.

**) Liv. IV. 20. Serv. ad Virg. Aeneid. VI. 859.

***) Ita esse scribendum, non *Tarquinii*, quamquam omnes exhibent codices manuscripti et libri editi, minime est dubium. Cf. Liv. I. 26. Cuncti, qui exstant codices, descripti sunt ex uno eoque valde lacerato. Depravationis caussam habeo, quod hunc regem crudelissimum et superbissimum appellavit, quibus verbis Tarquinius secundus significari solitus erat.

****) Val. Max. VI. 5. 3. Aur. Vict. Illust. vir. c. 57. Festus s. v. Religionis p. 234.

*****) Obstat Valerii Maximi locus (l. c. 1. 13), ubi exstat, illud supplicii genus, ut culeo insutus in mare abiiceretur is, qui patrem necasset, post Tarquinii Superbi demum tempora esse irrogatum. Sed et lectio incerta est, et contrarium significat Dionysius (IV. 62).

appellavit.*) De parricidio autem exstant Romuli, Numae, Tulli Hostilii et Servii Tullii leges; hanc de parentis caede legem ad Servium Tullium retulerimus, quia Romuli non esse traditur**), Servii autem alias quoque leges de cognatorum iniuriis fuisse scimus.***)

Ne quis suspicetur, leges regias omnes, quae postea in usu manserunt, diserte in duodecim tabulis fuisse repetitas, et historicorum et iureconsultorum auctoritatem appellamus, qui et utramque genuinam iuris fontem agnoscant, neque minus ad leges regias, quam ad duodecim tabulas provocent. Ita Lucius Valerius apud Livium de lege Oppia abroganda (XXXIV. 6) in solemni oratione: *„An vetus,* inquit, *regia lex simul cum ipsa urbe nata? An, quod secundum est, ab decemviris ad condenda iura creatis in duodecim tabulis scripta?"* Tacitus quoque leges duodecim tabularum ita ad leges regias refert, ut alteras alteris suppletas, non abrogatas eum credidisse appareat. *„Pulso Tarquinio,* inquit (Ann. III. 27), *adversum patrum factiones multa populus paravit tuendae libertatis et firmandae concordiae; creatique decemviri et accitis, quae usquam egregia, compositae duodecim tabulae, finis aequi iuris."* Hunc finem respicere credimus ad initium, quod Romulus fecerat. Quamquam fuerunt inter leges regias, quae in duodecim tabulis repeterentur****), tamen plurimae ab iis omnino distinctae sunt. Ita Paulus*****) et Marcellus******) ad leges regias provocant, idemque facit Papinianus*******) de patris in filium vitae necisque potestate, quam legem in duodecim etiam tabulis constitutam scimus.

Hanc legum regiarum historiam mente perlustrantes non possumus non summopere mirari, quod Dirksenius non dubitat, sed omnino negat (p. 237), ante duodecim tabulas legum regiarum collectionem esse factam, eamque, si fuisset, urbe a Gallis incensa, potuisse servari. Ut hanc sententiam suam tueatur, incusat incuriam Pomponii, cuius fidem satis defendisse nobis videmur, Dionysium vero, qui

---

*) Pro Roscio Amerino c. 25.
**) Plut. Romulus c. 22.
***) Festus s. v. Plorare p. 203.
****) Cf. Fragm. I. VI. et VII. inter leges Romuli in Dirksenii collect.
*****) Lib. X. ad legem Iuliam et Papiam. l. 144. D. de V. S. (L. 10.)
******) Lib. XXVIII. Dig. L. 2. D. de mortuo infer. (XI. 8.)
*******) Lib. sing. de adulteriis. Coll. legg. Mosaic. Tit. IV. §. 8.

— 21 —

multorum instar est, et Livium non curat, quamquam ille in legum illarum historia diligentissime persequenda Pomponio omnino assentitur, hic vero, cum urbs a Gallis incensa esset, eas servatas et in vulgus editas esse diserte memoriae prodidit: „*Inprimis*, inquit (VI. 1), *foedera ac leges (erant autem eae duodecim tabulae et quaedam regiae leges) conquiri, quae comparerent, iusserunt* [*tribuni militares consulari potestate*]: *alia ex eis edita etiam in vulgus: quae autem ad sacra pertinebant, a pontificibus maxime, ut religione obstrictos haberent multitudinis animos, suppressa.*" Facile hoc loco induci possemus, ut etiam ius Papirianum atque duodecim tabulas crederemus esse diminutas, quaeque ex iis ad sacra pertinerent, suppressa. Sed perpenso, utrumque legum genus omnibus tum fuisse notum, quamque exigua fuerint haec monumenta, comparata cum tanta librorum mole, quam non minus tum servatam noverimus, multo verisimilius, ne dicam, certum est, sacerdotum libros, fastos, regumque commentarios in pontificum penetralibus tum, ut antea, esse retentos.[*]) Eoque studiosius hi libri tum custodiendi erant, ex quibus Annales Maximos atque, ni fallor, etiam ipsos pontificum commentarios incendio consumptos instaurare deberent. Quod autem etiam postea de iuris mysteriis fabulantur[**]), hoc non nisi ad iudiciorum usum agendique peritiam pertinet: ipsum ius Romae nunquam fuisse occultatum, tota Romanorum clamat historia. Itaque tantum abest, ut Dirksenii probemus sententiam, ius Papirianum aetate demum seriore a pontificibus e libris sacris esse excerptum et Papirio, quem regibus exactis floruisse scirent, suppositum, ut hoc ne fieri quidem posse, contendere audeamus. Sacrorum enim libri etiam ante duodecim tabulas, cum integri superessent, ne tum quidem multa continuerunt, quae ad ius pertinerent. Κομιδῇ δ' ὀλίγα τινά, inquit Dionysius (X. 1), ἐν ἱεραῖς ἦν βίβλοις ἀποκείμενα, ἃ ῥῶμων εἶχε δύναμιν, ὧν οἱ πατρίκιοι τὴν γνῶσιν εἶχον μόνοι διὰ τὰς ἐν ἄστει διατριβάς. Quodsi illo tempore in libris sacris paucae exstabant leges, quas ex parte quidem in duodecim tabulas receptas scimus[***]), quid legum in sacrorum libris latere potuit, qui, urbe a Gallis incensa, essent aut servati aut instaurati? Fere nihil in iis esse repertum, iuris Flaviani ratio docet.

---

[*]) Dionys. III. 36. Livius IV. 3. Canuleius „*Obsecro vos*, patricios alloquitur, *si non ad fastos, non ad commentarios pontificum admittimur* etc."
[**]) Dirksen l. l. p. 238. Zimmern Vol. I. §. 27. p. 89.
[***]) Cic. de Legg. II. c. 19—23.

Hoc ipsum exemplo est, quam caute in testimoniis auctorum perpendendis sit agendum. Etenim si de eo praeter Livium nemo quidquam tradidisset, tota iuris historia perturbata esset: „*Ius civile*, refert Livius (IX. 46, ad A. U. 449), *repositum in penetralibus pontificum evulgavit [C. Flavius]*." Quis hoc legens non de legibus regiis vel duodecim tabularum cogitaret, nisi alii scriptores diligentius memoriae prodidissent, ius Flavianum nihil nisi legis actiones continuisse, ab Appio demum Claudio paullo ante litteris mandatas.*) Idem cum etiam fastos publice proponeret, si quid maioris momenti reconditum esset, hoc minime occultasset. Ceterum quae scripta tum etiam in penetralibus pontificum latebant, cum (A. U. 454) lege Ogulnia plebeiis quoque ad collegium pontificum aditus patefieret, non amplius supprimi potuerant. Neque tamen quidquam arcani, quod proderet, roperit Tiberius Coruncanius, primus e plebe pontifex, qui et ipse primus de iure publice respondit.**)

Restat, ut pauca addam de Granio Flacco, cuius auctoritati nomen iuris Papiriani deberi suspicor, etenim ante eum nemo, post eum Macrobius, Paulus et Pomponius de legibus regiis hoc nomine utuntur. „*Granius Flaccus*, inquit Paulus***), *in libro de iure Papiriano scribit pellicem nunc vulgo vocari, quae cum eo, cui uxor sit, corpus misceat; quosdam eam, quae uxoris loco sine nuptiis in domo sit, quam παλλακὴν Graeci vocant.*" Quae verba pertinent ad legem Numae, quam servavit Festus s. v. *Pellices*. Ex eodem Flacci libro depromptum esse, quod apud Macrobium exstat (Saturn. III. 11) de mensa in templo Iunonis Populoniae, Dirksenio****) aliisque assentior, quamquam ex ipso iure Papiriano depromptum dicitur. Quae praeterea ex scriptis Granii Flacci supersunt fragmenta, utrum ad hunc de iure Papiriano librum referenda sint, an ad illum, quem de Indigitamentis, teste Censorino (de Die Natali III. 2), ad Caesarem scriptum reliquit, investigare longum est atque ab hoc loco alienum. Illud autem pro certo affirmaverim, librum

---

*) Pomponius Enchir. L. 2. §. 7 et 36. D. de O. I. (I. 2.) Cf. Hugo Rechtsgeschichte Ed. 6. p. 375. Zimmern I. §. 72. p. 261.

**) Zimmern. I. §. 53. p. 183. §. 68. p. 249. §. 72. p. 268.

***) L. 144. D. de Verb. Sign. (L. 16.)

****) L. l. p. 280.

de Indigitamentis ad ius Pontificium pertinuisse ideoque diversum fuisse ab illo, quem de iure Papiriano scripsit.*)

Quod ad singulas singulorum regum leges attinet ad Dirksenii subtile iudicium provoco: si quid est maioris momenti, de quo ab eo dissentiam, hoc paucis indicabo, ubi de singulorum regum commentariis disseram. Quos priusquam examini subiiciam, praemonendum duxi, discrimen aliquod obtinere in legibus regiis afferendis. Iurisconsulti enim nunquam regis nomen addunt, sed aut legem regiam nuncupant, non accuratius significatam, aut ius Papirianum, historici vero et grammatici plerumque certi cuiusdam regis nomen adiungunt. Inde collegerim, utrosque diversis monumentis usos esse; iureconsultos, qui usum spectarent, collectione a Papirio facta, quae regum nomina omisisset, ceteros, qui rerum cognitionem curarent, ipsorum regum commentariis, qui inter alia etiam ius privatum continerent.

Neque id est negligendum, praeter ipsas leges tradi exempla, quae aut legi condendae occasionem dederint, aut in quibus puniendis primum exercitae sint. Si exemplorum vim in iurisprudentia Romana spectamus, illud prius veri est similius, haec exempla ipsis legibus esse antiquiora, ipsaque effecisse, ut leges conderentur, sive in commentariis regum exstiterint, sive in carminibus sint memorata. Certo ad diversas earundem legum recensiones, quas fuisse historici referunt, etiam ipsa reliquiarum conditione ducimur. Ab Anco, quantum e Dionysii et Livii testimoniis agnosci potest, instituta priorum regum omnia sunt retenta novaque quaedam addita. Tullus pauca adiunxit, Servius autem, cum totam reipublicae constitutionem novaret, ea, quae ex prioribus servanda putabat, cuncta, maxime, quae ad ius privatum pertinerent, denuo recensuisse videtur. A Papirio denique ius tantum privatum sacrique iuris partem esse conditam, et veterum scriptorum loci produnt, ut reliquiae affirmant. Itaque tres institutorum Romanorum recensiones fuisse arbitramur, Anci Marcii, Servii Tullii atque Papirii; an instituta publica Romuli et Numae Pompilii peculiaribus libris servata fuerint praeter illos, in quibus recognita fuerint necesse est, dubitamus; sacrorum vero libri, non minus, qui Romulo et Numae, quam qui Tullo Hostilio adscribebantur, superstites erant.

*) Zimmern I. §. 27. p. 89. §. 81. p. 303. Cf. Serv. ad Virg. Georg. I. 21. „*Dique deaeque omnes, studium quibus arva tueri.*" — „*Nomina haec numinum in Indigitamentis inveniuntur, id est, in libris Pontificalibus.*"

III.
De commentariis regum.

Universa regum facta et instituta, quae non e carminibus sunt deprompta, foedera, iura sacra, publica atque privata, in eorum commentariis censeo fuisse contenta. Commentarios enim antiquitus nominatos reperimus libros quoscunque soluta oratione scriptos. Neque singuli tantum singulorum regum commentarii, sed unius interdum plures memorantur, diversis inscriptionibus distincti. Itaque eorum regum, qui multa instituerant, videmus alia opera amplexa fuisse leges privatas, alia constitutionem reipublicae, alia res sacras. Fieri etiam potuit vel certo factum est, ut plurium regum commentarii ad unum idemque institutum, e. g. ad ius belli et pacis, pertinentes uno libro coniungerentur.*) Nam sua quisque magistratus scripta habuit, sua quodque sacerdotum collegium.

In tanta monumentorum copia minime est mirandum, paucis tantum hominibus ad cuncta aditum patuisse, neque omnes, quibus liceret, cunctis etiam usos esse. Inde maximae in historia regum discrepantiae. Etenim quae posteriores reges a prioribus accepta mutarant, haec cum quasi nova proponerent, primi instituisse videri potuerunt iis, qui non diversa monumenta bene examinata inter se compararent. Accedunt carmina monumentis publicis non ubique congrua, quae, cum in vulgus nota essent, facile maiorem auctoritatem sibi arrogare, saltem maiorem fidem habere poterant, quam monumenta publica.

Ne ipse ullam dubitandi rationem praetermittam: tamne prisco tempore Romae tanta scribendi facultas et exercitatio fuit? tanta copia materiae, in qua scriberent? Ipsa Latina lingua arguit, Romanis antiquitus fuisse artem, aliis nationibus ignotam, ex cortice arborum fabricandi pannos, in quibus scriberent. Inde vocabula *charta*, *liber*, *codex* sunt denominata. De hac antiqua Romanorum charta si cogitasset Plinius (XIII. 21 — 27), non Varronem vituperaret, quod retulisset, Alexandri demum Magni tempore chartam papyraceam Romam venisse. Charta e cortice arborum facta Plinii aetate tam neglecta tamque contempta videtur fuisse, ut eam aequo minus curaret, quamquam alii scriptores tradunt, non modo

---
*) Cic. de Offic. I. 11. §. 36.

a principio. Romanos ea usos esse, sed etiam sub imperatoribus.*) Miror a nullo esse observatum, cum voces illae indigenae chartae corticeae inventionem vindicent Romanis, frequentem etiam chartae usum fuisse oportere et magnam scribendi exercitationem. Itaque cum litterae tabulis aeneis incisae ex illa aetate superessent non rarae**), cum saepius tabulae ligneae memorentur, quibus litterae insculptae essent***), sane non video, cur dubitemus, tot tantaque litterarum monumenta et regum temporibus facta esse et diu servata.****)

§. 1.
De Commentariis Romuli.

Romuli instituta multa legesque non paucae referuntur, licet nec tabulam Marlianam genuinam habeamus, neque eas leges recipiamus, quas Dirksenii subtile iudicium non merito ei attributas vult. Leges vero in iis monumentis, quae Dionysius est secutus, non a ceteris institutis omnino separatas fuisse, inde iam satis apparet, quod quae de patria potestate *****) officiisque clientium ******) praecepta iure Dirksenius inter leges recepit, ea apud Dionysium leguntur, ubi de constitutione reipublicae disserit (II. c. 5—17). Accedit, quod idem Dionysius a rebus sacris (c. 18—23) et iure privato (c. 24—27) expositis orationem rursus reflectit ad ius publicum.

Gravissimum censemus, quod non Romuli tantum memorantur leges, sed etiam Romuli et Titi Tatii*******), qua re luculentum temporum discrimen nanciscimur. Itaque eius Romuli, qui cum Tito Tatio pactus est, personam historiae luci vindicare audemus, quamquam quae Romuli regno ante hoc foedus tribuuntur,

---

*) Ulpianus l. XXIV. ad Sabin. l. 52. pr. D. de leg. et fdeic. (XXXII). Hieronymi Epist. 8. n. 1. Isidor. Origg. VI. 13. 3. Cf. Forcellini Lex. s. vv. Charta et Liber.

**) Dionys. Halic. IV. 26 et 58. Fest. s. v. Clypeus.

***) Dionys. III. 36. IV. 43. Suet. Vespas. 8.

****) Cf. quae infra de arte scribendi monuimus §. 2. et C. G. Nitzsch Meletemata de Hist. Homeri c. 9 et 10.

*****) Dirksen Fr. VI. Dionys. II. c. 26 et 27. Coll. Legg. Mosaic. et Rom. T. IV. §. 8.

******) Serv. ad Virg. Aeneid. VI. 609, ubi vulgo legitur: „Ex lege XII Tabularum", Merula autem teste (de legibus Romanorum c. 1. §. 1.) in uno codice manuscripto exstat: „Ex lege Romuli et XII tabularum."

*******) Festus. s. v. Plorare p. 203: „In regis Romuli et Tatii legibus: SI NURUS etc.

— 26 —

cuncta non vere in unius hominis vitam esse coarctata concedimus. Duplicem igitur vel triplicem distinguimus Romuli significationem. Hac enim voce intelligendam iudico primo civitatem Palatinam*) inde a primordio, tum eandem civitatem ab ea aetate, qua, veteri Palatii urbi vallibus proximis additis**), Romaeque appellatione usurpata, reges hoc communi nomine Romuli videntur esse ornati, sicuti Albanorum reges Sylvii nuncupati sunt***), tertio denique loco horum regum ultimum, qui cum Sabinis debellasse et, societate inita, urbem duplicasse dicitur.

Ex ea commentariorum parte, quae res a Romulo ante hanc societatem gestas exposuit, etiam Fastorum, qui illi tribuuntur, notitiam esse depromptam censemus, cum Romanorum menses a Sabinis receptas esse Plutarchus narret (Vit. Romul. c. 21). Cum decem menses, trecentos autem dies anno a Romulo adsignatos videret Niebuhrius****), sagacissime coniecit ad dierum numerum trecentas gentes esse constitutas.*****) Sed non animadvertit vir doctissimus, quibus se difficultatibus implicaret, cum idem putaret, tribuum, curiarum, gentium numerum Tarquinii demum Prisci tempore completum, quamquam omnes uno ore tres tribus iam a Romulo esse factas narrant.******) Recte quidem vidit, quod de numero senatorum deinceps aucto traditur, non convenire tribuum rationi, si a principio tres fuissent. Sed tribus additas nemo narrat, quot vero quoque tempore senatores fuerint, quod ei argumentationis fundamentum est, id non convenit inter historicos. Qui cum reperissent, vel a Tullo Hostilio vel a Tarquinio Prisco centum senatores seu ex Albanis seu ex plebe esse electos*******), suspicati

---

*) Quam alii ab Evandro conditam esse tradunt, alii a Romulo. Festus s. v. Quadrata Roma p. 220 et Interpretes ad hunc locum p. 624. Niebuhr I. p. 97 et 319.

**) Tacitus Annal. XII. 24.

***) Serv. ad. Virg. Aeneid. VI. v. 770, Fest. s. v. Sylvii. p. 262.

****) Plutarch. Num. c. 18. Censor. de Die nat. 20. Macrob. I. 12. Joan. Lydus de Mensibus. I. 14—16.

*****) Niebuhr I. 306 et 376. Curiarum numerus aequalis est dierum numero, qui cuique mensi erat adsignatus; triginta etiam decuriae erant senatus: ad mensium autem numerum decem sacerdotes in iis collegiis, quae a Romulo instituta esse dicuntur.

******) C. O. Müller, Die Etrusker. I. p. 383.

*******) Liv. I. 30. 35. Dionys. III. 31. 67.

sunt, antea ducentos tantum fuisse; cumque cognovissent, etiam Sabinos in senatum receptos, posuerunt centum modo a Romulo esse institutos, centum e Sabinis cooptatos. Haec historicorum coniectura verum tenebris obruit. Nam in commentariis regum rem aliter fuisse adumbratam, etiam hodie agnoscere possumus. A principio, saltem antequam cum Sabinis foedus ictum esset, ad gentium numerum trecentos fuisse senatores contendo. Si, Dionysio teste (II. 47), pauci historicorum quinquaginta tantum Sabinorum senatui esse additos tradiderunt, hoc excogitatum est, ut centum et quinquaginta senatorum numerus efficeretur, quem et ipse Plutarchus pro totius senatus numero habet; sed iis, quae apud Dionysium (II. 57 et 62) et Livium (I. 17) de interregno leguntur, bene perpensis eo redigimur, ut statuamus, interreges e veteribus tantum Romanis senatoribus esse electos[*]), hosque fuisse centum et quinquaginta. Trecentos igitur colligo a principio fuisse senatores, centenis e quaque tribu lectis; quibus cum Sabinorum proceres adscriberentur, e Romanis centum et quinquaginta manserunt, totidemque e Sabinis sunt additi.[**]) Simili ratione cum Albani in civitatem reciperentur, sive per Tullum Hostilium, quod mihi videtur verisimilius, sive per Tarquinium Priscum, ducenti patres maiorum gentium sunt retenti, centum minorum ex Albanis additi. Horum regum exemplo Tarquinius Priscus e popularibus Tarquiniis centum quinquaginta in senatum recepit, totidem priscorum senatorum relictis.[***]) Ita cum saepius gentes, quae plures fuerant, in unum coniungerentur, inde familiarum origo est repetenda. Triplicem et decemplicem rerum Romanarum numerum ad antiquissima tempora pertinere, etiam Sacra Argeorum affirmant ipsius Romuli aetate multo antiquiora.[****]) Huic tempori si repugnare videtur, quod loca, ubi illa fiebant, extra urbem Palatinam sita esse dicuntur, de pagis est cogitandum, qui per montes dispersi in illa regione fuerint. Neque Numa, ad quem Argeorum sacra referuntur, eorum auctor esse potuit, quamquam, ut emendaret ea atque renovaret, vel litteris mandari iuberet, fieri potuit. Itaque si coloniam Graecam statuere

---

[*]) Niebuhrius hoc neglexit (I. p. 377.), quod apud Livium numerus indicat, centum, e quibus interreges sumpti sunt, senatorum; aliorum de turbis narrationes idem affirmant.

[**]) Quod Ioan. Lydus de Magistrat. I. c. 16 de triginta novis curiis accepit.

[***]) Aperte hoc testatur Cic. de Rep. II. 20: „Duplicavit illum pristinum patrum numerum."

[****]) Varro L. L. V. 45. VII. 44. Dionys. I. 38. Liv. I. 32.

non licet, numerorum rationem ad cognationem retulerim, quae inter Romanorum et Graecorum patres obtinuerit.*)

Ipsius foederis, quod Romani cum Sabinis icerant, conditiones in Romuli commentariis fuisse scriptas crediderim: quae quidem ex parte ita sunt comparatae, ut poësi eas non deberi sit certum.**) Unam earum ab historicis neglectam operae pretium erit examinare. Sabinos in civitatem Romanam esse adscitos, Cicero et Dionysius consentiunt.***) Neque vero aut veterum aut recentiorum quisquam quaesivit, fuerintne apud Sabinos iidem civium ordines, qui apud Romanos, quod, cum mores utriusque populi diversos fuisse audiamus, etiam si testes non essent, potius negarem, quam affirmarem. Itaque si de hac re testimonium nobis se praebet, huic eo facilius fidem praestabimus. Atque iacet neglecta narratio, quae aliquid lucis historiae Romanae impertiat. Apud Virgilium (Aen. VII. v. 706—9) leguntur haec:

„*Ecce Sabinorum prisco de sanguine magnum*
Agmen agens Clausus magnique ipse agminis instar:
Claudia nunc a quo diffunditur et tribus et gens
Per Latium, postquam in partem data Roma Sabinis."

Ad ultima verba haec adscripsit Servius: „*Hoc de alia traxit historia. Nam post Sabinarum raptum et factum inter Romulum et Titum Tatium foedus recepti in urbem Sabini sunt: sed hac lege, ut in omnibus essent cives Romani, excepta suffragii latione. Nam magistratus non creabant.*" Illi Sabinorum hic non significantur, qui in senatum sunt recepti, quorumque gentes patriciis adscriptae, neque de clientibus est cogitandum, qui tum vix civium nomine sunt dignati; tertium civium ordinem ab utrisque diversum, qui liber quidem esset, sed imperii non particeps, accipi oportet. Conditio vero, quae Sabinis data esse dicitur, non alia est atque plebis. Hinc igitur originem repetivorim plebis, quae et ipsa semper Quiritium nomine est salutata.****) Hac coniectura accepta, multae e Romanorum historiae evanescunt difficultates magnaque repugnantia.

*) Cf. K. D. Hüllmann Römische Grundverfassung, p. 81.
**) Dionys. II. 46.
***) Cicero de Rep. II. 7. Dionys. II. 47. Nos tamen subito post primum congressum populos tam arcte esse coniunctos, sed postea demum, Niebuhrio (I. p. 324) libenter concedo.
****) Aliquid commune esse plebi atque Quiritibus, etiam Niebuhrius cognovit, sed non satis perspexit (I. p. 325 sqq.).

Ita intelligimus, fieri potuisse, ut plebis iam Romulo regnante mentio fieret, ut populus Romanus in solemnibus formulis a maiore parte appellaretur Quirites, et si quid cum exteris nationibus pacisceretur, hoc populi Romani et Quiritium nomine pronuntiaretur. Ius autem civile totum cum ius Quiritium sit nuncupatum, hoc non nisi de eius origine, a Sabinis repetenda, intelligi potest. Omnes enim qui postea in civitatem sunt recepti, eandem conditionem nacti sunt, quam tum medius quidam primorum Quiritium ordo. Itaque usu venit, ut, qui publici iuris vinculo erant coniuncti, eodem etiam iure privato uterentur.*) Inde ius privatum patriciorum et plebis, postquam aequatum est, sive legibus iam regiis sive duodecim demum tabulis factum est, totum a parte principali iuris Quiritium nomen retinuit. Magnam vero iuris privati partem Sabinis deberi, certum est; etenim quae de rudibus feriisque eorum moribus traduntur, cum legis actionibus antiquissimis omnino congruunt (Serv. ad Virg. Aen. VIII. v. 637). Ita iudicium centumvirale, cuius insigne erat hasta, a Sabinis *quiris* nuncupata (Fest. s. v. Quirinus p. 217), omnesque actus legitimi, in quibus hasta adhibebatur, a Sabinis sunt repetendi. Eiusdem originis censeo esse totum ius dominii, vindiciarum litem et veterem in ius vocandi usum.

Si apud Sabinos ordo hominum erat, qui medium teneret inter patricios et clientes, neque amplius difficultatem praebet, quod, cum Appius Claudius Romam migrasset, inque civitatem esset receptus, simul plebi tota tribus est addita, a duce Claudia appellata; imo hac ipsa re, quod coniecimus de plebis origine vel potius e tenebris in lucem protraxisse nobis videmur, fortius etiam affirmatur. Clientes enim eo tempore in tribubus nondum fuisse, a Niebuhrio probatum accipimus (I. 654 sqq.). Ita Livii quidem narratio (II. 16) magna difficultate laborat, quae tribus mentionem faciat et tribualium novorum, eos vero a clientibus non diversos fuisse, male affirmet. Quam difficultatem ut solveret, Niebuhrius (I. 621) contendit tribum vicesimam primam non esse Claudiam, sed Crustumeriam. Sed coniectura omnino non est opus; hic quoque Servius auxilio est, qui ad Virgilii locum, de quo diximus, profert etiam haec: *„Clausus Sabinorum dux post exactos reges cum quinque millibus clientum et amicorum Romam venit et susceptus habitandam partem urbis accepit: ex quo Claudia et tribus est et familia nominata."* Qui enim

---

*) Discrimen, quod obtinet inter civitatem Romanam et ius Quiritium, docte exposuit Andr. Gu. Cramerus. Kiliae 1803.

amicorum nomine et a clientibus et a gente distinguuntur, medium inter utrosque tenuerint oportet. Ne quis vero putet, amicorum nomen non secundum antiqua monumenta exhiberi, sed incuriae scriptoris deberi, praetermittere non possum, etiam Dionysium (V. 40) eorum ita facere mentionem, ut aperte a clientibus non minus, quam a gentilibus distinguantur: Τίτος Κλαύδιος αὐτομολεῖ πρὸς αὐτοὺς, συγγένειάν τε μεγάλην ἐπαγόμενος καὶ φίλους καὶ πελάτας συχνοὺς αὐτοῖς μεταναστάντας ἑφεστίους, οὐκ ἐλάττους πεντακισχιλίων τοὺς ὅπλα φέρειν δυναμένους.

Quamquam in universum Dirksenio adsentior, multa inter leges Romuli esse relata, quae aut ab hoc rege aliena sint, aut ad ius privatum non pertineant, tamen leges huius regis finibus nimis arctis ab eo circumscriptas censeo. Quas enim leges Aurelius Victor (de Vir. Illustr. c. 7) de pomoerio, Plutarchus (Romul. c. 22) de reverentia matronis praestanda, Festus (s. v. *Probrum*) et Dionysius (II. 9) de Vestalium stupro, Festus (s. v. *Parrici*), Tacitus (Annal. XI.22) et Plutarchus (Romul. c. 22) de quaestoribus parricidii seu duumviris perduellionis instituendis, Cicero denique (de Rep. II. 9) de mulctis aut diserte Romulo tribuunt, aut ita describunt, ut, aliis testimoniis collatis, ad eum referri debeant, eas non modo ad principia civitatis Romanae pertinere, neque in Romuli tantum Commentariis fuisse, sed cum regibus etiam exactis valerent, in iure Papiriano esse repetitas arbitror. De clientela quoque, matrimonio atque patria potestate, si non verba curamus, sed res, alia etiam praecepta ad Romulum iure referri possunt, atque quae Dirksenius concessit.

§. 2.
De commentariis Numae Pompilii.

Numae commentarios plures neque parvos exstitisse, non dubitamus. Quos si integros haberemus, de antiquissima rerum Romanarum et Graecarum conditione et nexu reique publicae Romanae commutationibus multo certius iudicare possemus. Perpendentibus enim, ter eius instituta esse recognita vel recensita et mutata, per Ancum Marcium, Servium Tullium et Papirium, occurrit discrimen, quod intercessit inter ea, quae ex eius legibus etiam libera republica observabantur, illaque, quae antea aut usu aut legibus erant sublata. De hisce rursus oritur quaestio, utrum quaequo eorum recognitio integra fuerit servata, an unius tantum regis vel duorum, tum etiam, utrum ipsius Numae, an aliorum tantum. Numae commentarii a iure Papiriano diversi quin ad posteros pervenerint, dubium non est, quia eadem lex et ex ipsius commentariis et ex legibus regiis i. e. ex iure Papiriano citatur. *) In his commentariis et sacra instituta fuisse et iura privata, Cicero docet, qui ipse eos legerat. „*Idemque Pompilius*, inquit (de Rep. II. 14), *et, auspiciis maioribus inventis, ad pristinum numerum duo augures addidit, et sacris e principum numero pontifices quinque praefecit, et animos, propositis legibus his, quas in monumentis habemus, ardentes consuetudine et cupiditate bellandi, religionum caeremoniis mitigavit: adiunxitque praeterea Flamines, Salios, virginesque Vestales, omnesque partes religionis statuit sanctissime.* **)

Quamquam accepimus, Numae commentarios a Tullo Hostilio primum neglectos, postea requisitos et ad sacra facienda adhibitos esse ***), tamen ipsos ad posteros

*) Lex est de spoliis opimis, apud Festum (s. v. Opima, p. 190.) servata, cui praemittuntur haec: „*Esse etiam Pompilii regis legem opimorum spoliorum talem*" etc. Apud Plutarchum vero (Marcell. c. 8.) de eadem lege haec leguntur: Καίτοι φασίν ἐν τοῖς ὑπομνήμασι Νομᾶν Πομπίλιον καὶ πρώτων ὀπιμίων καὶ δευτέρων καὶ τρίτων μνημονεύειν. Dirksenius l. l. p. 238 ex hoc consensu arguere voluit, ius Papirianum ex libris pontificum esse compilatum: quod quomodo inde effici possit, equidem non video. Huic sententiae praeter illa, quae de libris pontificum iam dixi et infra exponam, adversatur, quod non modo hanc ipsam legem observatam reperimus ab A. Cornelio Cosso ante urbem a Gallis captam, A. U. 318 (Liv. IV. 20 et 32), sed etiam Festus aperte distinguit, quae in libris pontificum, quaeque in legibus Numae legebantur: „*Ad aedem Iovis Feretrii*, inquit, *puni, testimonio esse libros pontificum, in quibus sit: PRO PRIMIS SPOLIIS BOVE, PRO SECUNDIS SOLITAURILIBUS, PRO TERTIIS AGNO PUBLICE FIERI DEBERE; esse etiam Pompilii regis legem opimorum spoliorum talem*. Ultimus hic accusativus cum infinitivo, ut primus, pendet a verbis, quae Festus plerumque omittit: *Verrius Flaccus ait*, accusativus cum infinitivo, qui intermedius est, a verbis: *in quibus sit*. Neglexit Dirksenius locum Servii de Romulo, Cosso atque Marcello (ad Aen. VI. 859) ubi eadem Numae lex affertur. Si Livium quoque (I. 10.) respicimus et, quae Servius de Cosso refert, cum Livii narratione (IV. 20.) conferimus, Romuli commentarios de hac re ab illis Numae disseruisse dicimus. Livii de Romulo narrationi consentientem legimus inscriptionem Pompelanam apud Gu. Gellium, Anglum, in eius libro Pompeiana inscripto, Londini 1832 Vol. I. p. 25.

**) Cf. V. 2. „*Illa autem diuturna pax Numae mater huic urbi iuris et religionis fuit, qui legum etiam scriptor fuisset, quas scitis exstare.*"

***) Liv. I. 32. Dionys. III. 35.

pervenisse incolumes, affirmare non ausim. Anci vero recognitionem (ita enim appellare malim, quam recensionem, quia nihil vel pauca esse mutata censeo), fuisse superstitem, demonstrare studebo. Ne nimium tribuere videar Dionysio, qui, cum Papirium ea usum esse referat (III. 36), utraque monumenta inspexerit et inter se contulerit, oportet: nonnulla nobis quoque nota sunt e Numae institutis, quae in Servii quidem recensione non fuisse potuerunt, nedum in iure Papiriano. Quae enim a Tarquinio Prisco in moribus et institutis Romanorum sublata sunt*), siquidem postea non rursus apparent, ut a Servio reciperentur, fieri non potuit. Sunt vero illa, quae Romani a Pythagora repetere solebant**): mystica quaedam et magnifica religionum ratio, Musae Tacitae cultus, leges denique, ne liceret Deorum simulacra facere***), sive hominum sive animalium formas haberent, neve sacra fierent Diis cruenta. Pythagoricae doctrinae in iis etiam libris Pontificalibus vestigia exstabant****), quos postea refictos docebimus.

Ab illis diserte distinxit Dionysius (II. 64—73) octo instituta sacra singulis libris exposita, quae (c. 63) hisce verbis amplectitur: Περιλαβὼν δὲ ἅπασαν τὴν περὶ τὰ θεῖα νομοθεσίαν γραφαῖς, διεῖλεν εἰς ὀκτὼ μοίρας, ὅσαι τῶν ἱερῶν ἦσαν αἱ συμμορίαι. Sacerdotum enim collegia a Numa aut primum instituta aut aucta suos quodque habebant libros, qui Numam habuisse auctorem credebantur.*****) "*Pontificem deinde*, inquit Livius (I. 20), *Numam Marcium, Marci filium, ex Patribus legit, eique sacra omnia exscripta exsignataque attribuit; quibus hostiis, quibus diebus, ad quas templa sacra fierent, atque unde in eos sumtus pecunia erogaretur. Cetera quoque omnia publica privataque sacra Pontificis scitis sub-*

---

*) Cic. de Rep. II. 19 sqq. K. O. Müller Etrusker I. p. 118 et 369 sqq.

**) Cic. de Rep. II. 15. Livius I. 18. Dionys. II. 59. Plut. Num. 6. 13. 14. Plin. H. N. XVIII. 2.

***) Haec lex maximi est momenti: uno enim ore scriptores tradiderunt, a Tarquinio demum Prisco prima Deorum simulacra Romam esse introducta. Praeter Plutarchum hoc factum exhibent Varro apud August. de Civ. Dei IV. 31. Plin. H. N. XXXV. 3. 44 et 45, atque Macrob. Saturn. III. 4.

****) Serv. ad. Virg. Ecl. V. 66. "*Numero deus impare gaudet.*" — "*Quod etiam pontificales indicant libri.*"

*****) Festus (s. v. Noctere) affert commentarios sacrorum; eodem auctore (s. v. Molucrum p. 168) Cloatius Verus sacrorum libros scripsit, sicuti Trebatius de religionibus, teste Macrobio Sat. II. c. 5 et 7.

iecit; ut esset, quo consultum plebes veniret; ne quid divini iuris, negligendo patrios ritus, peregrinosque adsciscendo, turbaretur. Nec coelestes modo caerimonias, sed iusta quoque funebria placandosque Manes, ut idem Pontifex edoceret; quaeque prodigia, fulminibus aliove quo visu missa, susciperentur atque curarentur: ad ea elicienda ex mentibus divinis, Jovi Elicio aram in Aventino dicavit, Deumque consuluit auguriis, quae suscipienda essent." Hos libros, quos etiam Cicero (de Rep. II. 14) respicit, Gellius (X. 15. et XIII. 22) tum in genere sacerdotum appellat, tum ad singula collegia refert, Servius autem sacrorum appellat (ad Aen. IX. 408).*) Quae de singulis Operibus exhibet Dionysius, excerpam, iisque aliorum scriptorum locos adiungam, non omnes quidem, sed eos tantum, qui sufficiant ad testimonium Dionysii confirmandum. De curionibus, a quibus initium capit (c. 64) haec leguntur: Ἀπέδωκε δὲ μίαν μὲν ἱερουργιῶν διάταξιν τοῖς τριάκοντα Κουρίοσιν, οὓς ἔφην τὰ κοινὰ θύειν ὑπὲρ τῶν φρατριῶν ἱερά. De libro, qui eorum sacra describeret, aliunde mihi quidem nihil innotuit, quamquam ipsa Curionia sacra saepissime memorantur.**) Flaminum quoque scripta sacra Dionysius paucis indicat: τὴν δὲ δευτέραν τοῖς καλουμένοις ὑφ' Ἑλλήνων Στεφανηφόροις, ὑπὸ δὲ Ῥωμαίων Φλάμισιν. Ex hisce multa servata sunt in commentariis a Servio ad Virgilii poëmata scriptis et apud A. Gellium, qui (X.15): „Caerimonias, inquit, impositas flamini Diali multae, item castus multiplices, quos in libris, qui de sacerdotibus publicis compositi sunt, item in Fabii Pictoris librorum primo scriptos legimus." Tribuno vel tribunis etiam Celerum, tres enim erant secundum tribuum numerum, peculiarem tribuit librum: τὴν δὲ τρίτην τοῖς ἡγεμόσι τῶν Κελερίων, οὓς ἔφην ἱππεῖς τε καὶ πεζοὺς στρατευομένους φύλακας ἀποδείκνυσθαι τῶν βασιλέων· καὶ γὰρ οὗτοι τεταγμένας τινὰς ἱερουργίας ἐπετέλουν. Neque de hoc scripto alibi quidquam legimus, quamquam, cum ceterorum scripta fuisse multi testentur, neque de hoc dubitandum censeo. De libris Auguralibus, quos quarto loco recenset, multi afferuntur veterum loci, quare neque Dionysii verba adscribo.***) Vestae cultum

---

*) Wachsmuth p. 218 ipsa sacra Numa Pompilio antiquiora putat.
**) Fest. s. v. Curia p. 37. Curionia sacra p. 47 et Novae curiae p. 183.
***) Gellius XIII. 14. Serv. ad. Aen. IV. 45. IX. 20. De iis scripserunt Serv. Fab. Pictor (Non. s. v. Picumnus), Appius Pulcher (Festus s. v. Sollistimum p. 242), Cicero (Serv. ad Virg. Aen. V. 737) et Veranius quidam (Festus s. v. paludati p. 216).

scriptis legibus commendatum esse virginibus, etiamsi hoc Dionysii non exstaret, cum disciplinae huius saepius mentio fiat, inde sumendum esset. Ut Gellii (I. 12) testimonio dubia reddatur horum librorum antiquitas, tantum abest, ut eo fides eis praestanda etiam augeatur. *„De more autem*, inquit, *rituque capiundae virginis litterae quidem antiquiores non exstant, nisi quae capta prima est, a Numa rege esse captam. Sed Papiam legem*) invenimus."* De ceteris enim partibus huius cultus litteras antiquas exstitisse, inde sequitur. Imo quae verba pontificem dicere oporteret, cum virginem caperet, e libro primo Fabii Pictoris ipse Gellius affert. Ea verba haec sunt: *„SACERDOTEM VESTALEM, QUAE SACRA FACIAT, QUAE IOUS SIET SACERDOTEM VESTALEM FACERE PRO POPULO ROMANO QUIRITIUM, UTEI QUAE OPTIMA LEGE FOVIT, ITA TE, AMATA, CAPIO."* Haec ipsa formula alias leges respicit a Numa conditas. **)

Saliorum libri, quos sexto loco nominat Dionysius (c. 70), aliunde satis noti sunt, imprimis carmina, quae in hisce contenta fuisse, iure colligimus. Ea ad Numam vulgo esse relata, etiam Varro (de Ling. Lat. VII. 3) docet, dubitans, sintne etiam antiquiora.***) *„At hoc quid ad verborum porticorum aetatem? quorum si Pompilii regnum fons in carminibus Saliorum, neque ea ab superioribus accepta, tamen habent DCC annos."* Saliorum Palatinorum libri, qui hic soli significantur, utrum nil nisi carmina continuerint, an ritus etiam et caerimonias, decidere non ausim, quamquam hoc illo verisimilius.****) Fetialium iura, quae Dionysius (c. 72) septimo loco commemorat, scripta quin exstiterint, nemo dubitat: a Numa esse

---

*) A. U. 504 ex coniectura Pighii ad hunc annum in Annalibus.

**) Macrob. I. 17. Plut. Numa c. 9. Serv. ad Aen. XII. 603.

***) Quae dubitatio docet, in his carminibus Numae, Musarum cultoris, mentionem non esse factam. Hanc notitiam ex aliis poëmatis esse sumptam, inde efficitur, quod Ennius hanc rem memoravit apud Nonium s. v. Cluit. Cf. Quinct. Inst. I. 10. 20. Cicero de Orat. III. 51. Plut. Num. c. 13 et 14. Horat. Epist. II. 1. 86. Varro de Ling. Lat. VI. 14. Festus s. v. Mamurii Veturii p. 96. Tob. Gutberleth. de Saliis Martis sacerdotibus. Franeq. 1704.

****) Iac. Gutherius (de vetere iure Pontificio) libro I. c. 5. exhibet hanc inscriptionem: „MANSIONES SALIORUM PALATINORUM A VETERIBUS OB ARMORUM, ANNALIUM CUSTODIAM CONSTITUTAS" etc.

condita praeter Dionysium etiam Plutarchus (c. 12) testatur.*) Iam ab hoc tempore inde haec iura litteris fuisse consignata, eo etiam cognoscitur, quod ab exteris ea petita esse consentiunt, vel ab Aequicolis seu Aequis, vel ab Ardeatibus. Quae discrepantia eo tollitur, quod quae Ancus postea addidit, ab Aequis deducuntur; quae Numa, ab Ardeatibus sunt petita.

Restat ut de libris Pontificiis disseram, qui omnium fuerunt et amplissimi et gravissimi. Pontifices enim summam sacrorum curam habebant, deque rebus sacris ius dicebant. Maximi igitur momenti fuerunt libri, qui ius sacrum vel Pontificium amplexi sunt.**) Eos ad Numam auctorem esse relatos, etsi alibi non exstaret, et per se verisimile est, et Dionysio (c. 73) credendum. Libros vero genuinos, urbe a Gallis incensa, perisse iam probavimus***), licet tamen hoc loco alias adiungere rationes, quae convincant, libros Pontificios, quos postea servabant, ex aliis libris esse compilatos. In iis, teste Dionysio (VIII. 56), omnia narrata erant, quae, urbe a periculo, quod intulerat Marcius Coriolanus, liberata, accidisse credebantur. Fragmenta, quae sparsim servata sunt, praecepta etiam continent, quae ad sacrificia cruenta pertinent, quae fieri Numa noluit, eorumque mentionem fecerunt in causa Horatii, Tullo regnante, acta.****) Ab ipsis libris Pontificiis distinguuntur Annales Maximi et Fasti, commentariorum autem nomine cuncti comprehendi videntur.*****)

---

*) Partem horum librorum supra p. 13 Romuli aetati vindicavimus, partem a Tullo et Anco esse additam, postea videbimus. Cf. I. D. Ritter et I. Lux de Fetialibus Populi Romani. Lips. 1732. Andr. Wagner de Fetialibus et Iure Fetiali. Helmst. 1734. Cf. Wachsmuth p. 218.

**) Plut. Numa c. 9. 12. Serv. ad Virg. Ecl. V. 66. Georg. I. 21. Aen. IX. 641. XII. 603. De hoc Iure Pontificio scripserunt Fabius Pictor (Gell. I. 12), Varro, Iulius Caesar, Antistius Labeo, Atteius Capito et Fenestella (Gell. IV. 6, Senec. Ep. 108. Auctor de orig. gent. Rom.)

***) Cf. supra Part. II. p. 21.

****) Cf. quae infra §. 3 de hac causa disputabimus.

*****) Cic. Brut. c. 14 „*Possumus suspicari disertum Ti. Coruncanium, quod ex pontificum commentariis longe plurimum ingenio valuisse videtur.*"

Aliud singulare scriptum continuit sacra Argeorum*), cuius reliquiae exstant apud Varronem, quae specimen exhibent luculentum linguae Latinae, qualis tum fuerit.**)

Sequuntur apud Dionysium (c. 74—76) instituta publica de agrorum possessione, quae a Numa ad Deorum Termini et Fidei cultum referebantur. Ut appareat, quam arcte horum Deorum cultus cum iure privato coniunctus fuerit***), gravissima Dionysii verba adscribam, quae plures de utraque re fuisse leges, arguant: Τῆς μὲν εὐτυρχίας, inquit c. 74, καὶ τοῦ μηδένα τῶν ἀλλοτρίων ἐπιθυμεῖν ἡ περὶ τοὺς ὁρισμοὺς τῶν κτήσεων νομοθεσία [κεκμήριόν ἐστι].****) Praeter has leges de finibus agrorum regundis alias tulit de stipulationibus, quae a Servio Tullio aut sublatae aut mutatae sunt. Ὁ δὲ Νουμᾶς, pergit, εἰς μὲν εὐτέλειαν καὶ σωφροσύνην διὰ τοιούτων συνίστησι νόμων τὴν πόλιν, εἰς δὲ τὴν περὶ τὰ συμβόλαια δικαιοσύνην ὑπηγάγετο, πρᾶγμα ἐξευρὼν ἠγνοημένον ὑπὸ πάντων τῶν κατεστησαμένων τὰς ἐλλογίμους πολιτείας. Iudiciorum usum simplicem reliquit iurisiurandi sanctitate imprimis fretus. Αἴ τε ἀρχαί, inquit c. 75, καὶ τὰ δικαστήρια τὰ πλεῖστα τῶν ἀμφισβητημάτων τοῖς ἐκ τῆς πίστεως ὅρκοις διῄτων. Fortasse inde orta est legis actio, quam sacramento vocant.

Ad fidei cultum etiam referendae sunt leges de collegiis opificum latae, de quibus disserit Plutarchus (c. 17). Eorum unam apud Plautum (Capt. III. 1. 32) servatam arbitror:

„Nunc barbarica*****) lege certum est ius meum omne persequi:

Qui concilium inire, quo nos victu et vita prohibeant,

His diem dicam, irrogabo multam."

Quam quidem legem regum aetati vindicant duodecim tabulae, quae ante semet ipsas publica lege de hisce collegiis aliquid constitutum fuisse significant.******) Numae vero eam adscribi iubet indoles, quam Dionysius eius de rerum venditione legibus tribuit.

*) Liv. I. 21. Cf. Fest. s. v. Sexagenarios p. 250. Argeos p. 14. Argea p. 17.
**) Varro de L. L. V. 45 sqq. Cuius monumenti praeclaram dedit interpretationem C. O. Müller, in C. A. Böttigeri Archaeologie u. Kunst. Bresl. 1828. Vol. I. St. I. p. 69—94.
***) Plut. Num. c. 16. Liv. I. 21.
****) Festus s. v. Termino p. 157.
*****) Id est Romana secundum Plauti usum loquendi.
******) Gaj. l. IV. ad XII. tabb. l. 4. D de Colleg. et corpor. (XLVII. 22.) Similis fuit lex Iulia de Annona. Ulpian. l. IX. de Offic. proc. l. 2. D. De lege Iulia de Ann. (XLVIII. 12.)

— 37 —

Inter Numae commentarios etiam eius Fasti fuerunt, quibus novum constituit annum, cumque lunarem duodecim mensium, quem lustro condendo Servius Tullius cum Romuli ratione in concordiam reconciliare studuit.*) Hoc pluribus persequi longum est et ub hoc loco alienum. Sed Fastorum locum, qui servatus est, singularem adscribo, ex quo intelligi possit, quomodo factum sit, ut Numa pro Pythagorico haberetur. Exstat apud Joannem Lydum de Ostentis (Paris 1823 c. 18 p. 62) a Car. Bened. Hasio ita suppletus: Κήρυξ δὲ τῶν ἀποῤῥήτων ἡ φύσις. Ὥστ' οὐκ ἔξω φρενοβλαβείας μέμψηται ταῖς μεθόδοις, δι' ὧν τοῦ μέλλοντος στοχάζεσθαι εἰςαγόμεθα· οὐδὲ τὸ περὶ τὴν τῶν ὑστέρων θεωρίαν ὑπασχολοῦν ἔξω θεοσεβείας ποιεῖ ἀλλ' ἔτι μᾶλλον τὴν πάνσοφον ἔστι διὰ τῶν ἔργων αὐτῶν θεωρῆσαι πρόνοιαν τοῦ πάντων ἀῤῥήτου πατρός, καὶ θαυμάσαι τὴν ψυχὴν ἀνθρώπου δύνασθαι, ἡγουμένου Θεοῦ, καὶ περὶ τῶν οὐρανίων, ὡς δυνατόν, διαλέγεσθαι. Ταῦτα μὲν οὖν Φούλβιός φησιν, ἐκ τῶν τοῦ Νουμᾶ ἱστορήσας.**)

At magna oxoritur difficultas, quae, an vera Numae instituta litteris mandata ad posteros pervenerint, iubeat dubitare. Posteriori enim aevo reperti sunt Numae libri, qui ab institutis eius, quae quidem tam observabantur, tam discrepabant, ut magistratus eos comburi iuberent, ne religiones dissolverentur. Res est gravissima: idcirco ipsa auctorum verba inspiciamus. Livius ad annum urbis 571: *„In agro L. Petillii,* inquit (XL.29), *scribae, sub Ianiculo, dum cultores agri altius moliuntur terram, duae lapideae arcae, octonos ferme pedes longae, quaternos latae, inventae sunt, operculis plumbo devinctis. Litteris Latinis Graecisque utraque arca inscripta erat; in altera Numam Pompilium Pomponis filium, regem Romanorum, sepultum esse, in altera libros Numae Pompilii inesse. Eas arcas, cum ex amicorum sententia dominus aperuisset, quae titulum sepulti regis habuerat, inanis inventa, sine ullo vestigio corporis humani aut ullius rei, per tabem tot annorum*

---

*) Nieb. I. 304 sqq. Plut. Num. c. 18. 19. Censorin. c. 18. 13.
**) Fulvius Nobilior, Ennii aequalis, qui omnium Romanorum primus Fastorum librum edidit, Numae in iis saepius mentionem fecit. Cf. A. Krausii Vitae et Fragmenta veterum Historicorum Romanorum. Berlin 1833. p. 125. Fasti publici, quos Cn. Flavius A. U. 449 circa forum in albo proposuit, cum antea in penetralibus pontificum repositi essent, Numae fastos pro fundamento habuerunt. Apparet tamen eos fuisse mutatos a Servio Tullio, fortasse etiam ab ipsis pontificibus.

omnibus absumptis; in altera duo fasces, candelis involuti, septenos habuere libros non integros modo, sed recentissima specie. Septem Latini de iure Pontificio erant, septem Graeci de disciplina sapientiae, quae illius aetatis esse potuit."

De quibus si quis accuratius cognoscere velit, legat, quae apud Livium sequuntur, quaeque apud Varronem (in Augustini libr. VII. de Civ. Dei c. 34), Plinium (H. N. XIII. 27), Plutarchum (Numa c. 22) et Valerium Maximum (I. 1. 12) exstant. Nos ex Plinio haec tantum addimus: *„Mirabantur alii, quomodo illi libri durare potuissent: ille (C. Hemina) ita rationem reddebat: Lapidem fuisse quadratum circiter in media arca vinctum candelis quoquo versus, in eo lapide insuper libros impositos fuisse: propterea arbitrari eos non computruisse; et libros citratos fuisse: propterea arbitrarier tineas non tetigisse."* Quamvis in nonnullis discrepent auctores, tamen de re ipsa ita consentiunt, ut nulla admitti possit dubitatio, praesertim cum antiquissimi, quos retulisse scimus, scriptores non amplius triginta vel quadraginta annis, postquam accidisset, rem litteris mandarint, ut aut ipsi videre, aut ab iis, qui vidissent, audire potuerint. Restant tamen duae gravissimae dubitandi causae, an vero Numam libri isti habuerint auctorem.[*]) Graece enim ex parte scripti dicuntur ea aetate, qua ne in ipsa quidem Graecia prosa oratio in usu fuisse vulgo putatur, atque philosophiae Pythagoricae praecepta continuisse toto seculo, antequam Pythagoras natus esset. Ne ad suspectam chronologiae fidem provocemus, quam de ipso Pythagora Niebuhrius urget (I. 264),[**]) non Solon tantum in legibus condendis soluta oratione usus est, sed multo prius, eadem fere aetate, qua Numa vixit, Charondas et Zaleucus leges composuerunt eosque in Magna Graecia agro Romano confini, imo iam Lycurgus leges litteris consignaverat.[***]) Quod vero ad Pythagorae disciplinam attinet, eius doctrina tantis obvoluta est tenebris, ut ab ea certa argumenta peti non possint, praesertim cum ignoremus, quantum ex ipsis Italiae sacris in usum suum converterit. Livius denique ipse disserit contra Valerium Antiatem, quod, *„libros Pythagoricos fuisse, adiecisset vulgatae opinioni, qua crederetur, Pythagorae auditorem fuisse Numam, mendacio probabili*

---

[*]) A Romanis pro spuriis esse habitos, non iure contendit Bernhardi Grundriss der Röm. Litt. p. 73.
[**]) Cf. Wachsmuth p. 143.
[***]) G. Gu. Nitzsch Meletemata de Historia Homeri. Fasc. I. p. 50 sqq.

accommadata fide." Haec opinio fidem auget, fuisse hos Numae libros genuinos, quia illi quoque commentarii, qui traditi erant, doctrinam Pythagorae sapere credebantur. Dubitationem vero excitat de horum ipsorum integritate, quod „*praetor, lectis rerum summis, cum animadvertisset, pleraque dissolvendarum religionum esse, se iusiurandum dare paratum esse aiebat, libros eos legi servarique non oportere.*" Hoc ipso argumento efficitur, in iis fuisse, quod a Numae monumentis, quae asservarentur, differret. Sed qua de causa libri cum ipso auctore sepulti sunt, nisi quid continerent, quod taceri voluisset? nisi iis commissa essent, quae sola memoria servari iussisset? Quae cum in oblivionem venissent, ne renovarentur, periculosum videri potuit. Multa vero instituta a Numa non litteris esse mandata, diserte scribit Dionysius (II. 74) et affirmat Plutarchus (Numa c. 22). Itaque commentariorum, quos asservabant Romani, fides non minuitur, sed etiam augetur, siquidem verum est, quod coniectura assecuti sumus, pontificum libros cunctos, urbe a Gallis capta, incendio eos consumptos, postea vero e memoria iisque monumentis, quae servata essent, instauratos. Ceterorum enim sacerdotum libri servati videntur.*) Tum, quae usu non amplius observabantur, aut in hac nova librorum recensione praetermissa sunt, aut suppressa illoque etiam tempore nondum in vulgus nota. Neque enim quisquam libros pontificales ediderat. Sed quidquid statuendum est de Numae libris cum auctore sepultis, cetera scripta, quae eius nomen prae se ferebant, tam multa, tam ampla, tamque varia fuerunt, ut eorum consensus auctorem suum e fabularum tenebris in veritatis lucem vindicent, postulentque eum

---

*) Livius (V. 40) de Flaminum et virginum Vestalium sacris expresse hoc tradit. „*Flamen interim*, inquit, *Quirinalis virginesque Vestales, omissa rerum suarum cura, quae sacrorum secum ferenda, quae (quia vires ad omnia ferenda deerant) relinquenda essent, consultantes, quisve ea locus fideli asservaturus custodia esset; optimum duxunt, condita in doliolis sacello proximo aedibus flaminis Quirinalis, ubi nunc despui religio est, defodere: cetera inter se onere partito ferunt via, quae Sublicio ponte ducit ad Ianiculum. In eo clivo eas cum L. Albinius, de plebe Romana homo, conspexisset, plaustro coniugem ac liberos vehens inter ceteram turbam, quae inutilis bello urbe excedebat: inter etiam tum discrimine divinarum humanarumque rerum, irreligiosum ratus, sacerdotes publicas sacroque populi Romani pedibus ire, ferrique, se ac suos in vehiculo conspici; descendere uxorem ac pueros iussit, virgines sacraque in plaustrum imposuit: et Caere, quo iter sacerdotibus erat, pervexit.*" Cf. Valer. Max. I. 1. 10. Pontificem Maximum Romae remansisse idem Livius narrat (V. 41).

in integrum restitui, praesertim cum monumenta regum, qui ei successerunt, diesque festi in eius memoriam instituti, ipsa denique carmina, quae eius sanctitatem celebrabant, fidem augeant, nosque dubitare non patiantur.

§. 3.
De Tulli Hostilii et Anci Marcii commentariis.

Etsi horum regum commentarii nunquam diserte afferuntur, neque leges supersunt, ipsorum verbis expressae, tamen ab utroque et instituta publica litteris consignata fuisse, et Ciceronis Tacitique aetate non modo servata, sed etiam observata reperimus.

Tullo potissimum adscribitur ius Fetiale, quantum ad res repetendas bellaque indicenda pertineat. „*Constituit*, inquit Cicero (de Rep. II. 17), *ius, quo bella indicerentur; quod per se iustissime incentum sanxit Fetiuli religione, ut omne bellum, quod denuntiatum indictumque non esset, id iniustum esse atque impium iudicaretur.*" Hoc ius Livius quoque ad eum refert, exemploque illustrat belli cum Albanis gesti (I. c. 22—24), quod in huius regis commentariis ita narratum puto. Idem bellum carminibus fuisse celebratum, non est, quod negemus: legem vero de trigeminis publice olendis in commentariis regis fuisse, inque iure Papiriano esse repetitum, ea de causa est sumendam, quod publica auctoritas ei non nisi ex publicis monumentis concedi potuit. Dionysius pugnam inter Horatios et Curiatios commissam, postquam descripsit: Ἔστι δὲ, inquit (III. 22), καὶ νόμος παρ' αὐτοῖς δι' ἐκείνο κυρωθεὶς τὸ πάθος, ᾧ καὶ εἰς ἐμὲ χρῶνται, τιμὴν καὶ δόξαν ἀθάνατον τοῖς ἀνδράσιν ἐκείνοις περιτιθείς, ὁ κελεύων, οἷς ἂν γένωνται τρίδυμοι παῖδες, ἐκ τοῦ δημοσίου τὰς τροφὰς τῶν παίδων χορηγεῖσθαι μέχρις ἥβης. Dirksenius quidem (p 341) dubitat, hanc legem Tullo Hostilio originem debere, dici enim in memoriam eius rei esse latam, non Tullo rogante: quamquam quomodo clarius hoc exprimi possit quam his verbis: δι' ἐκεῖνο τὸ πάθος κυρωθείς, equidem non video. Licet praepositionem διὰ non *per*, sed *propter* vel *ob* Latine reddamus, tamen hac etiam ratione pugna Curiatiorum et Horatiorum legis *causa* esse dicitur, neque intelligi potest, qua occasione data in illius pugnae memoriam eiusmodi lex postea sit rogata.

Sorore ab Horatio triumphante interfecta, legem perduellionis vel parricidii novam a Tullo esse latam, vel in eius saltem commentariis Horatii exemplo fuisse illustratam, iam supra Ciceronis testimonio probavi.*) Leges de parricidio iam tum fuisse audimus, sed non eam, quae hanc litem dirimeret. Accessit etiam nova iudicii ratio: tum primum, teste Dionysio (III. 22), totus populus, ad quem, rege suadente, provocaverat, de caede iudicium tulit. Dirksenius contendit (p. 341), non legem esse rogatam, quae in futurum valeret, sed quae solam istam causam decideret; ideoque huius iudicii formulas inter leges regias recipere noluit. Eum vero hic quoque errasse, et Cicero arguit, et ad populum provocandi ius dubitare non sinit, quod tum constitutum ex hoc tempore inde mansit.**) In pontificum libris huius causae factam esse mentionem, cum in caede expianda iis peculiare negotium datum esset, non est, quod negemus. Ipsis tamen publicis legibus piacula esse imperata, Claudii exemplum docet, siquidem Lipsius recte ad Horatiae caedem retulit Taciti locum (Ann. XII. 8), ubi Claudius Imperator, postquam Calvinam, sororem Silani, qui voluntariam mortem sibi consciverat, Italia expulit, *sacra addidisse* dicitur *ex legibus Tulli, regis, piaculaque apud Lucum Dianae per pontifices danda.*

Ex commentariis huius regis innotuerunt foedera deinceps cum Albanis icta et iura iis concessa (Liv. I. 24. 30). Praeterea quae cum Sabinis et Latinis pacta sunt, eodem modo ad posteros pervenerunt (Dion. III. 33. 34).

Sacra denique nova Saliorum condidit Tullus. Numa instituerat duodecim a Palatio, ubi sacraria habebant, Palatinos denominatos, iis Tullus addidit duodecim ex voto, quod in bello Sabino fecerat, Agonenses vel Colliuos, qui in monte Agonio s. Collino s. Quirinali sacra facerent (Dion. II.70. Liv. I.27). In eorum usum peculiares compositos esse libros docet Varro (L. L. VI. 14): „*In libris Saliorum, quorum cognomen Agonensium, forsitan hic dies appellatur Agonia.*"***) Utrum

---

*) Cic. pr. Rab. c. 4. cf. supra II. p. 19.

**) Cic. de Rep. II. 31. Fest. s. v. Sororium tigillum p. 240. Senec. Ep. 108. Niebuhrius (I. p. 288 et 383) has formulas, quas poëmatum antiquorum putat reliquias, e libris Pontificiis repetit, cum Cicero ex his de provocatione notitiam depromat, quam ego ex regum commentariis demum in illos transiisse censeo. Cf. quae supra §. 2 p. 35 de libris Pontificiis diximus post urbem a Gallis incensam refectis.

***) Haec non ad §. 14, ubi in libris leguntur, pertinere apertum est, sed ad §. 12, ubi exstat: „*Agonales, per quos rex in regia arietem immolat, dicti ab agone, eo quod interrogatur a principe civitatis et princeps gregis immolatur.*" Cf. Fest. s. v. Agonium p. 9, Axamenta p. 3, Septimontium p. 261 et Sallas virgines p. 255.

bi quoque carmina continuerint, an aut toti, aut ex parte soluta oratione scripti
fuerint, traditam non reperio. Ceterum a re non est alienum animadvertere, ab
Aelio Stilone carminum Saliorum interpretationem esse editam, cuius notitiam
Varroni (VII. 2) debemus, ex qua plura etiam excerpsit Festus.*) Aliorum quoque sacrorum auctor fuisse dicitur Tullus (Liv. I. 31): „*Devictis Sabinis, quum
in magna gloria magnisque opibus regnum Tulli ac tota res Romana esset, nuntiatum regi Patribusque est, in monte Albano lapidibus pluisse. Quod quum credi
vix posset, missis ad id visendum prodigium, in conspectu, haud aliter quam cum
grandinem venti glomeratam in terras agunt, crebri cecidere coelo lapides. Visi
etiam audire vocem ingentem ex summi cacuminis luco, ut patrio ritu sacra Albani
facerent, quae, velut Diis quoque simul cum patria relictis, oblivioni dederant:
et aut Romana sacra susceperant, aut, fortunae, ut fit, obirati, cultum reliquerant
Deum. Romanis quoque ab eodem prodigio novemdiale sacrum publice susceptum
est, seu voce coelesti ex Albano monte missa, (nam id quoque traditur) seu haruspicum monitu: mansit certe solemne, ut, quandoque idem prodigium nunciaretur,
feriae per novem dies agerentur.*"**) Saepissime has ferias celebratas legimus.
Unum tantum affero exemplum (A. U. C. 218), in quo narrando Livius addit non
secundum libros Sybillinos esse edictum illud solemne. „*Ob cetera prodigia,* inquit (XXI. 62), *libros adire decemviri iussi, quod autem lapidibus pluisset in Piceno, novemdiale sacrum edictum, et subinde aliis procurandis prope tota civitas
operata fuit.*" Alibi *ex more maiorum* esse factum addit vel *ut solitum erat.*
A pontificibus eiusmodi solemnia secundum libros sacros esse edicta scimus.
Neque enim Numa tantum hoc praecepit,***) sed innumeris historicorum locis
hoc custoditum legimus.****)

---

*) S. vv. Manias p. 167, Monstrum p. 168, Manuas p. 169, ubi legendum: „*Manuas in
carminibus Saliaribus (pro Saecularibus), Aelius Stilo significare ait bonos.*" Quam emendationem pro vera et certa agnosces, si contuleris Festum s. v. Matreus p. 91.

**) Festi quoque loci s. v. Novemdiales Feriae p. 110 et 185 exstant de eadem re, quorum
alter etsi ceterum e Livio suppletus, tamen Hostilii nomen exhibet fere integrum.
In eodem pro *feriis Latinis* legendum est *feriis Votivis*, ut res ipsa doret.

***) Liv. I. 20.

****) Indices ad Liv. s. v. *Pontificum collegium* et *Pontifex Maximus.*

Quid Ancus Marcius de Numae legibus conservandis et restituendis meritus sit, supra est expositum: ipsum quoque novas condidisse leges, easque, quae opificum et agricolarum excitarent industriam, ex iis collegerim, quae Dionysius (III. 36) addidit: Ἀνακτησάμενος δὲ τὰ κατεῤῥᾳθυμημένα τῶν ἱερῶν, καὶ τὸν ἀργὸν ὄχλον ἐπὶ τὰς ἰδίας ἐργασίας ἀποστείλας, ἐπῄνει μὲν τοὺς ἐπιμελεῖς γεωργούς, ἐμέμφετο δὲ τοὺς κακῶς προϊσταμένους τῶν ἰδίων κτημάτων, ὡς οὐ βεβαίους πολίτας. Principium hic agnoscam notae censoriae.

Certum est, Anco magnam iuris Fetialis partem esse adscriptam. Neque exemplum modo belli Latinis indicti ab eo petivit Livius, id quod Dirksenius (p. 343) falso credidit, sed claris verbis novum ius ab eo introductum (I. 32) prodit: „*Ut tamen, quoniam Numa in pace religiones instituisset, a se bellicae caeremoniae proderentur, nec gererentur solum, sed etiam indicerentur bella aliquo ritu, ius ab antiqua gente Aequicolis**), *quod nunc Fetiales habent, descripsit, quo res repetuntur.*" Quae deinde sequuntur formulae, si cum illis comparantur, quas Tullius condidisse dicitur, hoc ius etiam ab Anco esse auctum, videmus.

§. 4.
De commentariis Servii Tullii.

Quae Tarquinio Prisco adscribuntur instituta publica (apud Dionysium III. 67), tam incerta tamque indefinita sunt, ut commentarios eius exstitisse, ex quibus depromerentur, mihi persuadere non possim. Virginum Vestalium numerum auxisse, senatores centum addidisse, et tribus duplicasse traditur, sed hoc cum ex carminibus, tum ex Servii commentariis, comparatis cum illis priorum regum, cognosci potuit. Tarquinio regnante priscam iuris constitutionem vel neglectam vel sublatam esse, eius instauratio docet, quae Servio tribuitur (Dion. IV. 10). Veteres leges restituisse dicitur Servius, priusquam rex creatus esset. Quo facto novas etiam condidit leges, quibus populi gratiam sibi conciliaret, de quibus apud Dionysium (IV. 13) haec exstant: Εὐθὺς ἅμα τῷ παραλαβεῖν τὴν ἀρχὴν διένειμε τὴν δημοσίαν χώραν τοῖς Θητεύουσι Ῥωμαίων· ἔπειτα τοὺς νόμους, τούς τε συναλλακτικοὺς καὶ τοὺς περὶ τῶν ἀδικημάτων, ἐπεκύρωσε ταῖς φράτραις· ἦσαν δὲ πεντήκοντά που μάλιστα τὸν ἀριθμόν, ὧν οὐδὲν δέομαι μεμνῆσθαι κατὰ τὸ παρόν. Mirum est, ex tanto

---
*) Cf. Servius ad Virg. Aen. VII. 695.

legum numero unam tantum superesse, quae diserte ad Servium referatur, cum magna iis niti videatur iuris Romani pars. Duo legum genera distinguuntur. Quos Dionysius hoc loco νόμους συναλλακτικούς nuncupat, postea (c. 43) περὶ τὰ συμβόλαια fuisse narrat, eos ad *obligationes ex contractu* pertinuisse coniicio, quae parum, opinor, mutatae apud Gaium (l. III. §. 80—181) exstant. Alterum legum genus, quod iniurias vel *obligationes ex delicto* tractavit, cum legibus duodecim tabularum, tum lege Aquilia est mutatum (Gai. l. III. §. 182—225). Ex hisce legibus una ipsius regis verbis est servata apud Festum (s. v. *Plorare* p. 208). Ceterum has quinquaginta leges singulari libro fuisse contentas, ipse numerus, eorumque a ceteris legibus disiunctio statuere cogunt. In iis fortasse legebantur, quae de Nundinis eum constituisse, narrant multi apud Macrobium (Saturn. I. 16), *quibus rustici ad mercatum legesque accipiendas Romam venirent.*

Alio scripto exposita erat urbis et agri divisio atque descriptio sacrorum, quae singularum partium incolis communia esse voluit. Solemnia in hunc usum constituta fuerunt Compitalia et Paganalia. Illorum mentionem facit etiam Varro (L. L. VI. 25), eaque concipiendi formulam servavit A. Gellius (X. 24); horum leges sua aetate publice esse custoditas, Dionysius (IV. 15) expresse tradit: *Καὶ νόμους ὑπὲρ τῶν ἱερῶν τούτων, οὓς ἔτι διὰ φυλακῆς ἔχουσι Ῥωμαῖοι, συνέγραψεν.*

Servio Tullio tota reipublicae constitutio tribuebatur (Liv. I. 42), quae postea maximam partem est instaurata. Neque immerito ei adscripta est illa; classium enim centuriarumque descriptio, quae apud Dionysium (c. 16—21), apud Ciceronem (de Rep. II. 22) et apud Livium (I. 43) legitur, tam accurata est, ut non nisi litteris mandata servari posset. Feliciter evenit, ut pro certo habeamus, non unum librum, sed plures exstitisse de nova reipublicae constitutione. Duo ex scriptis hisce servata sunt fragmenta apud Festum: „*PROCUM*, inquit (p. 213), *in descriptione classium, quam fecit Servius Tullius, significat procerum.*" Eadem in pagina legitur paulo superius: „*PRO CENSU CLASSIS IUNIORUM Servius Tullius cum dixit in descriptione centuriarum, accipi debet in censu, ut ait M. Varro in L. VI rerum humanarum, sicuti pro aede Castoris, pro tribunali, pro testimonio.*" Plures horum librorum reliquiae sunt servatae, certis eorum inscriptionibus non additis. Priscum horum monumentorum aevum ipse loquendi usus prodidit: vocabula enim in iis legebantur, quae aurea quidem litterarum aetate de iisdem rebus non amplius usurpabantur. „*Etiam verbis*, inquit Cicero (l. l.), *ac nominibus ipsis fuit diligens* (Servius Tullius), *qui, cum locupletes ASSIDUOS appellasset ab aere dando, eos, qui aut non plus mille quingentum aeris, aut omnino nihil in suum censum, praeter caput, attulissent, PROLETARIOS nominarit, ut ex iis quasi proles, id est quasi progenies, civitatis exspectari videretur.*"*) Alia eiusmodi vocabula sunt *NI QUIS SCIVIT*. Haec enim leguntur apud Festum (s. h. v. p. 185): „*NI QUIS SCIVIT centuria est, quae dicitur a Servio Tullio rege constituta, in qua liceret suffragium ferre, qui non tulisset in sua, ne quis civium suffragii iure privaretur. Nam sciscito significat dicito ac suffragium ferto, unde scita plebis, sed in ea centuria neque censetur quicquam, neque centurio praeficitur, neque centurialis potest esse, quia nemo certus est eius centuriae. Est autem NI QUIS SCIVIT, nisi quis scivit.*" Ad ordines hominum regundos referenda fortasse est etiam lex, qua iussit Patricios non nisi in Patricio vico habitare.**)

De censu lustroque condendo singulares quin fuerint leges, non est dubitandum: in quibus quid de civitate libertinorum sit praeceptum, discernere nunc quidem non ausim, quamquam non omnino negaverim, aliquid de iure manumissorum esse constitutum. Quae hoc loco a Dionysio memorantur, nisi peculiares de censu instituendo fuerunt libri,***) ex tabulis censuriis esse petita possunt, ad quas provocat Varro (L. L. VI. 86), quamquam non in me receperim, has ipsas apud Varronem reliquias esse Servii Tullii.

Ab eodem profectos esse commentarios consulares, quorum mentionem facit idem Varro (§. 88), inde conficio, quod, auctore Livio (I. 60), primi consules ex commentariis Servii Tullii comitiis centuriatis creati sunt. Qui in reliquiis horum commentariorum apud Varronem memorantur iudices, cum, quod sciam, postea in comitiis nullum negotium haberent, eos esse suspicor, quos Servius instituisse dicitur (Dion. IV. 25): τῶν μὲν εἰς τὸ κοινὸν φερόντων ἀδικημάτων αὐτὸς ἐποιεῖτο τὰς διαγνώσεις, τῶν δὲ ἰδιωτικῶν ἰδιώτας ἔταξεν εἶναι δικαστάς, ὅρους αὐτοῖς καὶ κανόνας τάξας, οὓς αὐτὸς ἔγραψε νόμους. Sunt, qui hic originem iudicii centumviralis se reperisse credant. Equidem centumviros, nisi prius, Numae legibus institutos

---

*) Cf. Sosipater Charisius l. l. p. 36 Putsch. Gellium XVI. 10. Fest. s. v. Assiduus p. 9.
**) Festus s. v. Patricius vicus p. 120.
***) Eo fortasse pertinet lex Censoria apud Festum s. v. Produit p. 202.

censeo*), a Servio autem senatores esse hoc munere instructos; illi enim ad antiquum ius Quiritium pertinere videntur, Servius vero contractuum ius primus ordinavit, quare id novis iudicibus esse tributum, veri non est dissimile. Ceterum minime est mirum, harum legum, quae de in ius vocando latae erant, nihil ad nos pervenisse: duodecim enim tabulis maxima ex parte sunt sublatae.

Alii actus legitimi ab hoc rege instituti, quos a Dionysio αυτόρας et ὅρους nominatos reperimus, usque ad Iustiniani tempora observati sunt, siquidem recte creditur omne, quod gerebatur per aes et libram (mancipatio), a Servio esse constitutum. Ita iudicavit C. O. Müllerus**), cui ita assentimur, ut nobis quidem nihil relinquatur dubitationis, testium numerum ad quinque classes esse comparatum, totumque institutionem aere nixam Servii legibus congruere. Id vero concedere non possum, mancipationem inter obligationes ex contractu quondam esse habitam: peculiari potius lege instituta sit oportet, quae classium descriptionem exciperet. Similitudinem quidem emptionis et venditionis habet mancipatio, sed illius, quae, publica auctoritate ornata, obligationem non saepius contrahat, quam solvat. Ad mancipationem pertinent res mancipi, quae non nisi hac solemnitate interposita ex iure Quiritium nostrae fiunt. Quo fundamento rerum mancipi et nec mancipi discrimen nitatur, adhuc certatur. Sunt, qui credant, rerum mancipi abalienationem maioribus difficultatibus esse impeditam, quod ad agriculturam sint necessariae ideoque prae ceteris hominum opes vel dominium efficiant.***) Quorum prius cum de praediis urbanis dici non possit, alterum ad multas etiam res nec mancipi quadret, non omnibus haec sententia est probata. Itaque Niebuhrius (I. p. 503) nova coniectura assecutus est, res mancipi fuisse ab initio, quae in censum caderent: ipse tamen confessus est, quae quidem de iis tradantur, suae sententiae minime favere, quare hanc notionem mutatam statuit. Pecunia enim, metallum quodcunque rude atque pecora certe censa sunt, nunquam vero rerum mancipi fuisse possunt. Mihi quidem si iuris non consulto sententiam dicere licet, res tam in aperto videtur esse, ut nulla omnino reconditiore indigeat explicatione.

*) Cf. supra §. 2. p. 30.
**) Etrusker I. p. 380.
***) Dallhorn-Rosen „Ueber Dominium p. 110. Hugo Rechtsg. p. 152. Schilling Bemerk. über Röm. Rechtsg. p. 152 sqq. Hoc discrimen merito Schillingius aliique contra Hugonis sententiam prisco tempori vindicarunt.

Ulpianus enim (Fragm. T. XIX) rationem discriminis addidit luculentam: „§. *1. Mancipi res sunt praedia in Italico solo, tam rustica, qualis est fundus, quam urbana, qualis est domus: item iura praediorum rusticorum, velut via, iter, actus, aquaeductus: item servi et quadrupedes, quae dorso collore domantur, velut boves, muli, equi, asini. §. 3. Mancipatio propria species alienationis est rerum mancipi: eaque fit certis verbis, libripende et quinque testibus praesentibus. §. 4. Mancipatio locum habet inter cives Romanos et Latinos coloniarios, Latinosque Iunianos, eosque peregrinos, quibus commercium datum est. §. 5. Commercium est emendi vendendique invicem ius.*" Vitio Ulpiano verti potest, quod commercii notionem ad suae aetatis usum exposuit, non ad historiae fidem examinavit. Satis enim notum est, Romanis cum Latinis fuisse connubium, i. e. ius matrimonia invicem iungendi, et commercium i. e. non ius emendi et vendendi, quod omnibus pacatis populis commune erat, sed ut Romanus ei, quocum publice hoc pactum erat, praedia vendere et ab eo emere posset. Omnes vero res mancipi eae sunt, sine quibus non potuissent praediis uti et frui, quas postea iureconsulti inventarii nomine sunt amplexi: contendo igitur harum rerum mancipi abalienationem et acquisitionem inter eos tantum licitam fuisse, inter quos illud commercium esset. His concessis, eo tutius mancipationis discriminisque inter res mancipi et nec mancipi institutionem Servio Tullio vindicamus, utpote qui primus eiusmodi societatem cum Latinis inisse, omniaque iura accurate descripsisse dicatur (Dion. IV. 25. 26. Nieb. II. p. 17 sqq.). Leges aeri incisas in templo Dianae*) in monte Aventino tum aedificato ipse Dionysius vidit. Ad Servium denique retulerim etiam leges quasdam, quarum auctor non nominatur, quae cum rerum mancipi iure cohaereant, legem dico mancipiorum (Varro L. L. VI. 74), praediorum urbanorum (V. 27), aedificiorum (V. 42), quamquam hoc pro certo affirmari non potest.

Fastos a Servio Tullio esse editos, etsi memoriae non proditur, sumendum tamen est, quia gravissimi auctores ei tribuunt novam temporis computandi rationem. Nihil quidem eiusmodi ad eum refertur, quod non simul aut Romulo aut Numae adscribatur, sed haec repugnantia, quae videtur, iusta crisi facile tollitur. „*Nundinarum originem,* inquit Macrobius (Saturn. I. 16), *quidam Romulo assignant, quem communicato regno cum T. Tatio, sacrificiis et sodalitatibus institutis, nun-*

---

*) Cf. Ursinum ad Fest. s. v. Nesi. p. 178.

dinas quoque adiecisse commemorant, *sicut Tuditanus affirmat*, *sed Cassius Servium Tullium fecisse nundinas dicit.*" Perpendentibus nobis, Nundinas originem duxisse a Romuli anno trecentorum dierum (Niebuhr. I. p. 308), Servio nihil relinquitur, nisi quod iis maiorem auctoritatem dedit, id quod etiam significant ipsa scriptorum verba. Non minus dubitant veteres de intercalatione: „*Quando autem primo*, inquit Macrobius (Saturn. I. 13), *intercalatum sit, rarie refertur. Et Macer quidem Licinius eius rei originem Romulo assignat. Antias libro secundo, Numam Pompilium sacrorum causa id invenisse, contendit. Iunius Servium Tullium regem primum intercalasse commemorat.*" Quid de Romuli intercalatione statuendum sit, in dubio relinquimus, quamquam fieri potuit et verisimile est, ut Romulus annum suum ita solis cursui accommodare conaretur. Numae annum intercalatione eguisse, non est, quod demonstrem (Nieb. I. p. 305). Eius vero intercalandi rationem mutatam esse oportet vel accuratius definitam a Servio Tullio, quippe qui lustro condendo Romuli et Numae rationes inter se reconciliari solisque ad cursum referri voluerit (Nieb. I. p. 300). Tametsi ipsis Fastis caremus, rationes tamen deinceps mutatae, cum legum et institutorum mutationibus consentientes, fidem regum historiae tribuendam mirum est quantum augeant.

Finem impositurus operi si cui multa significasse potius, quam enarrasse videor, veniam mihi datum iri spero, quod mihi arctis programmatis finibus temporisque angustiis incluso argumentum longius persequi non licuit. Sed ne praetermittam, quod sententiam meam defendat, liceat in fine locum adiungere, dissertatione hac iam typis expressa, repertum. Legitur apud Joannem Lydum de Mensibus I. Exc. 24 hoc: Τὰ τῶν ἄλλων στρατιωτῶν ὀνόματα ἐπὶ σανίδος ἐπεγράφετο· λέγεται δὲ παρὰ Ῥωμαίοις ματρίκιον τὸ πλατὺ καὶ παχὺ ξύλον· οἱ γὰρ ἀρχαῖοι ξύλοις καὶ φλοιοῖς καὶ φιλυρίνοις πίναξι πρὸς γραφὴν ἐχρῶντο. Cui loco Roether, editor, e cod. Reg. Ms. 1231 adiecit: Οἱ ἀρχαῖοι ἐν ταῖς σανίσι ἔγραφον, ὅθεν μέχρι τοῦ νῦν, ἔνθα γράφονται τῶν στρατιωτῶν ὀνόματα, Ματρίκια ὀνομάζονται. Quem locum si addimus iis, quos p. 25. N. exhibuimus, philyram seu papyrum corticeam Romanis antiquitus fuisse in usu, omnes, opinor, concedent.

DIE
VERFASSUNG DER RÖMISCHEN REPUBLIK

von den Gracchen bis auf Julius Cäsar.

PROGRAMM FÜR DIE RECTORATSFEIER
DER UNIVERSITÄT

von

F. DOR. GERLACH,

Professor der alten Literatur an der Universität Basel.

BASEL, MDCCCLXXIV.
UNIVERSITÄTS-BUCHDRUCKEREI VON C. SCHULTZE.

DIE

VERFASSUNG DER RÖMISCHEN REPUBLIK

von den Gracchen bis auf Julius Cäsar.

PROGRAMM FÜR DIE RECTORATSFEIER
DER UNIVERSITÆT

von

F. DOR. GERLACH.

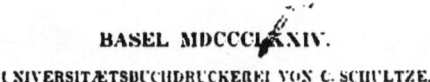

BASEL MDCCCLXXIV.
UNIVERSITÆTSBUCHDRUCKEREI VON C. SCHULTZE.

> Corruptissima republica plurimae leges.
> Tac. Ann. 3, 27.

Um die Mitte des zweiten Jahrhunderts vor unserer Zeitrechnung hatte Rom die höchste Stufe der Macht und des Ansehens erreicht. Die Flammensäulen, welche aus der Brandstätte des zerstörten Karthagos und aus den rauchenden Trümmern des eroberten Korinths zum Himmel emporstiegen, schienen dem Morgen- wie dem Abendlande zu verkündigen, dass fortan alle Völker von Rom Gesetze zu empfangen hätten. Und in der That waren die gesegnetsten Länder, welche das Mittelmeer umgeben, entweder den Römern unterthan oder wurden durch römischen Einfluss beherrscht.[1]) Die iberische Halbinsel, das südliche Gallien, Italien, Illyrien, Makedonien, Griechenland, die Inseln des ägeischen Meeres, die thrakischen Küstenländer, Vorderasien, Pergamus, Bithynien, Phrygien, Galatien, Kilikien, Syrien, Phönikien, Palästina, Aegypten, Cyrene, Nordafrica, Numidien, Mauretanien, wurden entweder von römischen Statthaltern regiert oder von Fürsten beherrscht, welche den Römern gleich zinspflichtigen Vasallen huldigten. Denn über alle, welche noch einen Schatten von Unabhängigkeit gerettet hatten, wurde ein strenges Schiedsrichteramt geübt und die Könige und Fürsten erkauften die Fortdauer ihrer Scheinherrschaft nur durch die Bereitwilligkeit, mit welcher sie die Pläne ihrer Schirmherrn unterstützten. Sie spendeten Geld, Geschenke und schickten Getreide und Hülfsvölker, noch ehe sie darum begrüsst wurden, und kamen allen Wünschen und Begehren ihrer Gebieter mit aufoferndem Diensteifer zuvor. Dadurch war Rom der Mittelpunkt aller Macht und alles Einflusses und der Sitz der Herrschaft über einen grossen Theil von Europa, Asien und Africa geworden. Und nicht nur strömten alle Schätze und Reichthümer der

---

[1]) Es versteht sich von selbst, dass hier nicht die räumliche Ausdehnung als Maassstab zum Grunde gelegt ist. Sonst würden wir dem Sallustius beipflichten müssen, welcher diese Epoche ein volles Jahrhundert später setzt: Histor. I, 10, Ed. Gerl. ins Jahr 57, nach der völligen Unterwerfung Galliens. Ja eben so gut konnte das Jahr 30 angenommen werden nach der Einverleibung Aegyptens, und, wenn blos von materiellen Hülfsquellen die Rede wäre, dürfte selbst die Regierung Traians in Betracht kommen. Aber die höchste sittliche und geistige Kraft haben nach dem Zeugniss desselben Sallustius die Römer zwischen dem zweiten und dritten punischen Krieg entwickelt; und doch hatte selbst Cato sehnsüchtig nach den Zeiten des Fabricius und Curius Dentatus zurückgeblickt.

Erde in der Stadt an der Tiber zusammen, sondern alle, welche bei der allgemeinen Unterdrückung Hülfe, Rettung oder Schutz suchten, Könige, Fürsten, Bürger, Kaufleute, Künstler und Gelehrte, sie alle huldigten der Allgewalt und den siegreichen Waffen der römischen Republik.

Diese schwindelnde Höhe, welche Rom erstiegen hatte, und der Glanz des Ruhms, welcher den Namen des römischen Volkes umstrahlte, hatte die Gemüther der Bürger mit einem stolzen Selbstvertrauen erfüllt und ein Gefühl geistiger Ueberlegenheit geweckt, welches vor keinem Hinderniss zurückschreckte, allen Gefahren trotzte und Nichts für unerreichbar hielt, was der Befriedigung maassloses Ehrgeizes zu schmeicheln schien. Nur der Eroberer Karthagos, Publius Cornelius Scipio Aemilianus, hatte sich einer trüben Ahnung nicht erwehren können, als sein Blick über die öde Stätte schweifte, welche der Sitz des karthagischen Volkes gewesen war, das über ein volles Jahrhundert Rom die Herrschaft der Welt streitig gemacht hatte. Es mochte der Gedanke seine Seele erfüllen, dass die Erreichung des höchsten Ziels oft der Vorbote des nahenden Verfalles gewesen und dass alle menschliche Grösse einem beständigen Wechsel unterworfen ist, endlich dass äusserer Glanz und grosse Macht am meisten bedroht und gefährdet sind, wenn die Grundlagen der bewunderten Grösse schon längst erschüttert sind.

Diesen Betrachtungen konnte überhaupt Niemand sich verschliessen, welcher einen tiefern Blick in das Innere des römischen Staates warf. Mit der Weisheit eines weitschauenden Staatsmannes hatte Scipio Nasica Jahre lang für die Erhaltung Karthagos gestritten und den Antrag Cato's, die stolze Nebenbuhlerin bis zur völligen Ohnmacht zu demüthigen, im Senat bekämpft.[1] Nicht auf die Wehrlosigkeit der Feinde, sondern auf die eigene Kraft sollte die Ueberlegenheit Roms gegründet sein. Das Gefühl unbeschränkter Machtfülle, das Nichts fürchtet, hat zu allen Zeiten Uebermuth, Missbrauch der Gewalt, Gesetzlosigkeit und Empörung herbeigeführt. Aber für Rom war die Gefahr um so drohender, weil der Traum stolzer Sicherheit, in welchem sich die Bürger wiegten, viele Hoffnungen, Wünsche und weit aussehende Pläne hervorgerufen, deren Verwirklichung bisher die äussere Gefahr zurückgedrängt und unmöglich gemacht hatte. Dadurch wurde der wie ganz ruhende Parteikampf aufs Neue entzündet, und die Kräfte, die keinen äussern Feind mehr zu bekämpfen hatten, begannen gegen das Innere sich zu kehren und sich gegenseitig zu bekämpfen. Die zersetzende Gewalt der Zwietracht hat die allmähliche Auflösung herbeigeführt, wodurch das innerste Mark eines Volkes verzehrt und vergiftet wird.

[1] Liv. Epit 48. 49.

Die vornehmsten Ursachen dieser Zustände lagen allerdings in weiter Ferne und waren um so weniger leicht zu entdecken, als das äussere Gerüste der Verfassung kaum die grosse innere Veränderung ahnen liess, welche im Lauf der Zeit sich vorbereitet hatte. Noch bestand die Centuriengemeinde, noch die Eintheilung des Volks nach Ständen, Klassen, Vermögen; die Namen, die Rechte und Befugnisse der Behörden waren im Allgemeinen dieselben, und dennoch war das Wesen der Verfassung durchaus verändert: Zuerst die Curiengemeinde war zu leerer Förmlichkeit herabgesunken und wurde nur der Auspicien wegen beibehalten, welche selbst nur noch formellen Werth hatten. Da die religiöse Weihe bei der damaligen Zeitrichtung gar keinen Sinn mehr hatte und es ganz undenkbar war, dass das frühere Bestätigungsrecht hinsichtlich des imperium von den Patriciern ausgeübt wurde, so hatten sie nicht einmal für die Priesterwürden ihr ausschliessendes Vorrecht behaupten können. Eine Einrichtung konnte nicht aufrecht erhalten werden, welche auf nicht mehr gültigen Voraussetzungen beruhte. Die Beobachtung der Sitte, dass die Curien durch 30 Lictoren sich vertreten liessen, war eben nur die Folge jener Zähigkeit, welche die Römer in der Beibehaltung der äussern Form bewiesen.[1]

Von den Tribut-Comitien ist bekannt, dass sie aus der frühern Bürgergemeinde der Plebs hervorgegangen, im Fortgang der Zeit zur eigentlichen Volksversammlung geworden und den Centuriat-Comitien gleichgestellt, welche bisher die Oberhoheitsrechte ausgeübt hatten, zuletzt allmächtig geworden sind.[2]

Die älteste Verfassung war auf den überwiegenden Einfluss des Patriciats, d. h. des priesterlichen Adels gegründet, welcher anfangs als alleiniger Besitzer von Grund und Boden, als Erbe der heiligen Weihen, als Priester und Rechtskundige alle Staatsgewalt als ein ihnen angehörendes Recht für sich in Anspruch nahmen. Nachdem ein eigentlicher Bürgerstand sich gebildet hatte und die Theilnahme an jenen Vorrechten den Plebejern nicht länger vorenthalten werden konnte, so entstand unter Servius Tullius die aus aristokratischen und timokratischen Elementen zusammengesetzte Centuriengemeinde (comitia centuriata), die schon in ihrer ersten Anlage die Keime weiterer Entwicklung enthielt. Da nun auch die Tribut-Comitien, auf ganz demokratischer Grundlage, immer mächtiger wurden, so war schon dadurch eine grosse Veränderung vorbereitet, wenn auch nicht die völlige Verschiedenheit der Vermögensverhältnisse dringend eine Umgestaltung geboten hatte. Bekanntlich war der

---

[1] Cic. Or. contra Rullum II, 11. Nunc quia prima illa comitia tenetis, centuriata et tributa, curiata tantum comitiorum causa permanserunt, c. 10. Jam hoc inauditum est et plane novo more, ut curiata lege magistratus cui nullis comitiis ante sit datus.

[2] Gerlach: zur Verfassungsgeschichte der Röm. Republik. S. 25 folg.

Riesenbau der römischen Republik ursprünglich aus einer einfachen Stadtverfassung hervorgegangen, welche in naturgemässer Entwicklung die neu hinzutretenden Bestandtheile in sich aufzunehmen, sich zu verbinden und zu einem einheitlichen Ganzen zu verschmelzen suchte. Im Anfang nun, wo Rom nur mit den benachbarten Städten und stammverwandten Völkern in Berührung kam, war die Verschmelzung leicht. Man nahm ganze Bürgerschaften in den Staatsverband auf und versöhnte die Besiegten durch die Theilnahme an dem Bürgerrechte und durch die Gleichheit des Gesetzes. So hatten Römer und Sabiner sich vereinigt, so war Alba Linga und eine Menge lateinischer Städte mit Rom vereinigt worden. Allmählig aber, als die Gränzen des römischen Gebietes sich erweiterten, die Zahl der Einwohner zunahm und die Bürgerschaft sich stark genug fühlte, feindlichen Angriffen mit den eigenen Kräften zu begegnen, wurde die Aufnahme ins Bürgerrecht seltener; man zog vor, Bündnisse und Vorträge mit benachbarten befreundeten Städten und Bevölkerungen zu schliessen, welche Bündnisse, wenn schon auf der Grundlage der Rechtsgleichheit geschlossen, häufig ein Verhältniss der Abhängigkeit herbeiführten, das je nach der Gunst der Umstände mehr oder weniger drückend war. Daher die einseitige Lösung dieses Verhältnisses als Abfall und Empörung betrachtet wurde und häufig den Verlust der Selbstständigkeit für die Bundesgenossen nach sich zog. Da nun nach italischem Völkerrecht der Besiegte mit all seiner Habe, Land und Leute, Eigenthum des Siegers wurde,[1]) so konnte nur dessen Gnade der Ausübung des Kriegsrechts Schranken setzen, wenn nicht die Berücksichtigung des eigenen Vortheils und Klugheit Schonung geboten hätte. Daher, wenn die Besiegten nicht wieder als ebenbürtige Bundesgenossen angenommen oder in ihrer Selbstständigkeit belassen wurden, von Bürgerschaften, deren Treue und Gehorsam nicht gesichert schien, ein oder zwei Drittel des Grundeigenthums abgetreten werden mussten, welches dann die Römer an ihre eignen Mitbürger vertheilten und entweder Einzelnen schenkweise oder durch Pacht und Verkauf überliessen oder eine bestimmte geschlossene Zahl von Bürgern, ursprünglich 300, als ein einheitliches Ganze, theils in neugegründeten Ortschaften, theils innerhalb derselben Ringmauern mit den alten Einwohnern ansiedelten und um die neue Eroberung zu sichern, gleichsam eine stehende Besatzung dahin verlegten.[2]) Diese Ansiedelungen, Colonieen genannt, waren in allen Einrichtungen, in Verfassung, Sitte, Gesetz, in den bürgerlichen und gottesdienstlichen Gebräuchen, ein treues Abbild des alten Roms und bewährten, schon vermöge ihrer Stellung zu den Besiegten, ihren eigenthümlichen Charakter, wodurch sie geeignet waren, in ihrer nächsten Umgebung überall römische

---

[1]) Liv. I, 38. [2]) Appian. b. c. 1, 7. Liv. I, 11; 15; 8, 1; 4, 48; Dion. II, 50; 55.

Sitte und Art zu verbreiten und römischem Einfluss Eingang zu verschaffen. Was von den abgetretenen Ländereien nicht zur Vertheilung kam, namentlich das unangebaute Feld, Waideplätze, Triften und Wälder, wurden denen zur Benutzung überlassen, welche gegen einen mässigen Zins, den Zehnten oder den Fünften an den Staat, dasselbe als Viehwaide benutzen oder auf eigne Kosten urbar machen und für ihre Zwecke verwerthen wollten. Eine Vergünstigung, welche ursprünglich nur dem Adel zu Gute kam, welchem die Mittel zu einer ausgedehnten Bewirthschaftung zu Gebote standen, wie es denn als ein ihnen ausschliessend zukommendes Recht in Anspruch genommen wurde.[1]) So lange der patricische populus allein den Staat bildete, war dieser Rechtsanspruch unbestreitbar. Indessen mochte schon die Einführung der servianischen Verfassung durch Vermehrung der Rittercenturien eine Erweiterung dieses Rechtes angebahnt haben, nicht minder die Gesetze des Consuls Cassius 268[2]), und entschieden war dies die Folge der Gründung des plebejischen Consulats; denn nicht nur gegen das ausschliessende Consulat der Patricier, sondern auch gegen das Uebermaass der Benutzung des gemeinen Feldes waren die licinischen Rogationen gerichtet. Aber wenn sie auch das Benutzungsrecht erweitert haben, so fand das seine Beschränkung in sich selbst. Den armen Plebejern war damit doch nicht geholfen, aber es bildeten sich jetzt weit mehr wie früher auch grössere plebejische Besitzungen, wodurch die Verschmelzung mit dem patricischen Adel begünstigt wurde.[3]) Da nun überhaupt die ganze römische Verfassung Grundbesitz von Seiten der Bürger voraussetzte, so zwar, dass ein bestimmtes Maass von Landeigenthum als nothwendige Bedingung für die Theilnahme

---

[1]) Appian. de bellis civ. I, 1—9; Liv. IV, 18. Niebuhr, röm. Gesch., Ausgabe 1853. S. 442, 444.
[2]) Liv. II, 41.
[3]) Eine ganz andere Frage ist, ob das Gesetz sich blos auf den Besitz des Gemeindelandes oder auch auf Beschränkung des Grundbesitzes überhaupt bezogen habe? Das letztere kann nicht als unmöglich angesehen werden, weil Beschränkung des Vermögens überhaupt dem alterthümlichen Staatsrecht nicht fremd war. Und allerdings erwähnt Livius weder 4, 48, noch sonst wo, so wenig als Appianus ausdrücklich den ager *publicus*. Aber Ausdrücke wie »ager injuria possessus, agros occupare, liberos agros ab injustis possessoribus« lassen sich kaum mit dem Begriff des Privatbesitzes vereinigen. Appianus aber, wenn er schon den Ursprung des Uebels in der Occupation des gemeinen Feldes sieht, hat doch die übermässige Vermehrung des Besitzes durch Kauf und Gewalt nicht unterschieden. So bleibt Liv. Epit. 58: ne quis de agro publico plus quam quingenta jugera possideret und 4, 48 die Hauptstelle, die aber nicht beweist, dass das ganze Vermögen der Patricier, sondern nur »*magna pars* nobilium fortuna« daraus bestanden, und dass die Vertheilung des *agri adsignati* nur auf die Plebejer sich bezog (Niebuhr, Röm. Gesch. II, 183), womit aber keineswegs ausgeschlossen ist, dass die Patricier ausser der Occupation des gemeinen Feldes auch Grundeigenthum besessen hätten, wie dies auch bei dem Wesen des patricischen Staates geradezu undenkbar wäre. Es müsste denn jemand annehmen, dass überhaupt nur der Staat Grundeigenthümer gewesen sei, welches freilich ebensowenig ausser dem Bereich der Möglichkeit liegt, aber nur für die ältesten Zeiten denkbar ist.

am Bürgerrecht angesehen wurde¹), so war die ganze Bevölkerung auf den Landbau als die eigentliche Grundlage bürgerlicher Geltung hingewiesen, welches als die ehrenvollste Beschäftigung angesehen wurde, während die städtischen Gewerbe meistentheils nur von geringen Leuten, Fremden, Freigelassenen und Sclaven betrieben wurden und nie zur rechten Geltung kommen konnten.

So lange nun die höchsten Staatsbeamten nicht verschmähten, den Pflug mit eigner Hand zu führen und ihre Felder selber zu bestellen; so lange der Ackerbau die eigentliche Lebensthätigkeit der Bürger war²) und sieben Jucharten als ein ehrenhaftes Besitzthum galten und ländliche Einfachheit und Sitte vor dem erschlaffenden Einfluss üppigen Sinnengenusses bewahrt wurde, so lange war Rom von seinen Feinden gefürchtet und von seinen Freunden geachtet und bewundert. Mit diesen Sitten haben die Römer die Herrschaft über Italien errungen und die makedonische Phalanx in Pyrrhus überwunden; für Haus und Hof, für Weib und Kind zu kämpfen, war des Mannes Ehre und Stolz, fürs Vaterland und die heimischen Götter zu streiten, siegen, fallen, sein höchster Ruhm.

Selbst im Tode unbesiegt, haben diese Männer in ihren Söhnen und Enkeln fortgelebt und durch die Erinnerung ihrer Thaten an die Gegenwart die Vergangenheit geknüpft. Den einfachen Gang dieses strengen, arbeitsvollen Lebens hat zuerst die Liebe zum Besitz gestört, welche bald zu einer maasslosen Begierde nach Reichthum gesteigert ward.³) An Alles, was der Geist erschafft, hängt das Schwergewicht gemeinen Eigennutzes sich an, welches dasselbe überwuchert und seinen Zwecken dienstbar macht. Reichthum sichert Macht und Einfluss und selbst geistige Bestrebungen sind nicht selten durch die Macht des Geldes gefördert worden. Ja das Leben selbst, je mehr es nach Aussen entwickelt und erweitert wurde, begegnete überall den mächtigen Wirkungen materieller Einflüsse, welche, wie es schien, nur durch die gleichen Mittel überwunden werden konnten. Dies hat sich in Rom zuerst durch unverhältnissmässige Occupation des gemeinen Feldes offenbart, wodurch eine höchst gefährliche Ungleichheit des Besitzstandes erzeugt wurde. Diese Leidenschaft nahm in solchem Maasse überhand, dass die Beschränkung auf 500 Morgen als ein lästiger Zwang angesehen wurde, dem sich jeder zu entziehen suchte. Dadurch wurde die Kluft zwischen den verschiedenen Schichten der Bürgerschaft immer grösser und die weniger Begüterten kamen immer mehr in Noth und Armuth. Nicht nur, dass kein Gemeindeland für sie zur Benutzung übrig blieb, geriethen sie durch die unaufhörlichen Kriege und die Verheerung ihrer Felder in Schulden und wurden von ihrem Eigenthum

---

¹) Varro r. r. I, 10.   ²) G. Cato r. r. I.   ³) Sal. Cat. 10.

durch die Härte der Schuldgesetze verdrängt, wenn sie nicht ihre Verpflichtungen durch harte Taglöhnerarbeit bei den reichen Gutbesitzern lösen konnten.¹) Namentlich hatte der 2te. punische Krieg in dieser Hinsicht eine zerstörende Wirkung ausgeübt, wo Hannibal 16 Jahre lang mit einem zahlreichen Heere in Italien stand und Jahr aus Jahr ein die Einwohner der einen oder der andern Landschaft brandschatzte, die Felder verwüstete, oder deren Ertrag durch Lieferungen den Eigenthümern entriss. Dadurch wurde besonders der kleine Grundbesitzer und der Mittelstand in Armuth und Noth gebracht, zumal die Reichen die verschuldeten Grundstücke entweder aufkauften oder als Pfand für die gemachten Vorschüsse in Besitz nahmen.¹) Dazu kam dass der Verdienst der Armen dadurch bedeutend geschmälert wurde dass seit den Kriegen im Orient die Einfuhr fremder Sclaven im bedeutenden Masse zugenommen hatte. Denn während der Bürger durch den Kriegsdienst der Feldarbeit entzogen wurde, hatte die Arbeit der Sclaven keine Unterbrechung zu gefährden, die überdiess für wohlfeiler und einträglicher angesehen wurde, weil bei den Sclaven alle die Rücksichten wegfielen, welche auch der ärmste Bürger in Anspruch nehmen konnte. Ja der Landbau selbst kam mehr und mehr in Verfall, weil bei der Wohlfeilheit des aus Sicilien, Afrika und Aegypten eingeführten Getreides die Erzeugung an Brodfrüchten in Italien viel zu hoch zu stehen kam, während bei der gesteigerten Genusssucht die Viehzucht viel einträglicher wurde; für deren Besorgung ganze Heerden von Sclaven angekauft und mit Ketten beladen des Nachts in eigens dafür eingerichtete Barakken eingesperrt wurden, damit sie den Misshandlungen ihrer Treiber nicht entfliehen könnten. Durch diese Abnahme des Landbaues waren aus einer Menge Bauernwirtschaften grosse Gütercomplexe entstanden in der Ausdehnung mehreren Quadratmeilen, von denen wieder Hunderte von Aeckern zu grossen Parkanlagen verwendet wurden, so dass der Dichter²) nicht unsonst klagt, dass der Fruchtbaum von dem Lorbeer der Myrthe und Zierpflanzen verdrängt werden und Blumenbeeten statt Gemüssgärten die Villen der Reichen schmükten.

Diese veränderte Lebensrichtung hat denn auch höchst nachtheilig auf die Zahl die Bürger eingewirkt, welche damals auf höchstens 300,000 waffenfähige Männer sich belief. Der römische Landmark deren fleissigen Anbau noch König Pyrrhus bewundert hatte, verlor mehr und mehr ihre ursprüngliche Bedeutung. An die Stelle treuer Arbeit trat verwegener Unternehmungsgeist, welcher mit den Erzeugnissen des Landes wucherte, während der Landmann von Tag zu Tag mehr verarmte. Der verschwindend kleinen Zahl der Bürger stand die grosse Masse der Bundesgenossen gegenüber, deren Verhältnisse sich im Fortgang der

¹) Sal. Catil. C. 41. Horat. C. II, 18. Liv. II, 23 und öfter.   ²) Appian. de b. c. I, 7.   ³) Horat. C. II, 15; 18.

Zeit so verändert hatten, dass sie eher den Namen der Unterthanen als der Bundesgenossen in Anspruch nehmen konnten. Sie hatten alle Pflichten der Bürger zu erfüllen, und alle Lasten wie jene zu tragen, aber an den Rechten hatten sie nur einen sehr bescheidenen Antheil mit einer Menge von Abstufungen, wodurch sie auseinander und getrennt gehalten aber mit Rom um so fester verbunden wurden. Denn während durch die zahlreichen Colonien, (es werden gegen achtzig gezählt), ganz Italien wie mit eisernen Banden an Rom gekettet war, standen die einzelnen Völker, Länder, Städte, Bezirke, Landschaften jede mit Rom in einem besondern Bundesverhältniss, wodurch die jedem zukommenden Rechte und Pflichten bestimmt waren. Diese Verträge waren jedoch im Laufe der Zeit vielen Veränderungen unterworfen, je nachdem eine Bürgerschaft die Gunst des Augenblickes zu nützen verstand oder den Römern besondern Rücksichten Schonung und Milde geboten hatten.[1]) Nur darin trugen sie alle einen gemeinsamen Charakter, dass sie zum strengen Gehorsam verpflichtet waren. Die günstigsten Bedingungen hatten noch als Stammgenossen, die Latiner, welche fast alle Vortheile des römischen Bürgerrechts mit einigen Beschränkungen genossen. Und doch hatten auch von diesen im 2ten. punischen Krieg 12 Städte den Gehorsam aufgekündigt, weil die Lasten unerschwinglich schienen. Aber das war eine vorübergehende Erscheinung; denn von ähnlichen Versuchen hat die unerbittliche Strenge des römischen Senats abgeschreckt, welcher in der Aufrechthaltung bundesgemässer Forderungen keine Schonung kannte. Indessen die Verschiedenheit der Bündnisse, Verträge und Verkommnisse mit ihren mannigfachen Leistungen, Pflichten und Rechtsamen konnten nur gegenseitigen Neid, Eifersucht und Unzufriedenheit erzeugen, die Bundesgenossen unter einander entzweien und jedes gemeinsame Vorgehen verhindern. Denn manche Bürgerschaften waren ganz unabhängig, hatten ihre eigene Verfassung und lebten nach ihren Gesetzen, welchem Verhältniss sie selbst vor dem römischen Bürgerrecht den Vorzug gaben; andere genossen nur gewisse Begünstigungen in privatrechtlicher Beziehung, im Kauf, Verkauf, Zugrecht, Erbrecht und im Verkehr überhaupt. Endlich war die Ausübung des Bürgerrechts an gewisse Bedingungen geknüpft, an ein bestimmtes Vermögen, an die Bekleidung höherer Beamtungen in den verbündeten Städten (Municipien), an die Verlegung des Wohnsitzes nach Rom, und Anderes; wie denn auch die Ausübung des Bürgerrechts der Freigelassenen grossen Beschränkungen unterlag, so dass die römische Republik mit ihrer bunten Mannigfaltigkeit von Bündten, Verträgen, Verkommnissen, Rechtsamen und Leistungen nicht weniger eigenthümlich erschien als weiland die Verfassung des römisch-deutschen Reiches

---

[1]) Liv. S. 4; § 14; Walter Rechtsgeschichte 1840 S. 236 folg.

war oder der schweizerischen Eidgenossenschaft vor dem Jahr 98. Da nun in diesem künstlich zusammengesetzten Organismus die römischen Vollbürger nur einen kleinen Bruchtheil bildeten, so ist offenbar dass bei weitem der grösste Theil der Lasten von den Bundesgenossen getragen wurde, welche mit ihrer Habe und ihrem Blute die Macht und den Ruhm des römischen Staates gefördert haben, ohne die errungenen Vortheile mit den römischen Bürgern zu theilen. Das tief empfundene Gefühl politischer Unmündigkeit lastete schwer auf den Gemüthern der Unterdrückten, und es bedurfte nur einer äussern Veranlassung, damit der unter der Asche glimmende Funke zur hellen Flamme emporschlage.

Die Zerstörung von Karthago welche Rom für immer von der Furcht einer gefährlichen Nebenbuhlerin befreite, schien dem Senate die nöthige Musse zu gewähren, den innern Angelegenheiten seine Sorge zuzuwenden und Hand an die Heilung der Gebrechen zu legen. Aber das stolze Gefühl der Sicherheit verscheuchte die Besorgnisse und anstatt die Friedenszeit für die Befestigung der innern Verhältnisse zu benützen, sind die bisher zurückgedrängten Leidenschaften entfesselt und dem Missbrauch der Gewalt Thür und Thor geöffnet werden.[1] Dass aber dennoch die Nothwendigkeit einer Abhülfe empfunden wurde, beweist das Vorgehen des jüngern Laelius, des Freundes des Scipio Aemilianus, der sich mit der Linderung der Noth der ärmere Bürger beschäftigt hatte, aber von der Ausführung seiner Pläne durch die Schwierigkeiten, denen er begegnete, abgeschreckt wurde,[2] welches ihm den Beinamen des Weisen erworben haben soll. Indessen wuchs die Gefahr zusehends da die Unzufriedenen sich mehr und mehr in Rom anhäuften und Abhülfe ihrer Beschwerden begehrten. Zuerst diejenigen denen Uebersiedelung in die Hauptstadt die Ausübung des Bürgerrechts sicherte; deren Niederlassungen in Rom so zahlreich wurden, dass die Latinischen Colonien über Entvölkerung klagten.[3] Da aber vielfach Betrug und Fälschung angewendet wurde, um das Bürgerrecht zu erschleichen, so geschah es, dass mehrmals die Insassen mit Gewalt aus der Stadt entfernt werden mussten.[4] Dies steigerte nothwendig die Erbitterung und konnte doch nicht verhindern dass Andere einwanderten, welche bei der grössern Entwickelung der Gewerbe Beschäftigung in der Hauptstadt zu finden hofften. Viele lockten auch die zahlreichen Spenden von Getreide, Oel, Wein, Fleisch und die mannigfaltigen Gaben und Vergünstigungen durch welche ehrgeizige Männer die Gunst des grossen Haufens zu gewinnen, und denselben ihren Zwecken dienstbar zu machen suchten. Denn die zahlreichen politischen Versammlungen für Wahlen, Gesetze und Kundgebungen des Volkswillens waren

---

[1] Salust. Catil. 10. Iug. 41. Vellej. Pater. II, 1. 2. 3. — [2] Plut. Tib. C. 8 — [3] Liv. 41, 8. 9; 42, 10.
[4] Cic. de off. III, 47; Brut. 99. 100. Val. Max. III, 4. 5; cfr. Lex Papia ap. Orel. Onom.

für Viele eine ergiebige Quelle des Erwerbs, weil schon damals die Stimmen öfters erkauft und die Anstifter von Unruhen bezahlt wurden. Es kamen endlich hiezu die Genüsse der Hauptstadt, der vielen Feste, die Spiele des Circus, Theater, Gladiatoren, Jagden, Thierhetzen und was sonst zur Erheiterung des müssigen Pöbels geboten wurde. Endlich war Rom der Zufluchtsort für alle ruinirten Leute, gerichtlich Verfolgte, böse Schuldner, Glücksritter, Gauner, Schelme, Sträflinge, Diebe, Räuber, Mörder welche in der Masse der gemischten Bevölkerung verborgen zu bleiben, ihr Gewerbe fortzusetzen oder wenigstens der Strafe entgehen zu können hofften.[1]

Denn diejenigen sind in einer argen Täuschung befangen, welche in der Mitte des siebenten Jahrhunderts noch die alterthümliche Einfachheit der Sitten voraussetzen, welche Pyrrhus zwei Jahrhunderte früher bewunderte. Hatte schon der zweite punische Krieg verderblich eingewirkt, weil er die Verarmung des Landvolkes zur Folge hatte, so waren die Feldzüge in Griechenland und Asien noch viel unheilvoller gewesen. Der lange Aufenthalt in der vorderasiatischen Städten machte die römische Heere nicht nur mit den Verfeinerungen des üppigsten Sinnengenusses sondern auch mit einer Menge orientalischer Laster bekannt. Selbst die allgemeine Verbreitung Hellenischer Sprache und Litteratur hat Anfangs nur auf den höhern Klassen der Gesellschaft einen wohlthätigen Einfluss ausgeübt. Sie hat nicht nur die Kenntniss milderer Sitte gebracht sondern auch einen edlen Wetteifer in Kunst und Wissenschaft erzeugt und eine höhere Lebensansicht hervorgerufen, wodurch die Römer den Griechen ebenbürtig werden sollten. Aber die grosse Masse pflegt zuerst die Schattenseite der fremden Nationalitäten sich anzueignen,[2] und die unmittelbare Folge der Bekanntschaft mit griechischen und asiatischen Sitten war gesteigerte Genusssucht. Der leicht errungenen Sieg, die Entfernung jeglicher Gefahr, der lange Friede wirkten erschlaffend und entnervend auf die Rauheit und die Derbheit der römischen Sitten. Die neuen Kunstgenüsse, die Prachtliebe der Grossen, die Freuden der Tafel liessen sich nicht mit der Einfachheit und der Unerfahrenheit des römischen Landmannes vereinigen; und da die verderblichen Wirkungen dieses innern Zwiespaltes hervortraten, so entstand bei den Bessern im Volke ein Widerwillen und eine feindselige Stimmung gegen die neuen Lebensrichtung überhaupt, und wie dann das Volk in diesen Fragen selten unterscheidet, so rich-

---

[1] Salust. Catil. C. 37.
[2] Polyb. XXXII, 11, 3. 791 ἐν τῇ Ῥώμῃ, διὰ τὴν ἐπὶ τὸ χεῖρον ὁρμὴν τῶν πλείστων οἱ μὲν γὰρ εἰς ἐρωμένους τῶν νέων, οἱ δὲ εἰς ἑταίρας ἐξεκέχυντο, πολλοὶ δὲ εἰς ἀκροάματα καὶ πότους καὶ τὴν ἐν τούτοις πολυτέλειαν, ταχέως ἡρπακότες ἐν τῷ περσικῷ πολέμῳ τὴν τῶν Ἑλλήνων εἰς τοῦτο τὸ μέρος εὐχέρειαν.

tete sich der Hass der Nationalen gegen die griechische Cultur überhaupt. Daher hatte Cato die Schliessung der lateinischen Rhetorenschulen mit Leichtigkeit durchgesetzt, daher hatten die griechischen Philosophen eiligst die Stadt verlassen müssen. Weder rabulistische Zungenfertigkeit noch sophistische Dialectik wurde begehrt; Leute welche in einem Athem eine Behauptung zu beweisen und zu wiederlegen wussten, welche heute herabsetzten was sie gestern hochgepriesen hatten, schienen dem Staate selbst gefährlich. Daher durfte es sich Marius bei dem Volke zum Verdienst anrechnen, dass er nicht Griechisch gelernt habe; weil es doch den Lehrmeistern selber keinen Nutzen gebracht hätte. Daher konnte Cicero seinen wissenschaftlichen Beschäftigungen, welche wesentlich auf dem Studium des Griechischen beruhten, nur mit der Hinweisung auf seine aufopfernde bürgerliche Thätigkeit rechtfertigen.[1]) Dieser Gegensatz in der geistigen Entwicklung zwischen dem Volke und den Höhergestellten trug nicht wenig dazu bei die Trennung die zwischen den politischen Parteien bestand, zu erweitern. Hatte doch Rom im Anfang zwei ganz verschiedene Elemente der Bevölkerung in sich vereinigt, einen priesterlichen Adel mit seinen Dienstmannen (Clienten) und das später hinzugekommene gemeine Volk (plebs). Der Kampf der beiden Stände bildet einen wesentlichen Theil der römischen Geschichte. Indem der eine Theil für die angestammten Rechte stritt, der andern Gleichheit vor dem Gesetz erstrebte, hat sich die Verfassung des Freistaats gebildet. Am Ende war gleiche Berechtigung Aller für alle bürgerlichen Ehren erreicht werden, so dass nur dem Würdigsten der Vorzug gegeben werden sollte. Während diese Grundsätze im 5. und 6. Jahrhundert thatsächlich herrschten und die Beseitigung aller Vorrechte der Geburt einen edlen Wettstreit der Besten im Volke erzeugte, hat sich allmälig die Bevorzugung auf eine gewisse Anzahl von Geschlechtern beschränkt, welche nun bald als ein Recht forderten was ihre Vorfahren der freien Anerkennung des Volkes verdanken wollten. So war der Aemter-Adel, die Nobilität, entstanden, welcher in seinen Ansprüchen nicht weniger übermüthig war als das ehemalige Patriciat. Denn zum Besitze der Staatsgewalt kamen noch die ungeheuren Reichthümer hinzu, eins zur Stütze des andern. So erneuerte sich der alte Kampf der Stände aber mit wesentlich verschiedenem Charakter. Wenn früher für Rechte und Grundsätze gekämpft wurde, so richtete sich jetzt der Streit gegen die Personen. Die Rechtsbegriffe hatten sich verwirrt und Alles wurde den Zwecken der Partei untergeordnet. Feindlich stand dem Adel gegenüber der höhere Bürgerstand, der vom Consulat so gut wie ausgeschlossen war, gehasst wurde er ferner von den Bundesgenossen, welche die Aufnahme ins römische Bür-

---

[1]) Salust. Jug. 85. Cicero Orat. pro Achia 6.

gerrecht verlangten, welchem Wunsche, wie sie meinten der Adel am meisten entgegen war; unzufrieden waren ferner die ärmeren Plebejer, welche ihr Landeigenthum durch die Wucherer verloren hatten; endlich standen den Anhängern der bestehenden Verfassung alle feindlich gegenüber, welche bei jeder Veränderung nur gewinnen konnten, namentlich die Proletarier der Hauptstadt, welche in den Tribut-Comitien, theils durch ihre Zahl, theils durch ihre drohende Haltung häufig den Ausschlag gaben.

Während nun von der einen Seite die Ungleichheit des Besitzstandes und die Noth und das Elend der ärmern Bevölkerung, von der andern der Uebermuth und die Hoffart der Begünstigten das Aergste befürchten liessen, wurde eine Versöhnung der erbitterten Gemüther erwartet, als Tiberius Sempronius Gracchus es unternahm auf gesetzlichem Wege eine Vermittelung zwischen den Ansprüchen der beiden Partheien zu suchen und das Gleichgewicht zwischen den verschiedenen Ständen wiederherzustellen. Es ist unnöthig darüber nachzuforschen von welcher Seite zuerst der Gedanke in ihm geweckt worden war? die Lage der Republik allein enthielt der Aufforderung genug. Die Geschichte seines Vaterlandes lehrte ihn, dass die ganze Entwickelung der Verfassung auf der Anordnung der Agrarischen Verhältnisse beruhte; also nur da konnte das Heilmittel gefunden werden, wo die Quelle des Verderbens war. Durch die Licinischen Rogationen war der höhere Bürgerstand in Rom zur Geltung gekommen, daher die Ausgleichung der Zerwürfnisse auf gleichem Wege zu suchen, durch die Natur der Sache geboten schien.[1]

Also nicht bloss inniges Mitgefühl, nicht bloss das Vorbild seines Vaters, welcher, obschon der höheren Aristocratee angehörig, dennoch der Liebling des Volkes war, haben den Tiberius bestimmt, die Erneuerung des licinischen Gesetzes zu beantragen, sondern die klare und lebendige Ueberzeugung von der Nothwendigkeit eines solchen Schrittes. An der Ausführbarkeit des Gesetzes konnte er um so weniger zweifeln, als Laelius, der Freund des Scipio Aemilianus, Aehnliches beabsichtigt hatte und nur dem Frieden zu Liebe vor der Ausführung zurückgewichen war; überdiess wurde sein Unternehmen gebilligt von dem Oberpriester Licinius Crassus, dem grossen Rechtsgelehrten Mucius Scaevola, der damals Consul war, und dem einflussreichen Appius Claudius, dem politischen Gegner des Scipio und Schwiegervater des Tiberius, der seit seinem Consulat grosses Ansehen genoss. Die Beistimmung solcher Männer muss den Tiberius gegen den Vorwurf der Unüberlegtheit schützen. Mit lautem Jubel wurde das Gesetz vom Volke begrüsst, da Tiberius wegen

---

[1] Ein griechischer Gelehrter der Neuzeit hat den Freunden und Lehrern des Tiberius einen Theil des Verdienstes zuwenden wollen. Μαρχου Περιερη περι βιαιων και Διοφανους ερευνα και εικασιαι εν Λειψια 1873. 8.

seiner Tapferkeit vom Heere gefeiert, wegen seiner Seelengüte vom Volke geliebt war und als Sohn der Cornelia und Enkel des grossen Scipio das allgemeine Zutrauen genoss. Die Liebe zum Vaterlande, die Stimme des Volkes und die Ermunterung einsichtsvoller Staatsmänner ermunterten zur That; und er hat es gewagt.

Also im Jahr 133 zum Volkstribun erwählt, hat er die Erneuerung des licinischen Gesetzes beantragt, nach welchem kein römischer Bürger mehr als 500 Morgen vom gemeinen Felde besitzen, und der Ueberschuss an die armen, vermögenloser Bürger vertheilt werden sollte. Zur Milderung seines Vorschlags hatte er den Söhnen die Hälfte dieses Landmannses gestattet, auch hinzugefügt das für das abgetretene Land nach einer billigen Schätzung den Besitzern den Preis bezahlt und dass einem Ausschuss von 3 Männern, der jährlich erneuert würde, das Geschäft der Ausgleichung übertragen werden sollte. Trotz des entschiedenen Widerspruches fast der gesammten Aristocratie schien die Annahme des Gesetzes gesichert, wenn nicht ein anderer Volkstribun Marcus Octavius, wie es scheint von der Gegenparthei gewonnen, Einspruche gegen den Vorschlag gethan hätte, welches genügte um die Abstimmung des Volkes über jenes Gesetz zu verhindern. Diesen Widerstand zu brechen hat Tiberius die äussersten Anstrengungen gemacht und dem Octavius der auch viel Gemeindeland besass, seinen Verlust auf eigene Kosten ersetzen wollen. Vergebens, Octavius blieb unerschütterlich. Und in der That war der Widerstand von Seiten der Besitzenden nur zu gerechtfertigt. Das vor mehr als 200 Jahren gegebene licinische Gesetz war in Vergessenheit gekommen und, weil schon lange nicht mehr gehandhabt, vielfältig übertreten worden. Schon wegen des geringen Zinses war das Gemeindeland ganz wie wirkliches Eigenthum angesehen, verkauft, verpachtet, vererbt und in der Art testamentarisch darüber verfügt worden, dass die Ausscheidung von dem übrigen Grundbesitz fast unmöglich war, wenn nicht alle Familienverhältnisse bei der Durchführung des Gesetzes aufs empfindlichste verletzt werden sollten. Ja Manche liefen Gefahr, ihr ganzes Vermögen zu verlieren. Da nun Tiberius die Hoffnung aufgeben musste, durch Ueberredung seinen Amtsgenossen zur Nachgiebigkeit zu bewegen, griff er zu einem äussersten Mittel, indem er nach Vorgang des Licinius den Beamten die Fortführung ihrer Aemter untersagte, die Thüren des Schatzes verschloss, die härtesten Strafen gegen Dawiderhandelnde verhängte und zugleich in der Volksversammlung erklärte, es könnten nicht zwei gleichberechtigtigte Beamte, welche über die Wohlfahrt des Volkes getheilter Meinung wären, neben einander im Amte bleiben; einer müsse dem andern weichen, worüber dem Volke die Entscheidung zustehe; diese war nicht zweifelhaft. Die 35 Wahlzünfte standen in der Ordnung auf dem Kapitol. Tiefe Stille herrschte; die Abstimmung begann; schon hatten

17 Zünfte gestimmt; die 18te. gab die Entscheidung, wie zu erwarten war, für Tiberius. Octavius seines guten Rechts bewusst, blieb unbeweglich auf der Rednerbühne stehen. Da liess ihn Tiberius durch einen Amtsdiener herunterführen und das Volk hätte ihn zerrissen wenn nicht seine Freunde schützend da umgeben und ihn eiligst entfernt hätten. Aber es war auch ein altes Gesetz, dass kein Volkstribun an Leib und Gut geschädigt, geschweige denn abgesetzt werden konnte; dass seine Person heilig und unverletzlich sei und dass jeder, welcher Hand an ihn legte, ungestraft getödtet werden konnte. Daher war Tiberius der strafenden Gerechtigkeit verfallen, und wenn ihn nicht bei seinem öffentlichen Erscheinen immer eine Schaar von 4—5000 seiner Anhänger umgeben hätten, so war er schutzlos gegenüber dem Gesetz. Das fühlte er selbst, und um sich den Charakter der Unverletzlichkeit zu wahren, musste er Alles daran setzen, um für das nächste Jahr wieder zum Volkstribun erwählt zu werden. Der Tag der Wahl erschien, aber die Versammlung war so stürmisch, es war ein solcher Tumult, ein so wildes Toben, Schreien, Lärmen, dass Niemand zum Worte kommen konnte; ja auf die Nachricht, dass der Senat versammelt sei um sich zu berathen, warf sich das Volk auf die Anhänger der Aristocratie, die in der Versammlung zugegen waren und trieben sie mit Stöcken hinweg. Jetzt schien der Gegenpartei der rechte Augenblick gekommen zu sein das Werk der Rache zu vollziehen. Aber da bei der entschiedenen Weigerung des rechtskundigen Consuls Mucius Scävola kein Senatsbeschluss gegen Tiberius gefasst werden konnte, so schrie der Oberpriester Scipio Nasica: „Der Consul verlässt die Republik, ein guter Bürger steht zum Vaterland" mit diesen Worten stürzte er fort, ihm folgte ein grosser Theil des Senats, die Toga um den linken Arm geschlungen; und ein Haufe Volkes. Bei ihrer Annäherung wichen die Gegner ehrfurchtsvoll zurück, aber das Gefolge des Senats fiel über die Anhänger des Gracchus her und schlug mit Stöcken und umgestürzten Bänken Alles nieder was nicht die Flucht ergriff. Tiberius selber, der sich retten wollte, stürzte über den Leichnam eines Gefährten und bei dem Versuche sich aufzurichten, wurde er von einem seiner Amtsgenossen, dem Lucius Satureius erschlagen, mit ihm dreihundert seiner Anhänger, deren Leichname in die Tiber geworfen wurden. Von den Ueberlebenden wurden Viele eingekerkert, vor Gericht gezogen und ohne Verhör hingerichtet. Furcht und Schrecken erfüllte die Stadt. Das Volk duldete mit geheimen Grimm und brütete Rache. Der allgemeine Hass hat sich gegen Scipio gerichtet. Auf offener Strasse musste er die Namen Mörder und Tempelschänder hören und es drohte ihm eine Anklage, wenn nicht der Senat unter einem Vorwande ihn nach Asien gesendet hätte; er hat sein Leben in Pergamus vertrauert und seine Vaterstadt nie mehr gesehen.

So war denn der erste Versuch, die Republik von dem dem drohenden Verderben zu erretten, gescheittert. Die Ermordung des Tribuns hat die schonungsloseste Beitheilung erfahren und ist als ein Act brutaler Gewalt und wüthenden Partheihasses gebrandmarkt werden. Gewiss ist dass der Consul Mucius Scaevola dieselbe als nicht im Recht begründet missbilliget hat. Indessen haben die Römer bei Unterdrückung aufständischer Bewegungen sich niemals strenge an den Buchstaben des Gesetzes gehalten, wie denn die Verurtheilung des Cassius, des Maelius und Manlius von dem Vorwurf eines willkürlichen Verfahrens kaum wird freigesprochen werden können. Aber konnte Scipio Nasica sein Verfahren nicht mit dem Drang der Umstände rechtfertigen?

In der That übte Tiberius eine beinahe despotische Gewalt; durch die Tausende von Anhängern die ihn beständig begleiteten, war gesetzlicher Widerstand beinahe unmöglich geworden. Tiberius hatte ein Grundgesetz des Staats verletzt, indem er an die geheiligte Person eines Tribuns Hand angelegt hatte. Die Verletzung eines Volkstribuns war ein todeswürdiges Verbrechen und wer sich dessen schuldig gemacht, konnte unbestraft ermordet werden. Ich gebe zu dass dieses Gesetz seit langer Zeit nicht mehr gehandhabt wurde. Aber das gleiche war auch mit dem licinischen Gesetz über das Mass des Landbesitzes der Fall. Zudem tritt bei hundertjährigem Besitz das Recht der Verjährung ein; aber eine Strafbestimmung, selbst wenn sie nicht gehandhabt wird, hört nicht auf rechtskräftig zu sein, so lang sie nicht förmlich aufgehoben wird. Die Verletzung eines Grundgesetzes ist nicht weniger strafbar als der Mord. Aber die Mehrzahl der Menschen erträgt leichter die Verletzung des öffentlichen Rechts als die Gefährdung des Lebens der Einzelnen. Endlich hat der Partheigeist das Urtheil verwirrt. Ein edler Mensch, der Liebling des Volks, war im Kampfe für die gute Sache gefallen. Dadurch wurde die That der Gegner zum Verbrechen gestempelt. Durch das allgemeine Urtheil wurde Scipio Nasica gerichtet und eine blutige Sühne wurde für Tiberius Ermordung gefordert. Die Erbitterung der politischen Gegner war zum unversöhnlichen Hasse gesteigert worden. Das römische Volk war nun an in zwei Heerlager getheilt, welche sich unaufhörlich bekämpften, bis beide Theile ermattet und verblutet dem gemeinsamen Feinde zum Opfer fielen.

Das Jahr darauf 132 kehrte Scipio Aemilians, der Eroberer von Karthago, nach der Zerstörung von Numanz, mit dem Heere aus Spanien zurück. Auf ihn als den grossen Feldherrn und Staatsmann waren Aller Blicke gerichtet. Von ihm erwartete der Adel Schutz des Eigenthums, das Volk Gerechtigkeit. Aber die Zeiten waren nicht mehr, wo der Einfluss eines grossen Mannes die Partheien hatte in Schranken halten und die Ruhe im Innern sichern können. Wenn schon der ältere Scipio dem Hasse seiner Feinde und

Neider unterlegen war, so waren damals den Gegner des Cornelischen Geschlechts noch viel zahlreicher und mächtiger geworden.

Vor Allen der oben erwähnte Appius Claudius, der Schwiegervater des gemordeten Tiberius, der keinen höhern neben sich ertrug; die seit einem Jahrhundert mit den Corneliern hadernden Meteller, die schon als Plebejer jenen gegenüber standen; der grosse Rechtsgelehrte Publius Mucius Scaevola, der persönliche Feind des Scipio Nasica und wie erzählt wird, mit seinem Bruder Crassus Mucianus, der Rathgeber des Tiberius. Diese alle standen Scipio feindlich gegenüber, ausserdem Alle die in jeder Neuerung einen Fortschritt wittern, und die ganze Masse der aufgeregten Bevölkerung, welche in der Herabsetzung grosser Männer eine innere Befriedigung findet. Scipio hatte gleich im Anfang die Erwartungen des Volks getäuscht; als er von Papirius Carbo in eine Versammlung der Bürger eingeladen, die Erklärung gab, Tiberius, wenn er nach der Herrschaft getrachtet habe, sei mit Recht getödtet worden. In diesem Sinne bekämpfte er auch die Wirksamkeit des mit der Ausscheidung des Gemeindelandes beauftragten Ausschusses, sprach gegen Papirius Carbo, der die Wiederwahl der Volkstribunen zum Gesetz erheben wollte, und wusste es durchzusetzen dass die letzte Entscheidung über streitige Besitzungen dem Ausschuss entzogen und den Consuln übertragen wurde. So war er recht eigentlich als Vertheidiger der Aristokratie, furchtlos den Volksführern entgegengetreten und hatte sich nicht gescheut die Gunst des grossen Haufens seinen Grundsätzen zu opfern. „Meint ihr, rief er dem lärmenden Volke zu, euer Toben könnte mich bewegen, da mich doch das Schlachtgeschrei der Feinde nie geschreckt hat? Seid ihr nicht Stiefkinder von Rom, denen ich erst ein Vaterland gegeben, die ich aus der Gefangenschaft zurückgeführt." So hatte er auch eines Tages sich gegen die ausschweifenden Pläne seiner Gegner mit grosser Entschiedenheit erklärt und vorzüglich die Sache der latinischen Bundesgenossen mit grossem Nachdruck verfochten und dafür die dankbarste Anerkennung von Seiten des Senats und der Bürgerschaft geerntet. Die ganze Versammlung hatte ihn mit stürmischen Beifallsrufen nach seinem Hause geleitet. Es war der schönste Tag seines Lebens (129). Am andern Morgen erfüllte die Stadt die Schreckensbotschaft, der grosse Scipio sei todt in seinem Bette gefunden worden. Mehrere Anzeichen schienen auf einen Tod durch Erstickung hinzudeuten. Allein niemals ist eine gerichtliche Untersuchung angestellt worden. Ein undurchdringlicher Schleier des Geheimnisses deckte diese That. Einige wollten vermuthen, er habe selbst Hand an sich gelegt, weil er an der Durchführung seiner Pläne verzweifelt habe. Das Gegentheil ist gewiss; denn noch in derselbigen Nacht war er mit Ausarbeitung einer Rede an das Volk beschäftigt. Eben so wenig Glauben fand die Annahme eines natürlichen Todes.

Selbst seine Gattin, die Schwester des Tiberius und Cajus Gracchus ist dem Verdachte nicht entgangen; weil sie hässlich und nicht geliebt war, hätte sie mehr dem Bruder als dem Gatten angehört. Dies ist eben so unerwiesen als dass seine Schwiegermutter, die Cornelia, die Hand zu dieser That geboten. Sclaven auf der Folter hatten ausgesagt, in der Nacht wären vermummte Männer durch eine Hinterthüre ins Haus eingedrungen und hatten ihren Herrn im Schlafe erwürgt. Als Urheber der That ist Cajus Papirius Carbo genannt worden, der Freund des Cajus Gracchus. Als solchen hat ihn später der Redner Grassus angeklagt, und Papirius hat sich der Verurtheilung durch Gift entzogen. Einen gewaltsamen Tod hat auch Cicero und Pompejus vorausgesetzt. Es ist wahrscheinlich dass Scipio ein Opfer des Partheihasses gefallen ist, aber seinen Tod in diesem Scene aufzufassen, schien weder dem Ruhme des grossen Mannes angemessen, noch auch den Absichten der Gegner förderlich zu sein. Daher Freunde wie Feinde der Erklärung der natürlichen Todesart den Vorzug werden gegeben haben.[1]

Der Tod des hervorragendsten Mannes in Rom wie er die Parthei des Senats schreckte und in seinen Entschliessungen lähmte, schien dagegen die Democraten zu ermuthigen. Denn trotzdem dass im Jahr 126 das Gesetz des Volkstribunen Junius Pennus durchgegangen war, dass die Fremden, welche sich ohne das Bürgerrecht zu besitzen in Rom angesiedelt hätten, die Stadt verlassen mussten, trotzdem dass die Stadt Fregellæ, welche wegen Verweigerung des Bürgerrechts einen Aufstand erregt hatte, vom Prætor Opimius zerstört worden war[2]) wagte der Consul M. Fulvius Flaccus das Jahr darauf 125, die Ertheilung des Bürgerrechts an alle Bundesgenossen zu beantragen, und der Senat konnte die Annahme dieses Vorschlages nur dadurch verhindern, dass er dem Consul den Oberbefehl eines Heeres übertrug welches den Massiliern gegen die Salluvier Hülfe bringen sollte. Ebenso wenig konnte

---

[1]) Cicero de republica. 1, 19. Nam ut videtis, mors Tiberii Gracchi et iam tota illius ratio tribunatus divisit populum Romanum in duas partes; obtrectatores autem et invidi Scipionis, initio facto a P. Crasso et Appio Claudio, tenent nihilo minus, illis mortuis, Senatus alteram partem dissidentem a nobis auctore Metello et Mucio, neque hunc qui nunc potest, concitatis sociis et nomine Latino, fœderibus violatis, triumviris seditiosissimis aliquid cotidie novi moventibus, bonis viris locupletibus perturbatis, his tam periculosis rebus subvenire patiuntur Cic. Lælius c. 12. huno (Tiberium) etiam post mortem secuti amici et propinqui quid in P. Scipione effecerint sine lacrimis loqui non possum. Vgl. Die Gracchen und ihre nächsten Vorgänger von K. W. Nitsche, Berlin 1847, Tiberius und Cajus Gracchus von Fr. Dor. Gerlach, Historische Studien Th. 11. S. 89—135. Beide Darstellungen in dem gleichen Jahre erschienen ergänzen einander, da die eine mehr die nationalökonomischen die andere die psychologischen Momente hervorhebt.

[2]) Liv. Epit. LX. Vellej. Pat. 11, 6; Rhetor. ad Herens. IV. 22. Salust Jug. 31. Auch die gerichtlichen Verfolgungen gegen die Anhänger des Tiberius dauerten fort. Occiso Tiberio Graccho, quem regnum parare aiebant in plebem Romanum quaestiones habitae sunt. Cic. Lælius XI, 37.

er die Bewerbung des Cajus Gracchus um das Volkstribunat vereiteln, welcher nicht nur den Gesetzesvorschlag über die Ertheilung des Bürgerrechts an die Bundesgenossen sondern auch die Gesetze seines Bruders erneuerte, mit wesentlichen Erweiterungen. Denn jetzt wurde verlangt, dass den unbemittelten Bürgern monatlich der Bedarf von Getreide zu einem ganz niedrigen Preis vom Staate sollte verabreicht werden. Ferner um den Armen die Benutzung der angewiesenen Ländereien zu erleichtern, sollte der Schatz des Königs Attalus von Pergamus, welcher das römische Volk zum Erben eingesetzt, zur Anschaffung der nöthigen Ackergeräthe verwendet und dieselben dem Volke unentgeldlich verabreicht werde. Endlich hatte er darauf angetragen, dass die Richter nicht wie bisher aus dem Senat sondern aus dem Stande der Ritter sollten genommen werden.[7] Wenn diese Gesetze zur Ausführung kamen, so war eine völlige Umgestaltung der bestehenden Verfassung die nothwendige Folge. Die Herrschaft oder der überwiegende Einfluss der vornehmen Geschlechter war vernichtet, wenn die hohe Gerichtsbarkeit in die Hände der Volkspartei überging, weil dadurch die Handhabung der Gerechtigkeit ein Werkzeug des Partheigetriebes wurde. Eben so wurde dadurch die Stellung der alten Bürgerschaft im höchsten Grad gefährdet. Die Masse der Neubürger mussten ein ganz neues Element in die Verfassung bringen, welches fremden Einflüssen viel zugänglicher war und den Schwerpunkt der Verfassung von Rom auf die Italischen Völker übertrug.

Also der entschiedenste Widerstand von Seiten des Senats war schon durch den Trieb der Selbsterhaltung geboten, um so mehr weil Cajus Gracchus weit unternehmender als sein Bruder, durch seine stürmische Beredtsamkeit Alles mit sich fortriss, und zum Aeussersten entschlossen über alle Zweige der Verwaltung seine Thätigkeit erstreckte und seine Anhänger durch immer neue Pläne und Vorschläge mit jedem Tage fester an sich zu fesseln wusste. Die Abkürzung der Dienstzeit, die Lieferung aller Kriegsbedürfnisse durch den Staat, genauere Bestimmungen über das Dienstalter wurden in Aussicht gestellt, ausserdem sollten eine Anzahl neuer Pflanzstädte gegründet, Strassen, Brücken, Dämme, Kanäle, angelegt werden, damit der Verkehr auf alle Weise erleichtert würde; bekanntlich immer die wirksamsten Mittel um die Gunst des Volkes sich zu erwerben. Damit aber die Unternehmungen rascher gefördert wurden, stellte er sich selbst an die Spitze und war

---

[7] Liv. Ep. LX. hat diese Fassung: tertiam (legem tulit) qua equestrem ordinem tunc cum Senatu consentientem corrumperet; ut sexcenti ex equitibus in Curiam sublegerentur et quia illis temporibus trecenti tantum Senatores erant, trecenti equites trecentis senatoribus admiscerentur ut equester ordo bis tantum virium in senatu haberet, eben so Plut. V. C. Gracchi, c. 5, aber genauer Vellej. II, 32; Appian. b. c. 1, 22; Cic. Verrin. 1, 13; Tac. ann. 12, 60, Walter Gesch. d. Röm. Rechts 1 p. 244.

immer mit einer Anzahl von Architekten, Geometern, Werkleuten und Arbeitern umgeben welche den Ruhm seines Namens in immer weiteren Kreisen verbreiteten. Dagegen war ihm nachtheilig die Verbindung mit dem oben erwähnten Fulvius Flaccus, welcher übermüthig und Rache schnaubend um so trotziger und gewaltthätiger auftrat, je hartnäckiger der Widerstand des Senats war. Diesen leitete der Consul Opimius, ein stolzer und hoffärtiger Mann, welcher vor einigen Jahren den Versuch eines Aufstandes in Fregellae siegreich bekämpft, blutige Rache an den Empörern genommen und ihre Stadt dem Boden gleich gemacht hatte. Dieser hatte, wie es scheint einen Volkstribunen zu bestimmen gewusst, dass er auf die Aufhebung aller von den Gracchen gegebenen Gesetze antrug. Das entgegengesetzte Verfahren schlug ein anderer Tribun, Livius Drusus ein, welcher den Einfluss des Cajus dadurch abzuschwächen suchte, dass er ihn in volksfreundlichen Vorschlägen zu überbieten wusste. Hatte jener die Anlegung von zwei Pflanzstädten beantragt nach Capua und Tarent, so sprach Livius von zwölfen; hatte C. Gracchus dem Volke Landbesitz versprochen, so stellte Livius Abgabenfreiheit in Aussicht. Hatte jener den Latinern das Bürgerrecht zugesichert, so hat dieser die Befreiung von entehrenden Strafen angekündigt. Dabei beobachtete Livius die Klugheit dass er nichts für sich selber begehrte, im Gegentheil überall dem Senat die Ehre gab und in dessen Sinn zu handeln erklärte; dessen Wohlwollen gegen das Volk diese Vorschläge hervorgerufen habe. Gegen diese vereinten Bestrebungen seiner Feinde, glaubte Gracchus nur dadurch sich sicher stellen zu können, wenn er zum dritten Mal Volkstribun würde. Das zweite Tribunat hatte ihm das Volk ohne seine Bewerbung übertragen, die dritte schien ihm für seine persönliche Sicherheit nothwendig; zumal durch das Gesetz des Junius Pennus viele seiner Freunde und Anhänger aus der Stadt entfernt worden waren. Die nächste Volksversammlung musste entscheiden. An dem bestimmten Wahltage wurde schon am frühen Morgen von beiden Partheien Stellung auf dem Capitol genommen. Während der Consul opferte und einer der Diener die Eingeweide nach dem Altar trug, rief dieser den Leuten des Fulvius, die ihm im Wege standen, von weitem zu: „Macht ehrlichen Leuten Platz, ihr Aufrührer." Ein Dolchstoss war die Antwort und der Diener sank todt zur Erde. Darauf wildes Geheul, Verwünschungen, Drohungen. Gracchus missbilligte das Geschehene; Opimius frohlockte; der Leichnam wurde mit grossem Gepränge aufgehoben, auf eine Bahre gelegt und auf dem Forum aufgestellt. Laut wurde die Bestrafung der Mörder verlangt, und das Volk schrie Rache.

Jetzt schien es geboten Gewalt mit Gewalt zu vertreiben und wirklich beschloss der Senat die Consuln sollten ein getreues Aufsehen haben, damit das gemeine Wesen keinen Schaden erleide; d. h. es wurde denselben unbedingte Vollmacht gegeben, ganz nach Gutdünken zu verfahren. Da nun zufolge eines Gewitters an dem bestimmten Wahltage die Volksversammlung ausgesetzt werden musste, so traf Opimius seine Vorkehrungen für den folgenden Tag. Er forderte den Senat auf sich zu bewaffnen und gebot den Rittern zwei bewaffnete Knechte mitzubringen; während Fulvius ebenfalls seine Leute bewaffnete. Cajus aber verliess niedergeschlagen und mit schwerem Herzen das Forum und begab sich nach seiner Wohnung, welche das Volk schützend umgab. Die Nacht brachte Fulvius beim Trinkgelage zu mit Schreien, Lärmen, Toben, und so wenig schien er den Ernst der Lage zu begreifen, dass er des Morgens nur mit Mühe und einem Rausche aufgeweckt werden konnte. Seine Anhänger besetzten den Aventinus, das Plebejerquartier, wo Cajus unbewaffnet zu ihnen stiess. Er wusste den Fulvius zu überreden, noch einmal Abgeordnete an den Senat zu schicken, um wo möglich eine Verständigung durch Unterhandlung herbeizuführen. Fulvius eigner Sohn übernahm den Auftrag und wusste so eindringlich und beweglich über die Versöhnung zu reden, dass alten Männern die Thränen in die Augen traten. Aber Opimius fuhr ihn hart an; nicht durch Abgeordrete, sondern persönlich müssen sich die Aufrührer vor dem Senate verantworten, daher sie selbst zu erscheinen hätten, Cajus war auch dazu bereit; aber Fulvius schickte seinen Sohn zum zweiten Male, wiewohl ihm Opimius verboten hatte, wieder zu erscheinen, wenn er nicht unbedingte Unterwerfung brächte. Jetzt wurde die letzte Aufforderung an die Aufständischen gerichtet: Allen welche die Waffen niederlegten, wurde Straflosigkeit zugesichert, gegen die Uebrigen werde nach der ganzen Strenge des Gesetzes verfahren werden. Darauf setzte sich Opimius mit seinem Haufen in Bewegung, voran die kretischen Bogenschützen, welche mit ihren weittragenden und sicher treffenden Geschossen eine grosse Verwirrung anrichteten. Bald löste sich Alles auf in wilder Flucht. Fulvius hatte sich mit seinem Sohne in ein verlassnes Badhaus geflüchtet, von wo er hervorgezogen und niedergemacht wurde. Cajus floh über die Tiber in einen den Furien geheiligten Hain, wo er die Rache des Himmels auf die Undankbarkeit des Volkes herabrief und durch die Hand eines Freigelassenen den gewünschten Tod fand. Dreitausend seiner Anhänger fielen mit ihm. Ihre Leichname wurden in den Strom geworfen, ihre Güter eingezogen und den Angehörigen die Trauer untersagt. Wie zum Hohne wurde, nachdem das Morden und die Hinrichtungen aufgehört, der Göttin der Eintracht ein Tempel von Opimius geweiht.

Mit dem Tode des Cajus Gracchus war sein Werk grösstentheils zerstört. Zwar die Getreidespenden sind geblieben, wenn auch nicht in dem Umfang, wie sie anfänglich bestanden. Auch die Uebertragung der Gerichte von dem Senat an den Ritterstand hat vierzig Jahre fortgedauert, bis endlich nach vielen Schwankungen die Auskunft getroffen wurde, das die Richter zu gleichen Theilen aus den Senatoren, den Rittern und dem höhern Bürgerstande (tribuni aerurii) genommen werden sollten. Aber die Austheilung von Ländereien an die Armen hat als unausführbar sich erwiesen. Schon die vielen Streitigkeiten über die Ausscheidung des Gemeindelandes vom Privateigenthum waren ein mächtiges Hinderniss, weil die Schlichtung der Processe absichtlich verzögert werde. Ferner war das ausgeschiedene Land durchaus ungenügend für das Bedürfniss. Die Anlage neuer Pflanzstädte hat wohl theilweise Erleichterung gewährt aber den Erwartungen nicht entsprochen. Endlich war es keine leichte Aufgabe, aus einer Bevölkerung, die an städtische Genüsse und an Müssiggang gewöhnt war, fleissige und genügsame Landarbeiter zu schaffen. In Folge dessen wurde später mit der Ausscheidung des Gemeindelandes inne gehalten und die bisherigen Eigenthümer im Besitze desselben belassen. Dagegen sollte der Ertrag des Pachtgeldes an die Armen vertheilt werden. Später wurde auch diese Abgabe aufgehoben und den Besitzern des gemeinen Feldes die ungestörte Benutzung gewährleistet. Endlich wurde den Armen welche schon Land erhalten hatten, im Widerspruch mit einer frühern gesetzlichen Bestimmung, gestattet dasselbe wieder zu verkaufen, wodurch alles Land wieder in die Hände der Reichen kam.¹)

So hatte sich die Unmöglichkeit der wohlgemeinten Verbesserung herausgestellt; die frühern Besitzer wurden in ihren Ansprüchen nur bestärkt, weil der Versuch einer Abänderung dieser Verhältnisse als völlig gescheitert zu betrachten war. Nutzen hat dieser Ausgang Niemanden, am wenigsten dem Gemeinwesen gebracht. Die Machthaber, weil sie ihren Sieg mit schonungsloser Härte verfolgten, und durch fortgesetzte Untersuchungen, Anklage und Verhöre die Aufregung unterhielten,²) haben mehr Hass und Neid erregt als an Ansehen und Einfluss gewonnen. Die Eintracht und der innere Friede sind nicht zurückgekehrt, die Partheien waren nicht versöhnt, die Frage der zunehmenden Verarmung und der Erweiterung des Bürgerrechts blieb ungelöst; Nichts war entschieden, und Alles der ungewissen Zukunft anheimgestellt.

Die Lage wurde dadurch drohender, weil die alten Zucht der Sitten nicht mehr bestand und die Unterordnung unter das Gebot des Gesetzes in den Partheikämpfen mehr und mehr abgeschwächt wurde. Da man sich gewöhnt hatte, den Gesetzgeber als politischen Gegner zu betrachten, so fing man an die Unterwerfung unter die Beschlüsse des Senats als eine Demüthigung zu betrachten, der sich jedermann zu entziehen suchte.³)

---

¹) Appian. G. c. 1, 27. ²) Sal. Jug. 31. 42.
³) Cicero Laelius cf. 2. Videre jam videor populum a senatu disjunctum, multitudinis arbitrio res maximas agi. Plures enim discunt. quemadmodum haec fiant, quam quemadmodum iis resistatur.

Die erste Aeusserung dieser gegenseitigen Erbitterung trat im Jugurthinischen Kriege hervor, wo die hohe Aristokratie in den Kronstreitigkeiten der Söhne Micipsas entschieden Parthei für den Mörder Jugurtha nahm und von schnöder Habsucht verblendet, demselben nicht nur Straflosigkeit für seine Vergehungen gewährte, sodann auch einen sehr vortheilhaften Frieden und die Herrschaft über ganz Numidien überliess und gleichzeitig die Ehre des Volkes und den Ruhm des Heeres dem Feinde verkaufte. Da war der Volkstribun Cajus Memmius aufgetreten und hatte in einer leidenschaftlichen, tiefeinschneidenden Rede das ganze Gewebe aristokratischer Arglist und die schamlose Bestechlichkeit der Heerführer und Gesandten so sonnenklar dargelegt, dass Jugurtha nach Rom vor das Volksgericht geladen wurde und ohne Zweifel alle Vergehungen der Aristokratie enthüllt hätte, wenn nicht ein anderer, auch vom König bestochener Volkstribun die ganze Untersuchung durch seine Einsprache niedergeschlagen hätte. So blieb das Verbrechen ungestraft und die Erbitterung wuchs.

Wenn nun schon Metellus durch seine Unbestechlichkeit wie durch seine geschickte Kriegsführung und später Marius durch die glückliche Beendigung des Krieges diese Schmach getilgt und den Ruhm römischer Unbesiegbarkeit wieder erneuert haben, so hat dennoch die Entdeckung der Schandthaten dem Ansehen der aristokratischen Parthei eine unheilbare Wunde geschlagen. Die Aristokraten hatten sich in den Augen des Volkes so erniedrigt, dass sie nicht mehr als die Häupter und Leiter der Bürgerschaft, sondern nur als eine herrschsüchtige Parthei angesehen wurden.

Die nächste Folge war, dass schon das Jahr darauf der Volkstribun Cajus Mamilius Limetanus den Antrag stellte, dass gegen alle diejenigen, eine gerichtliche Untersuchung angestellt werden sollte, welche den König Jugurtha zum Ungehorsam gegen die Beschlüsse des Senats verleitet, welche Geld von ihm empfangen, welche ihm Elephanten und Ueberläufer verkauft und überhaupt einen Vertrag mit ihm geschlossen hätten. Da hat der Adel seinen ganzen Anhang aufgeboten um die Annahme dieses Gesetzes zu hintertreiben und namentlich seinen Einfluss bei den latinischen und italischen Bundesgenossen benutzt, um die öffentliche Meinung zu ihren Gunsten zu stimmen; denn durch persönliches Auftreten würden sie sich nur verdächtig gemacht haben. Vergebens, die Bundesgenossen erhielten nur ein lebhafteres Gefühl ihrer Bedeutsamkeit und die Volkspartei liess sich nicht irre machen. Viele der angesehensten Männer, darunter mehrere Consularen, Lucius Calpurnius Bestia, Spurius Albinus, Cajus Cato, Cajus Galba und selbst der mächtige Opimius wurde verurtheilt und der Adel seiner stärksten Stützen beraubt. Aber der Partheihass war dadurch noch nicht befriedigt. Jeder suchte für persönliche Beleidigungen Rache an dem Senat zu nehmen, so Cajus Cassius Longinus, welcher, um sich an seinem Feinde Servilius Caepio zu rächen, 104 der Vorschlag durchsetzte, dass keiner der vom Volksgericht verurtheilt worden wäre, seinen Sitz im Senat behalten dürfte. In gleicher Weise hatte der Volkstribun Cajus Domitius aus Zorn gegen die Pontifiker, weil sie ihn nicht in ihr Collegium gewählt hatte, auch dieses letzte Bollwerk dem Adel entrissen und die Wahl der Pontifiker, der Augurn und der Zehnmänner, die zum Gottesdienst verordnet waren, dem Volke übertragen. Umgekehrt hat der Consul Servilius Caepio den Senatoren durch ein Gesetz die Gerichte zurückgegeben, aber durch den Praetor Servilius Glaucia wurde dasselbe Gesetz zwei Jahre später wieder aufgehoben, so dass auch die Gesetzgebung in den Bereich der Partheikämpfe hineingezogen, ihren eigenthümlichen Charakter völlig verlor, und statt bleibende Zustände und Ordnung zu schaffen, nur die Launenhaftigkeit einer von der verschiedensten Leidenschaften bewegten Volksmasse verkündigte.

Aber die furchtbarste Schreckensherrschaft hat einige Jahre später der Volkstribun Lucius Appuleius Saturninus geübt. Durch muthige Bekämpfung der Aristokraten und durch die glückliche Beendigung des Jugurthinischen Kriegs war Cajus Marius der Liebling des Volks geworden. Eben derselbe hatte als Sieger über die Kimbern und Teutonen das Vaterland aus der grössten Gefahr und vom Untergang gerettet. Daher war er der erste Mann des Jahrhunderts, und die Volksparthei herrschte durch ihn unbedingt.

Lucius Appulejus Saturninus also, vertrauend auf das Uebergewicht des gemeinen Volks und wie es scheint der geheimen Unterstützung des Marius gewiss, überdiess von Rachegedanken getrieben, hatte sich mit dem Praetor Servilius Glaucia verbunden. Von Cäcilius Metellus mit einer Censorischen Rüge bedroht, suchten sie durch Anwendung offener Gewalt durch Mord und Todtschlag sich an ihm zu rächen, während sie anfänglich in die Fusstapfen des Cajus Gracchus zu treten schienen. Daher hat Appulejus zuerst sich ums Volkstribunat beworben, und da er seinen Zweck nicht erreichte, seinen Mitbewerber Nonius auf öffentlicher Strasse ermordet. Dafür hatte ihm der Praetor Glaucia nicht nur Straflosigkeit zugesichert, sondern auch seine Wahl zum Volkstribun mit Gewalt durchgesetzt. Worauf Appulejus das sempronische Gesetz über die monatlichen Getreidespenden erneuert und trotz des gesetzlichen Widerspruchs vor die Volksgemeinde gebracht, wo es nur durch plötzliche Aufhebung der Versammlung verhindert werden konnte. Darauf trat er mit einem neuen Gesetze hervor, nach welchem alles Land in Gallien, welches Marius den Kimbern und Teutonen entrissen hatte, für Staatseigenthum erklärt und Pflanzstädte darin angelegt werden sollten, wie auch in Sicilien, Achaja und Makedonien; dabei sollten die Soldaten die unter Marius gedient vorzüglich berücksichtigt werden, und jeder 100

Morgen Landes in Africa erhalten. Und damit aller Widerstand der Gegner beseitigt würde, war noch die Bestimmung beigefügt, dass fünf Tage nachdem das Gesetz vom Volke angenommen war dasselbe vom Senat beschworen werden sollte. Wer sich weigerte, der sollte aus der Zahl der Senatoren gestrichen und ausserdem noch mit 20 Talenten gebüsst werden. Diese letztere Bestimmung war namentlich gegen Metellus Numidicus gerichtet, den Marius persönlich hasste und den zu stürzen die Absicht war. Denn seine Feinde rechneten mit Bestimmtheit darauf dass er sich dieser schmählichen Bedingung nicht unterwerfen würde. Und sie täuschten sich nicht, denn er liess die Strafe der Verbannung über sich ergehn und begab sich nach Rhodus.

Aber Appulejus 2 Jahre hintereinander zum Volkstribun gewählt, namentlich durch die Stimmen des Bauern, die ehemals unter Marius gedient hatten, bewarb sich das dritte Mal um dieselbe Würde, theils um sich persönlich sicher zu stellen, theils um für seinen Freund Servilius Glaucia das Consulat zu erzwingen. Auch diesmal sollte die Ermordung des Mitbewerbers, des oben erwähnten Memmius die Wahl des Glaucia erleichtern, und jeder Widerstand schien durch Furcht gelähmt, als sich endlich der bessere Theil der städtischen Bürgerschaft, die angesehensten Männer an der Spitze, gegen Appulejus erhob und denselben mit seinem Anhang auf dem Kapitol Schutz zu suchen zwang. Aber während der Consul Marius zögerte, gegen die Aufrührer, welche der Senat für Feinde des Vaterlandes erklärt hatte, Gewalt anzuwenden, durchschnitt das Volk die Wasserröhren, welche zum Capitole führten und nöthigte die eingeschlossenen sich zu übergeben. Sie unterwarfen sich, immer noch mit der geheimen Hoffnung auf den Beistand des Marius, der sie, um sie der Volksrache zu entziehen, in der Curie einsperrte. Aber das Volk wüthend deckte das Dach ab, und Appulejus mit all" seinen Freunden und Genossen wurden mit herabgeschleuderten Dachziegeln erschlagen. — Andere hatten erzählt, sie seien treuloser Weise auf Anstiften des Consul Marius erdrosselt worden.[1])

Der traurige Ausgang des Saturninus hatte wenigstens die Folge, dass die Ruhe für einige Jahre zurückkehrte. Der Senat gewann wieder Vertrauen. Metellus wurde aus der Verbannung zurückgerufen und der Consul Didius, um übereilte Volksbeschlüsse zu verhindern, suchte mehr Regelmässigkeit in den Verhandlungen der Volksgemeinde zu bringen indem er das Gesetz erneuerte, dass jeder Gesetzesvorschlag drei Markttage vorher bekannt

---

[1]) Liv. Epit. LXIX Appian. b. c. 1, 28, 31 – 39, Plutarch Mar. c. 29. Flor. III. 16. Vellej. II. 12. Livius: Profecto (Metello) C. Marius seditionis auctor, qui sextum consulatum per tribus sparsa pecunia emerat, aqua et igni interdixit.

gemacht und dass bei Berathung über die Gesetze selber aber jeden einzelnen Abschnitt besonders abgestimmt werden sollte, damit man nicht Gesetze, welche Verschiedenartiges umfassten in Bausch und Bogen anzunehmen gezwungen war. — Allerdings Bestimmungen mit Spinngeweben zu vergleichen, in welchen Fliegen hängen bleiben während sie von Wespen zerrissen werden.

Eben so nutzlos oder vielmehr verderblich war das Gesetz welches die beiden Consuln Lucius Licinius Crassus und Quintus Mucius Scaevola zur Annahme empfahlen. Diese beiden ausgezeichneten Männer wollten die Ausübung des römischen Bürgerrechts durch Unberufene verhindern, welche sich in der Stadt Rom niederliessen, was vorzüglich von Seiten der Latinischen und Italischen Bundesgenossen geschah. Sie trugen daher darauf an, dass allen diesen Insassen der Aufenthalt in der Stadt Rom untersagt wurde.[1] Da der Mittel das Gesetz zu umgehen unzählige waren haben sie ihren Zweck nicht erreicht, wohl aber die Bundesgenossen erbittert und das leidenschaftliche Verlangen das Bürgerrecht zu erhalten nur heftiger entzündet.

Endlich im Jahr 91 ist der Volkstribun Markus Livius Drusus aufgetreten um den Frieden in dem zerrüttetem Gemeinwesen herzustellen und der Retter seines Vaterlandes zu werden. Ihm leuchtete vor das Beispiel seines Vaters, der durch seinen mannhaften Widerstand gegen Cajus Gracchus sich den ehrenvollen Beinamen „Schirmherr des Senats" erworben hatte; aber mächtiger wirkte sein hoher Geist, und das stolze Vertrauen auf die eigene Kraft. Er glaubte das Geheimniss gefunden zu haben die feindseligen Elemente zu versöhnen und den Anforderungen der Zeit gerecht zu werden. Daher schlug er vor, 300 Ritter in den Senat zu wählen, der damals auf die Zahl von 300 Mitgliedern herabgesunken war und aus diesen die Beisitzer in den Gerichten zu wählen. Diesem neu gebildeten Gerichtshof sollte denn auch die Untersuchung über die Bestechung übertragen werden, welche das Volk so erbittert hatten. Zugleich um das Volk für seine Vorschläge zu gewinnen, versprach er die von seinem Vater beabsichtigte Colonien anzulegen und überhaupt Alles was noch vom Gemeindeland übrig wäre an das Volk zu vertheilen. Während nun dieses ihm dankbar zugethan war, hat er sich den Senat und die Ritterschaft entfremdet. Der erste fürchtete die Verminderung seines Ansehens durch einen so beträchtlichen Zuwachs; die Ritter meinten, die Entscheidung wäre für sie nachtheilig, weil nur wenige Hundert von mehreren Tausenden geehrt, die übrigen aber offenbar verlieren würden. Besonders aber fürchteten sie die gerichtliche Untersuchungen wegen der Bestechungen, deren viele sich schuldig fühlten. Den grössten Anstoss aber hat Livius gegeben, weil er den

---

[1] V. Lex Licinia Ap. Orell. Ind. Legg. p. 240.

Bundesgenossen sehr bestimmte Versprechungen für die Ertheilung des Bürgerrechts gemaht und sogar eine Art von Vertrag mit den Häuptern geschlossen hatte, der durch eidliche Gelübde befestigt worden war. Offenbar hatte er die gebieterische Nothwendigkeit dieses Schrittes erkannt; da die Frage nicht mehr vertagt geschweige denn unerledigt bleiben konnte. Auch gegen die Gerechtigkeit der Forderung wird er sein Auge nicht verschlossen haben, wenn er auch die darin liegende Gefahr erkannte. Diese suchte er durch die getroffene Uebereinkunft möglichst zu beseitigen. Dass endlich der Plan seiner Eigenliebe schmeichelte, der Retter Italiens zu werden, wird Niemand übersehen. Wie nahe er dem Ziele war, davon ist der Beweiss, dass er nur durch Meuchelmord beseitigt werden konnte. Als Urheber hat man den Volkstribun A. Varius, den Consul Marcius Philippus und A. Servilius Caepio genannt. Keine Untersuchung ist angestellt worden. Gewiss ist dass auf den Antrag des Consul Philippus alle seine Gesetze als im Widerspruch mit der Lex Didia und gegen die Auspicien, aufgehoben worden sind. Unmittelbar auf seinen Tod ist der Ausbruch des Bundesgenossenkriegs erfolgt.[1]

Denn die Nachricht dass ihr Schirmherr durch Meuchelmord gefallen sei, hatte die Bundesgenossen um so mehr erbittert, als sie sich durch die heiligsten Eidschwüre mit ihm verbündet hatten.[2] Also erhoben sich namentlich die Völker sabellischen Stammes im offenen Aufstand, die Marser, Peligner, Vestiner, Samniter, Lucaner, Bruttier, Picenter, gründeten eine sogenannte Fœderativ-Republick mit der Hauptstadt Corfinium, die sie Italica nannten, wählten zwei Vorsteher, Consuln, einen Bundesrath (Senat) von 500 Mitgliedern und stellten 12 Hauptleute an die Spitze der Milizen. Nie war Rom in grösserer Gefahr gewesen. Die Früchte der Siege von mehr als 6 Jahrhunderderten standen auf dem Spiele. Die Völker welche sonst an der Seite der Legionen gefochten hatten, erhoben die Waffen gegen die Republik. Es war der Bürgerkrieg in der furchtbarsten Gestalt.[3] Unzählige Schlachten wurden geschlagen, bis ins vierte Jahr wogte der Kampf hin und her. Denn auch mehrere Städte Campeniens, und die Appuler und Japygier hatten die Feinde verstärkt und mehr als 300,000 Bürger sind in diesem Kriege gefallen. Die Römer, wenn schon am Ende Sieger, sahen sich genöthigt zuerst den Latinern, Umbrern und Etrusern dann der Reihe nach den übrigen besiegten Völkern zu bewilligen, was sie den gerechten Forderungen der Einzelnen vorenthalten hatten; alle Italiker erhielten das römische Bürger-

---

[1] Vgl. die Abhandlung des Verfassers: »Der Kampf der Partheien und der Bürgerkrieg.« Histor. Studien, Th. III. p. 570 folg.
[2] Diodor. Fragm. Ed. Dindorf. p. 128.
[3] Dio. Fr. 112. Diodor Exc. Ed. Dind. 132.

recht und selbst die Fremden welche bei ihnen ansässig waren. Eine neue Epoche der römischen Geschichte beginnt. Nicht umsonst hatten die Zeichen des Himmels gedroht und ahnungsvoll hatten die Etruskischen Seher den Beginn der achten Jahreswoche, ein anderes Menschengeschlecht und eine neue Zeit verkündet.[1]

Aber wer grosse Hoffnungen an diese Weissagung geknüpft hatte, sah sich bald getäuscht. Wohl war das Ziel der Wünsche eines grossen Theils der Bevölkerung Italiens erreicht, aber der Friede und die Eintracht war damit nicht zurückgekehrt. So nothwendig auch die Vermehrung der Bürger erschien, um den von allen Seiten drohenden Gefahren zu trotzen, so wenig konnte die Vereinigung mit so feindseeligen Elementen die innere Kraft des Reiches erhöhen. Zumal die Vergünstigung dadurch bedeutend verkümmert wurde, dass die grosse Masse der neuen Bürger nur auf acht, später auf zehn Tribus vertheilt wurde, wodurch die alten Bürger ein grosses Uebergewicht behielten. Die Völker sabellischen Stammes hatten bewiesen, dass der alte Hass gegen Rom noch in ihrem Herzen lebte. Mit derselben Erbitterung, mit welcher sie um die Herrschaft über Italien mit Rom gerungen hatten, haben sie damals für gleiches Recht gefochten, und nicht das Begehren des Bürgerrechts sondern der Hass war die Seele des Widerstandes. Als später in Rom selbst wieder Zwietracht sich erhob, haben sie aufs Neue die Waffen ergriffen und sechs Jahre lang bis zur Vernichtung den Kampf fortgesetzt. Sulla konnten sie ausrotten aber nicht besiegen. Samnium und Etrurien blieben der Heerd des Aufruhrs und der Empörung.

Selbst in Rom war der Kampf zwischen den Partheien durch den Bürgerkrieg nur vertagt nicht gemildert worden. Das Unglück des Vaterlands bot den Rittern eine erwünschte Gelegenheit, Rache an den Senatoren zu nehmen, welche man mit Recht oder Unrecht als die Urheber des Krieges ansah. Allerdings hatte er durch Herbeiziehung der Bundesgenossen in die Gracchschen Streitigkeiten, diesen ein Gefühl ihrer Wichtigkeit gegeben, und später vielleicht noch mehr durch die Ausweisung der Unberechtigten aus der Hauptstadt dieselben erbittert; inzwischen hatten die Aristokratie die Vermehrung der Bürger nicht mehr zu fürchten als die Gemeinen und auf jeden Fall sind die Fehler Einzelner auf den ganzen Stand übertragen worden. Es wurde ein gewandter Redner, der Volkstribun Quintus Varius Hybrida, der eine persönliche Beleidigung an dem Senat zu rächen hatte, aufgestiftet, den Antrag zu stellen, dass eine Untersuchung angestellt wurde, durch wessen Schuld der Bundesgenossenkrieg veranlasst worden wäre. Die Unbestimmt-

---

[1] Diodor X. 202. Ed. Dis. Lex Julia, Plautia, Pompeja.

halt der Anklage gab derselben eine grosse Ausdehnung und weil die Partheilichkeit des Gerichts bekannt war, sind Viele durch freiwillige Verbannung der Verurtheilung zuvorgekommen, so der Redner Aurelius Cotta und Spurius Abinus. Von den übrigen nennen wir den Lucius Calpurnius Bestia, den Cnaejus Pompejus Strabo, den Lucius Memmius, den Q. Pompejus Rufus, den Cajus Porcius Cato. Selbst der greisse Marcus Aemilius Scaurus wurde vorgefordert und nur sein starkes Selbstvertrauen hat ihn gerettet. Viele Andere dagegen sind als Opfer des Partheihasses gefallen, bis Varius selber nach seinem eigenen Gesetz verurtheilt in der Verbannung durch einen persönlichen Feind einen qualvollen Tod gefunden hat. Der Bundesgenossenkrieg, der bis in das vierte Jahr fortdauerte, schien die Wuth der Partheien gedämpft zu haben, da die gemeinsame Gefahr alle Kräfte auf dem Kampfplatz rief, aber kaum war die Furcht aus den Gemüthern gewichen, als der alte Hader von Neuem begann. Die Ströme Blutes welche vergossen worden waren, haben selbst die Scheu vor dem Bürgerkrieg nicht überwinden können.

Daher mag man nicht Einzelne für die Greuel der Verwüstung verantwortlich machen, die Schuld tragen alle Partheien zugleich, welchen die Befriedigung ihrer Leidenschaften mehr galt als das Wohl des Vaterlandes. Allerdings trifft zunächst die Demokraten der Vorwurf die erste Veranlassung zur Ergreifung der Waffen gegeben zu haben, und vorzüglich war es der grenzenlose Ehrgeiz des siebzigjährigen Marius und die masslose Kühnheit des Volkstribuns Publius Sulpicius Rufus, welcher die Aristokratie zum Kampf herausgefordert hat. Den Marius beunruhigte der wachsende Ruhm und das steigende Ansehen des Lucius Cornelius Sulla, welcher im Bundergenossenkrieg sich ausgezeichnet und daher vom Volke mit der Würde des Consulats und der Oberfeldherrnstelle gegen Mithridates belohnt worden war. Schon im Jugurthinischen Krieg hatte derselbe dem Marius der Verdienst der glücklichen Beendigung des Krieges streitig gemacht und in der Schlacht bei Verona hatte er als Legat des Catulus, dem Nebenbuhler des Marius den Vorzug eingeräumt und war seitdem beständig als Liebling des Heeres und eifriger Anhänger der Aristokratie, dem Marius im Wege gestanden. Jetzt sollte er die Führung des Krieges in Asien übernehmen dessen Ausgang dem Feldherre nebst grosser Beute noch grösseren Ruhm versprach; ein dem alten Kriegsmann unerträglicher Gedanke, dass er an Ruhm von dem Haupt der ihm verhassten Adelsparthei überstrahlt und von einen jüngern Manne in Schatten gestellt werden sollte. Seine Wünsche fanden Unterstützung bei dem ausgezeichnetsten Redner damaliger Zeit, dem Volkstribun Publius Sulpicius Rufus. Dieser Mann von seltenen Geistesgaben dem ein würdevolles Aussere, Hochsinn und Seelenadel eine ungemeine Gewalt über die Gemüther gab, so dass der mächtige Strom seiner Rede selbst die Einsichtsvollsten zur Bewunderung hinriss und die Unerfahrene ganz nach seinem Willen leitete, hatte die Parthei des Adels, welche auf Ihn die grosse Hoffnung setzte, verlassen und sich den Demokraten zugewandt.

Warscheinlich hatte ihn verletzte Eitelkeit zu diesem Schritt getrieben, weil er, bis dahin ein leidenschaftlicher Anhänger der Aristokratie, die verdiente Anerkennung nicht gefunden, und als er einen rohen Aufrührer den C. Norbanus Balbus vor Gericht gezogen, den grossen Redner Antonius zum Gegner gehabt hatte, wodurch der Angeklagte der Verurtheilung entging. Das ertrug des reitzbare Gemüth des jungen, stolzen Mannes nicht und um seine Sinnesänderung auf eine recht auffallende Weise kund zu thun, hat er das Gesetz über die Zurückberufung der Verbannten, das er früher bekämpft hatte aufs lebhafteste unterstützt, und als er das Volkstribunat erlangt hatte, sich mit sechshundert jungen Rittern verbündet die er seinen Gegensenat nannte; und wenn er in die Volksversammlung kam, liess er sich von 3000 kräftigen Männern begleiten, welche mit Dolchen unter dem Gewandte jeden Widerstand vereitelten. So von dem Beifall des ihm ganz ergebenen Volkes immer weiter fortgetrieben, konnte er es wagen, darauf anzutragen, dass die neuaufgenommenen Bürger, sowie die Freigelassenen in alle 35 Tribus vertheilt werden sollten, während jene bisher nur in acht oder zehn Wahlzünften, die Freigelassenen nur in einer städtischen ihre Stimme abgegeben hatten. Die Annahme jenes Vorschlages musste nothwendig die alten Bürger alles Einflusses auf die Abstimmung berauben, da sie überall in der Minderzahl waren. Darauf sich stützend, machte Sulpicius sogar des Vorschlag dem Sulla den Oberbefehl gegen Mithridates zu entziehen und denselben dem Marius zu übertragen, den er mit Anwendung von Gewalt und Mord durchzusetzen wusste. Ein Beschluss welcher den Marsch des Sulla auf Rom, die Achtserklärung des Marius, des Sulpicius und zwölf ihrer Anhänger nebst der Aufhebung aller von Sulpicius vorgeschlagenen Gesetze zur Folge hatte. Um den Erfolg der Waffengewalt zu sichern hat Sulla das frühere Gesetz erneuert, dass kein Gesetzesvorschlag vor die Gemeinde gebracht werden solle, ohne Begutachtung des Senats; ferner sollte die Centuriengemeinde wieder wie früher das Recht der Gesetzgebung erhalten und der Senat durch 300 neue Mitglieder ergänzt werden; Verfügungen, welche um so notwendiger waren, als nach Entfernung des Heeres aus der Stadt die demokratische Parthei alle Mittel in Bewegung setzte um fürs nächste Jahr das Consulat in ihrem Sinne zu besetzen, welches ihnen auch soweit gelang, dass nachdem der Amtsgenosse des Sulla, Quintus Pompejus auf Anstiften des Cnaeus Pompejus Strabo von den meuterischen Soldaten ermordet worden war, Sulla selbst für seine eigne Sicherheit besorgt, schleunig die Stadt verliess und sich zu seinem Heere nach Capua begab. Die Wahl der Consuln fürs nächste Jahr konnte die Ruhe nicht verbürgen, da neben dem mildem Octavius der mehr als zweideutige Cinna gewählt worden war. So ist eine Gewaltthat, die nur in der gänzlichen Unterdrückung der Gegenparthei Entschuldigung finden konnte, zur Brandfackel des Bürgerkriegs geworden, der jetzt mit allen Schreknissen entfesselter Wuth und blutiger Rachgier über Rom hereinbrach.

Die Sullarischen Anordnungen konnten darum keinen Bestand haben, weil sie im Widerspruch mit einer mächtigen Parthei waren ins Werk gesetzt worden; sodann, weil sie keinen kräftigen und entschiedenen Vertheidiger hatten. Der Consul Octavius war ein gemässiger, leidenschaftloser Mann, dagegen Cinna ein unruhiger Kopf, der vor keiner Gewaltthat zurückschreckte. Schon die Wahl dieser Consuln war eine Vorbedeutung der Zukunft und bezeichnete das Verhältniss der Partheien. Kaum hatte Sulla Rom verlassen als Cinna mit seinem Plane hervortrat die Verbannten zurückzurufen und die neuen Bürger nebst den Freigelassenen in allen Tribus zu vertheilen, wodurch die bisherige Mehrheit zur Minderheit geworden, d. h. die gutgesinnten Bürger von den neuen Elementen überstimmt worden wären. Um den Plan Cinnas durchzusetzen, hatten seine Anhänger mit Dolchen bewaffnet das Forum besetzt; aber die Gegner hatten sich vorgesehen, auch sie erschienen bewaffnet. Die Tribunen thaten Einspruch und die gutgesinnten Bürger schlossen sich an den Consul Octavius an, der auf die Nachricht, dass die Tribunen misshandelt würden, mit einer Schaar entschlossener Männer auf dem Forum erschien und die ganze Versammlung auseinander trieb, wobei viele Neubürger verwundet und getödet wurden. Cinna, in seinen Erwartungen getäuscht suchte jetzt einen Aufruhr in der Stadt zu erregen, indem er die Sclaven zur Freiheit rief. Da auch dieser Versuch fehl schlug, verliess er Rom und durchzog die benachbarten Städte Tibur, Praeneste bis Nola überall zur Empörung reitzend. Zugleich lud er seine Anhänger in Rom ein ihm zu folgen und Geld zusammenzubringen. Auf die Nachricht von diesen meuterischen Umtrieben, wurde Cinna für einen Feind des Vaterlandes erklärt und des Consulats entsetzt und an seine Stelle der Jupiter-Priester (Flamen Dialis) Publius Cornelius Merula ernannt. Jetzt zum Aeussersten entschlossen bestach Cinna die Hauptleute der bei Capua stehenden Heeresabtheilung; und durch falsche Darstellung der Thatsachen wusste er auch das gemeine Kriegsvolk für sich zu gewinnen, worauf er überall in den Städten der Bundesgenossen umherzog, und durch die bewegliche Darstellung seiner hülflosen Lage, in die er durch den Eifer für ihre Sache gerathen wäre, die meisten auf seine Seite zu bringen wusste. Daher er sich bald an der Spitze eines bedeutenden Heeres sah, welches noch durch Marius verstärkt wurde, welcher die Küste von Africa, wo er in der Verbannung gelebt hatte, verlassen hatte und in Italien gelandet war. Der Ruf seines Namens führte ihn bald eine Menge seiner ehemaligen Anhänger zu und die Zahl der Unzufriedenen und Abtrünnigen wuchs von Tag zu Tag.

Unterdessen hat auch der Senat Anstalten zur Vertheidigung getroffen. Die Consuln liessen die Mauern, Gräben, Wälle und Befestigungen der Hauptstadt ausbessern, riefen den Cneius Pompejus Strabo, der in der Picenischen Mark stand, zum Schutze der Stadt herbei und eben so den Metellus, der in Samnium den Abschluss des Friedens zu Stande bringen sollte. Nach seinem Eintreffen war die Kriegsmacht des Senats den Empörern entschieden überlegen, aber da man sich vertheidigungsweise hielt, da Pompejus unzuverlässig war und zweideutig sich benahm, so hat er selbst, nachdem er vor dem Collinischen Thore eine feste Stellung genommen, nichts entscheidendes gewagt. Cinna dagegen verstärkte sich fortwährend, theils durch die herbeiströmenden Bundesgenossen, theils durch die Anhänger des Marius, welche selbst in der Stadt die Maske abwarfen und zahlreich ins feindliche Lager übergiengen. Die Aufrührer, namentlich Marius, verfolgte den Plan Rom durch Hunger zur Uebergabe zu zwingen; daher hatte er Ostia überfallen und geplündert; zugleich wurden die umliegenden Städte Aricia, Lanuvium, Lavinium besetzt, die Tiber gesperrt und von allen Seiten die Zufuhr abgeschnitten. Und schon hatten sie sich der Stadt bis zum 12. Meilenstein genähert und bedrohten in drei Lagern unter Cinna, Carbo und Sertorius von allen Seiten die geängstete Stadt.

Octavius und Metellus hatten bei Alba Longa ein verschanztes Lager bezogen und beobachteten die Bewegungen der Gegner. Aber nachdem eine Schlacht, die Pompejus den Feinden geliefert hatte, unentschieden geblieben war, wollten sie das Schicksal der Republik nicht durch eine zweite Schlacht aufs Spiel setzen. Da überdiess eine Pest und eine Hungersnoth in der Stadt herrschte, die Stimmung der Bürger immer schwieriger wurde und die Anhänger des Marius schaarenweise zum Feinde übergingen, beschloss der Senat, mit den Gegnern zu unterhandeln und ihnen den Einzug in die Stadt zu bewilligen, unter der Bedingung, dass sie sich des Blutvergiessens enthalten wollten. Cinna versprach es, Marius schwieg, aber sein Blick verrieth seine Gedanken. Kaum war der Form genügt und seine Verbannung aufgehoben, und er in die Stadt eingerückt, so liess es seiner Rachgier den Lauf. Er hatte eine Bande entlaufener Sclaven um sich, die ihn als Henkersknechte dienten. Auf seinen Wink fielen sie über die unglücklichen Schlachtopfer her, und wem er den Gruss verweigerte ward ermordet. Da fielen die Consuln und alle Freunde Sullas, die nicht entfliehen konnten. Die Leichname wurden verstümmelt, das Begräbniss verboten, die Köpfe der Vornehmsten auf der Rednerbühne aufgestellt und alle Gesetze Sullas aufgehoben. Dagegen wurde Marius für das nächste Jahr zum Consul ernannt. Aber nur wenige Tage hat er diese Würde bekleidet; er starb schon am 13. Januar im Jahre 84 und somit war Rom wenigstens von diesem Unmenschen befreit. Aber seine Parthei herrschte trotzdem, oder vielmehr die zügelloste Willkühr und Gewalt. Weder Leben noch Eigenthum war mehr sicher, ein Volkstribun Lucilius wurde von einem andern, Publius Laenas vom tarpajischen Felsen gestürzt, andere, welche geflohen waren, wurden verbannt. Der Consul Valerius Flaccus, welcher das Heer nach Asien führen und statt Sulla den Oberbefehl übernehmen sollte, wurde von seinem eigenen Unterfeldherrn Cajus Fimbria ermordet, der später selber aus Furcht vor Sulla sich das Leben nahm. Dieser hatte unterdessen den Krieg gegen Mithridat mit eben so viel Tapferkeit als Geschick geführt, hatte die Schlachten bei Chaeronea und Orchomenos gegen ungeheuren Uebermacht siegreich bestanden, hatte Athen von seinen Unterdrückern befreit und den Mithridates selber zu einem demüthigenden Frieden gezwungen. Daher stand seine Rückkehr nahe bevor, welche zu verhindern die Gewalthaber in Rom alle möglichen Anstalten machten. Ja Cinna hatte sogar mit dem Heere sich nach Griechenland einschiffen wollen, war aber von dem meuterischen Kriegsvolk erschlagen worden. Daher blieben nur noch auf dem Schauplatz Cneius Papirius Carbo, dem nach Valerius Flaccus Tode das Consulat übertragen worden war, Sertorius und die neuernannten Consuln Cajus Cornelius Scipio und Cajus Norbanus Balbus, welche vorzüglich von den Bundesgenossen ein Heer von mehr als 200,000 Mann zusammengebracht hatten und alle Küsten besetzt hielten.

Unterdessen hatte die gemässigte Parthei im Senate durchgesetzt dass eine Gesandschaft an Sulla geschickt werde um über die Bedingungen seiner Rückkehr zu unterhandeln. Sulla erklärte sich dazu bereit, forderte aber vollständigen Schadenersatz für seine Person und für Alle, die zu ihm geflohen waren, Wiedereinsetzung in ihre Rechte. Aber selbst auf diese billigen Bedingungen wollte Carbo und seine Parthei nicht eingehen. Die Unterhandlungen verschlugen sich und Sulla landete mit 5 Legionen und 6000 Reitern, im Ganzen ungefähr 40,000 Mann in Brundusium im Anfang des Jahrs 83. Vier Jahre hatte die Marianische Schreckensherrschaft gedauert und wieder zwei Jahre verflossen, ehe dem furchtbaren Blutvergiessen in Italien ein Ende gemacht wurde. Mehr als zwanzig mörderischen Schlachten sind geschlagen worden, Hunderttausende sind gefallen, viele Städte waren zerstört, ganze Landschaften verheert und dennoch war kein dauerhafter Friede herbeigeführt worden. Um diesen zu sichern und ungehindert alle Massregeln treffen zu können, welche er für zweckmässig hielt, liess sich Sulla zum Dictator ernennen auf unbestimmte Zeit. Zuerst nun beschloss er Rache an seinen Feinden zu nehmen und die Schuldigen zu bestrafen. Zu diesem Behufe hat er die Achtserklärungen eingeführt, indem er

Namensverzeichnisse derjenigen öffentlich bekannt machte, welche er des Todes schuldig erkannt hatte. Ausserdem sollten deren Güter eingezogen werden; dann die Güter aller derer, die im feindlichen Lager gedient hatten, verkauft und ihre Kinder des Rechts um ein Amt sich zu bewerben, beraubt werden.

Dieses Schicksal soll 90 Senatoren, 1600 Ritter, im Ganzen 4700 wohlhabende Bürger getroffen haben, nachdem 150,000 in der Schlacht gefallen waren. Darauf richtete er seine Aufmerksamkeit auf die Gesetzgebung, wodurch die Verhältnisse für die Zukunft geordnet werden sollten. Nothwendig hat er zuerst auf das Volkstribunat seine Aufmerksamkeit gerichtet, dessen masslose Willkühr und unbeschränkte Machtvollkommenheit als die Hauptquelle aller Gesetzlosigkeit betrachtet werden muss. Die Stürme welche die Gracchen, Livius Drusus, Saturninus, Sulpicius und so viele andere erregt hatten, waren noch in zu frischer Erinnerung um nicht die schleunigste Abhilfe zu gebieten. Das Amt, ursprünglich zum Rechtsschutz gegründet, war zum Schild für ehrgeizige verbrecherische Plane geworden und hatte unter der Maske der Volksfreiheit die Gewaltherrschaft gegründet. Daher hat Sulla das Amt auf seine ursprüngliche Bedeutung zurückgeführt und ihm nur das Recht der Hülfleistung und der Einsprache gegen offenbare Rechtsverletzungen gelassen. Und damit überhaupt die Begierde nach dieser Beamtung vermindert wurde, sollte in Zukunft kein Volkstribun ein anderes Amt in der Republik bekleiden dürfen.[1] Nothwendig war ihnen die Befugniss entzogen ohne vorhergegangener Begutachtung des Senats Gesetzesvorschläge an die Versammlung zu bringen, es wurde damit überhaupt die gesetzgeberische Bedeutung des Tribunates vernichtet,[2] die Berufung (provocatur) auf die Tribusgemeinde fiel weg, und wurde die ursprüngliche Einrichtung wiederhergestellt, nach welcher die Ausübung der Hoheitsrechte ausschliessend der Centuriengemeinde zukam.

Damit stand in der nächsten Verbindung die Zurückgabe der Gerichte an den Senat, welches Vorrecht seit den Gracchen den Rittern eingeräumt war. Dadurch sollte die richterliche Entscheidung dem Partheigetriebe entzogen und die Beamten in der Provinz von einer schmählichen Abhängigkeit befreit werden, in welche sie durch den Einfluss der Zollpachter gesetzt waren. Hinsichtlich des Bürgerrechts hat er zwar die Errungenschaften der Bundesgenossen aufrecht erhalten und somit die frühere Vergünstigungen bestätigt, aber in Folge des erneuerten Kampfes war doch vielen Bundesgenossen die Ausübung des Bürgerrechts entzogen, namentlich in Etrurien, wie er denn, den Nachkommen der Geächteten sogar die Bewerbung um Staatsämter untersagt hatte, um einer feindseligen

---

[1] Orell. Index. Legg. p. 154. [2] Appian. b. c. I, 7.

Gegenströmung vorzubeugen.¹) Die Macht des Senats suchte er ausserdem zu heben durch die Aufnahme von 300 angesehenen Männern aus dem Ritterstande und durch die Vermehrung der Beamten. Die Zahl der Quastoren vermehrte er auf zwanzig, die der Pretoren auf acht, die Pontifiker und Augurn auf fünfzehn. Für die Handhabung des Rechts hat er eine Anzahl Gerichtshöfe theils gegründet, theils gesetzlich festgestellt, die sogenannte Quaestones perpetuae. ²) Auch die Verwaltung der Provinzen hat er geregelt und eine bestimmte Reihenfolge in der Bekleidung der Beamtungen festgestellt. Selbst auf den Aufwand bei Mahlzeiten hat sich seine Fürsorge erstreckt und überall hat er getrachtet in das öffentliche Leben jene Regelmässigkeit und Gesetzlichkeit zurückzuführen, welche die Grundlage einer gedeihlichen Entwickelung ist. Zur Befestigung aller dieser Einrichtungen hat er nicht nur zahlreiche Militärkolonien gegründet, sondern ausserdem noch zehntausend Sclaven aus den Familien der Geächteten ausgewählt und ihnen das Bürgerrecht und den Namen Cornelier gegeben.

Aber Gesetze haben nur Bedeutung wenn sie durch die Sitten getragen werden. Der Buchstabe des Gesetzes ist todt, erst die That führt sie in das Leben ein. Die Vollstrecker der Gesetze müssen das öffentliche Vertrauen geniessen, müssen über den Partheien stehen und durch ihre Handlungen nicht weniger wirken als durch Handhabung des Rechts. Das war eine schwierige Aufgabe für eine Parthei die ihren Sieg mit so grossen Opfern erkauft hatte. Ohnedem war die Parthei der Marianer wohl unterdrückt aber keineswegs vernichtet. Die Nachkommen der Geächteten, alle die durch die Sullarischen Landanweisungen geschädigt waren, die Gegner der Aristokratie überhaupt waren von glühender Rachbegier erfüllt, und sahen dem Erfolg ihrer rastlosen Thätigkeit mit einer gewissen Zuversicht entgegen. Es liegt im Wesen des menschlichen Geistes dass wenn die Grundsätze über die unveräusserlichen Rechte des Menschen, über die Gleichheit vor dem Gesetz in das Bewusstsein der Massen getreten sind, diese Gedanken ausschliessend die Gemüther beherrschen und recht eigentlich den Ausgangspunkt der öffentlichen Thätigkeit bilden. Denn während die ideale Höhe des Gedankens einen mächtigen Zauber auf den Geist ausübt, erzeugt die allgemeine Anerkennung und der Wiederhall, den er in allen Herzen findet, ein Machtgefühl, dass über alle Hindernisse hinwegträgt. Das Ende des Bundesgenossenkrieges hatte das Volk in diesem Glauben bestärkt und der blutige Sieg Sullas hatte wohl für

---

¹) Lipidi Oratio ap. Salust. Hist p. 254, Edit. 1870. Sociorum et Latii magna vis civitate pro multis et egregiis factis a vobis data, per unum prohibentor et plebis innoxiae patriae sedes occupavere pauci satellites, mercedem sociorum.

²) De repetundis, de majestate, de sicariis, de falsis, vielleicht auch de ambitu, de peculatu, de parricidio, de vi. cfr. Orelli Index Legum.

den Augenblick die Gemüther betäubt aber dieselben in ihrem Glauben nicht irre gemacht. Also nicht bloss Partheigeist, sondern die Ueberzeugung von der Gerechtigkeit ihrer Sache stärkte den Muth und das Vertrauen. Noch hielt Sertorius in Spanien das Panier der Freiheit aufrecht und so mächtig schien der Einfluss der Marianer, dass Pompejus, der Liebling Sullas, es nicht verschmähte ihre Gunst zu suchen und einem entschiedenen Gegner Sullas, dem Marcus Aemilius Lepidus zum Consulat zu verhelfen. 79.

Es rechtfertigte sich Sullas Warnung vor diesem Menschen, der sich durch den Ankauf von Gütern der Geächteten bereichert, feige und niederträchtig wie er war, durch Volksschmeichelei seine Vergangenheit in Vergessenheit zu bringen suchte. Nicht nur dass er das feierliche Leichenbegängniss Sullas auf dem Marsfelde zu hindern suchte, trat er sogleich seinem Amtsgenossen Lutatius Catulus trotzig entgegen, wiegelte die Bundesgenossen auf, lockte die Unzufriedenen durch Versprechungen und stellte die Zurückgabe der entrissenen Ländereien und die Aufhebung der Sullarischen Verfassung in Aussicht. Da durch den mannhaften Widerstand des Catulus die Spannung mit jedem Tage zunahm, wurden beide Theile vom Senat durch einen feierlichen Eidschwur verpflichtet, sich der Waffengewalt zu enthalten; überdiess wurde dem Lepidus das transalpinische Gallien als Provinz zuerkannt. Aber auch jetzt fuhr Lepidus fort die Unzufriedenheit zu nähren und namentlich in Etrurien einen allgemeinen Aufstand vorzubereiten. Worauf ihn der Senat zur Wahl der Consuln nach Rom zurückrief. Lepidus erschien aber mit seinem ganzen Anhang und wollte den Einzug in die Stadt mit Gewalt erzwingen. Aber von Catulus und den wohlgesinnten Bürgern zurückgeschlagen, kehrte er nach Etrurien zurück. Während nun sein Legat, Markus Brutus das Cisalpinische Gallien bedrohte und Mutina besetzt hielt, sammelte Lepidus die Trümmer des geschlagenen Heeres und unternahm einen neuen Heerzug gegen Rom, als die Nachricht eintraf, dass Pompejus in Gallien gesiegt, Mutina erobert und den Brutus gefangen und hingerichtet habe. Darauf Lepidus selbst, nachdem er eine neue Niederlage bei Cosa erlitten, einen letzten Versuch machte, Sardinien zu besetzen um der Stadt die Lebensmittel abzuschneiden. Aber überall zurückgewiesen und ohne Aussicht auf Erfolg soll er dem Gram über die entdeckte Untreue seiner Gattin erlegen sein. Den Ueberrest seines Heeres führte Perperna dem Sertorius in Spanien zu.[1]

Denn dort dauerte der Krieg ohne Unterbrechung bis zum Jahr 71 fort. Weder die

---

[1] Appian de b. c. I, 105. Liv. Epit. XC. Orationes Lepidi et Philippi ap. Salust. Fragm. p. 191. Plutarch. Pomp. c. 16. Sulla 38. Florus III, 23, 3. Oros. I, 22. Julius Exsuperantius de bellis Civilibus ap. Salust. Edit. Gerl. 1856, p. 148 sq.

Erfahrung des greisen Metellus noch der jugendliche Ungestüm des Pompejus konnten
entscheidene Erfolge über die schöpferische Thatkraft des Sertorius erringen bis der grosse
Feldherr durch Verrath und Meuchelmord gefallen ist. Aber gleich als hätten alle Elemente sich gegen Rom verschworen, war die Nordgrenze des Reichs in diesen Jahren durch
die Einfälle Thracischer Völker bedroht, bis der Consul Scribonius Curio nach dreijährigem
Kriege bis zur untern Donau verdrang (75). Kaum war diese Gefahr abgewendet, als Mithridates mit Sertorius verbündet in Bithynien einfiel und auf's Neue den ganzen Osten
gegen Rom in Bewegung setzte, und ehe noch diese Gefahr abgewendet war, brach der
furchtbare Sclavenkrieg in Italien aus. Über Hunderttausend hatten die Banden gebrochen
um den schweren Missbrauch der Gewalt an ihren Herren zu rächen. Es scheint dass das
Ringen nach unbeschränktem Vollgenuss der Freiheit bis in die untersten Schichten der
Bevölkerung eingedrungen war. Wenigstens haben die Sclaven mit solcher Wuth gefochten
und mit solcher Hartnäckigkeit Widerstand geleistet, dass erst nach dreijährigem Kampfe
der Praetor M. Licinus Crassus Rom von dieser Gefahr befreit hat. Trotz aller dieser Erschütterungen ruhte die Zwietracht im Innern nicht. Die Sullarische Verfassung welche
die Erneuerung des Bürgerkrieges unmöglich machen sollte, war der Gegenstand unaufhörlicher Angriffe. Die Schranken sollten fallen, welche der Demokratie die Macht zu
schaden genommen hatten. So hat schon im Jahre 76 der Tribun Sicinius die Wiederherstellung des Tribunats mit den früheren Befugnissen gefördert und nur mit Mühe war es
dem Consul Curio gelungen, diesem ersten Angriff zu wiederstehen.[1] Im Jahr 75 hat der
Consul Aurelius Cotta das Tribunat von dem Schimpf befreit, dass es die spätere Bekleidung jedes Staatsamts unmöglich machte.[2] Das Jahr darauf (74), trat Lucius Quietius
mit grösserer Entschiedenheit auf. Als ein gewaltiger Redner und ein beim Volk sehr beliebter Mann, hatte er besonders die Bestechlichkeit der Senatorischen Gerichte gebrandmarkt und darum die Wiederherstellung der tribunischen Gewalt verlangt, und der Consul
Lucius Lucullus hat nur mit äusserster Anstrengung durch Bitten und Drohungen ja, wie
Einige behaupten, durch Bestechung den sehr gefährlichen Gegner in seinem Entschlusse
wankend machen können,[3] Dadurch nicht abgeschreckt, erneuerte Cajus Licinius Macer
den Gesetzesvorschlag mit all der Schärfe und Bitterkeit welche Partheihass und geistige
Ueberlegenheit seiner Rede verlieh, so dass der Senat seinen Widerstand nur dadurch

---

[1] Or. Licinii Macri ap. Salust. und Cicero Brutus § 60.
[2] Ascon. Fragm. Cornel. pag. 66 u. 78 Ed. Orelli.
[3] Plutarch. Lucull. 5. Cic. Brut. § 222. pro Cluentio § 74, 77, 79.

rechtfertigen konnte, dass er auf die baldige Rückkehr des Pompejus verwies.[1]) Dieser war kaum aus Spanien zurückgekehrt, als er durch den Tribun Markus Lollius Palicanus in eine für diesen Zweck einberufene Volksversammlung eingeführt, aufgefordert wurde, sich über die Zweckmässigkeit dieses Gesetzes auszusprechen, welches dann auch im nächsten Jahre auf Empfehlung des Consuls Pompejus angenommen wurde.[2]) Unmittelbar darauf folgte das Gesetz des Praetors Lucius Aurelius Cotta, wonach die Beisitzer in den Gerichten in ungefähr gleicher Zahl aus den Senatoren, Rittern und Aerartribunen gewählt werden und für jeden Gerichtshof die Zahl der Richter auf 70—75 festgesetzt werden sollte.[3])

So waren die Grundlagen der Sullanischen Verfassung zerstört und scheinbar der Eintracht ein Opfer gebracht und die Ansprüche der Plebejer befriedigt, und wenn ein gewisses Gleichgewicht zwischen dem Senat, den Rittern und der Bürgerschaft hergestellt worden ist, so ist dadurch der Sieg der Sullarischen Parthei sehr zweifelhaft geworden. Wer sollte fortan die Grundsätze aufrecht halten, welchen Sulla die Herrschaft sichern wollte? Gewiss nicht die beiden Consuln. Crassus und Pompejus, welche in dem Anschluss an die siegreiche Parthei nur selbstsüchtige Zwecke verfolgt hatten. Pompejus der mit der Zweideutigkeit seines Vaters nur eine grössere Gewandheit vereinigte, der Zeitrichtung zu folgen; Crassus, den bloss sein ungeheurer Reichthum zu der Parthei hinzog, wo er persönlichen Schutz und Anerkennung seiner Wichtigkeit zu finden hoffte, sonst hart, rücksichtslos und neidisch auf jedes Verdienst, das nicht auf der Macht des Goldes ruhte. Die Männer die bisher noch im Kampfe für die Sullanische Parthei in den vordern Reihen gestanden, Catulus, Cotta, Octavius, Curio, Hortensius, Metellus und Lucullus, mussten mit jedem Tage mehr wahrnehmen, wie wenig sie gegen das heuchlerische Bemühen um die Volksgunst auszurichten im Stande waren und dass nur die auf dieser Grundlage gestützte Macht Aussicht auf Dauer und Bestand habe. Aller Ungewissheit machte ein Ende das Auftreten des Cajus Julius Cæsar. Die Bedeutsamkeit dieses Mannes hatte Sulla selbst anerkannt, als er den inständigen Bitten einflussreicher Männer nachgebend auf die Fürsprache der Vestalischen Jungfrauen den Julius Cæsar auf der Liste der Geächteten durchstrich mit den dankwürdigen Worten: Nehmet ihn hin, aber wisset, dass in dem einen Cæsar viele Marier verborgen sind. Ob er diess nur aus der beharrlichen Weigerung Cæsars, seine

---

[1]) Orat. Licinii Macri ap. Sal. Hist. Fragm. Lib. III.
[2]) Liv. Epit. 97. Vellej. II, 30. Pseudoascon in Div. p. 103. Plutarch. Pomp. c. 22. Cicero Verrin. 1, 15. de Legg. III, II, 26.
[3]) Cicero in Pisonem § 40. Fischers Römische Zeittafeln, p. 205.

Gattin, die Tochter des Cornelius Cinna, zu verstossen, geschlossen hat oder ob er in dem trotzigen Jüngling eine geistige Verwandschaft ahnte, das steht dahin. Gewiss ist dass Julius Cæsar weit furchtbarer als Marius war, da er mit den kriegerischen Eigenschaften seines Oheims eine ungemeine Geistestiefe und einen Reichthum innern Lebens verband, der zu den kühnsten Erwartungen berechtigte. Als er in Gades im Tempel des Hercules das Standbild Alexander des Grossen erblickte, seufzte er dass er in einem Alter, wo jener schon den Erdkreiss bezwungen, noch nichts Grosses vollbracht habe. Einstmals genöthigt in einer ärmlichen Bergstadt zu übernachten, äusserte er gegen seine Freunde welche über das elende Aussehen der Herberge spotteten, und doch möchte ich hier lieber der erste als in Rom der zweite sein. So schalt er den Sulla einen Thoren, weil er die Dictatur niedergelegt habe. Diess bezeichnet den Mann. War ihm als dem Neffen des Marius die Vertheidigung seiner Parthei gleichsam vom Schicksal übertragen so beschränkten sich seine Wünsche keineswegs auf die Aufhebung der Sullanischen Verfassung, noch wollte er eine kleinliche Rache an den Gegnern üben, sondern das Bewusstsein seines Werthes und die Erkenntniss der Zeit haben die fernsten Ziele seinem Geiste vorgeführt und er hat sie mit einer Stärke des Willens verfolgt, welche nur die Gewissheit des Sieges geben kann.

Gerade der Umstand dass sein erstes Auftreten mit Gefahren aller Art umgeben war, hat die ihm inwohnende Kraft gestählt. Nachdem er den Verfolgungen der Sullaner entgangen war und endlich Begnadigung gefunden, verliess er Rom und begab sich nach Asien an den Hof des Königs von Bithynien nicht ohne Nachtheil für seinen Ruf, worauf er an einigen kriegerischen Unternehmungen Theil nahm und bei dem grossen Meister Molo in Rhodus sich zum Redner bildete. Auf die Nachricht von Sullas Tode und dem Umtrieben des Lepidus kehrte er eilig nach Rom zurück, aber wiewohl durch grosse Versprechungen zur Theilnahme eingeladen, hielt er sich zurück, weil seine Erwartungen getäuscht waren. Dagegen entschloss er sich das herrschende System mit den Waffen des Geistes zu bekämpfen und hat einen der angesehensten und einflussreichsten Sullaner, den Cornelius Dolabella wegen Erpressung angeklagt. Derselbe hatte unter der Dictatur Sullas das Consulat bekleidet und in dem Kriege gegen die Thraker Anspruch auf einen Triumph erworben. Dass er schuldig gewesen, lässt sich kaum bezweifeln, aber trotz der Gewalt von Cæsars Rede wurde er von den Senatorischen Richtern freigesprochen. Daher Cæsar, überzeugt für den Augenblick gegen die Parthei des Adels Nichts ausrichten zu können, noch einmal nach Asien und nach Rhodus zurückkehrte, um günstigere Zeiten abzuwarten. Vorher hatte er jedoch, um seine volksfreundliche Gesinnung kund zu thun, den Vorschlag des Plotius empfohlen, wodurch den Anhängern des Lepidus, welche nach Spanien geflohen waren, die Rückkehr ins Vaterland gestattet würde. Als er in seiner Abwesenheit vom Volke zum Kriegstribun ernannt worden war, sah er dieses als eine Aufforderung an, die begonnene Laufbahn weiter zu verfolgen und nach seiner Rückkehr hat er die Bemühungen aller Volkstribunen unterstützt, welche die Aufhebung der Sullanischen Verfassung beabsichtigten. Selbst die Standreden, welche er zu Ehren seiner verstorbenen Gattin Cornelia und der Wittwe des Marius, seines Vaters Schwester, Julia, hielt, hat er für seine Zwecke benützt, indem er nicht nur die Verdienste des Cinna und Marius in Erinnerung brachte, sondern auch das verpönte Standbild des Marius in der Ahnenreihe mit aufführte und mit der grössten Unbefangenheit die Abstammung des Julischen Geschlechtes auf Könige und Götter zurückführte, eine Kühnheit und Zuversicht, welche bei dem Volke Erstaunen und Bewunderung, bei dem Adel Furcht und Erbitterung erregte. Während seiner Quästur hat er auf der Rückreise von Spanien durch Gallien und Oberitalien die transpadanischen Colonien, welche schon lange das römische Bürgerrecht wünschten, durch Versprechungen und Hoffnungen sich geneigt gemacht. Auch dem Liebling des Volks, dem Pompejus, suchte er sich zu nähern, indem er dessen Gesetzesvorschlag über die Wiederherstellung des Tribunats mit seinem Einfluss unterstützte und mit einer Verwandten desselben, der Pompeja, sich verehlichte und die Gesetzesvorschläge des Gabinius und Manilius empfahl, wodurch dem Pompejus der Oberbefehl gegen die Seeräuber und später die Beendigung des Krieges gegen Mithridat übertragen wurde. Dass er auch hier dem Adel feindlich gegenüberstand, lag in der Natur der Sache. Durch diese Ausnahmegesetze wurden Vorgänge geschaffen, welche allen Ehrgeizigen zu Gute kamen; der ohnedem lockere Bau der Verfassung wurde mehr und mehr erschüttert, und konnte Niemand mehr Vertrauen einflössen noch gewähren.

Daher ist es ein keineswegs ungegründeter Verdacht, dass Cäsar auch an den verbrecherischen Plänen des Sulla und Autronius Theil genommen, im Jahr 65, welche beide der Amtserschleichung überwiesen und daher verurtheilt mit Lucius Sergius Catilina und einem vornehmen Wüstling, Cnejus Piso, sich verschworen hatten, am ersten Januar den Senat zu überfallen, die ihnen verhassten Mitglieder niederzustossen, den Crassus zum Dictator, den Cäsar zum Magister equitum zu ernennen und, nachdem sie die Verfassung in ihrem Sinne geändert, dem Sulla und Autronius das Consulat wieder zu übertragen.[1]) Nur ein glücklicher Zufall hatte die Ausführung des Verbrechens verhindert. Cäsar liess sich dadurch so wenig einschüchtern, dass er als Adil alles überbot, was ehrgeizige Männer zur

---

[1]) Fr. Sal. Cat. 18; Sueton Caes. 9; Plutarch. Caes. 5. 6.

Erwerbung der Volksgunst zu thun pflegten. Nicht nur dass er durch Spenden aller Art, Gastmähler, Aufzüge, glänzende Spiele, ungeheure Bauten und eine so ungeheure Zahl Gladiatoren dass der Senat die Beschränkung der Zahl durch ein Gesetz für nöthig hielt, die allgemeine Aufmerksamkeit erregte, hat er die gesammte Bürgerschaft überrascht durch die Aufstellung der Siegestrophäen des Cajus Marius und seines Standbildes auf dem Kapitol, von wo sie Sulla hatte wegnehmen lassen. Das Volk vergoss Freudenthränen beim Anblik des alten Helden und beglückwünschte jubelnd die Kühnheit des Urhebers. Der Senat aber gerieth in eine solche Aufregung, dass Catulus dem Cäsar die Worte ins Gesicht schleuderte: „Nicht mehr durch verborgene Minen, sondern ganz offen mit groben Belagerungsgeschütz bestürmst du die Verfassung der Republik." Aber Cäsar wusste sich so geschickt zu vertheidigen, dass nach einer sehr unruhigen Sitzung die Aufstellung genehmigt wurde; denn schon wogte eine drohende Volksmasse gegen die Curie heran, welche mit ungestümen Zuruf die Auslieferung Cäsars vom Senat begehrte.[1]

Kurz darauf kam die vor zwei Jahren unterdrückte Verschwörung zum Ausbruch. Die drohende Gefahr hob die Kraft der Senatorischen Parthei, welche noch keineswegs so geschwächt war, dass sie nicht unter einsichtsvollen und mannhaften Führern alle Pläne des Umsturzes, welche Catilina geschmiedet hatte, hätte vereiteln können. Als solche Führer haben sich in dieser Zeit bewährt Markus Tullius Cicero und Markus Porcius Cato. Mitten in dem von Partheiungen zerrissenen und gespaltenen Rom, wo die Mehrheit der Kühnheit, und dem Uebermuth des Verbrechens durch feiges Nachgeben, Schwäche und Unentschlossenheit zu begegnen suchten, haben diese beiden Männer es gewagt, die Heiligkeit des Rechts zu vertheidigen, die Kraft der Gesetze und die Verfassung zu schirmen und zu behaupten, alle feindseligen Elemente zu bekämpfen und den drohenden Stürmen die offene Brust zu bieten. Der grosse Redner hatte durch geistige Kraft, durch ungeheure Anstrengung, durch rastlose Thätigkeit und durch Bürgertreue trotz der Bemühungen seiner Gegner, des Catilina, des Cäsar und Crassus sich das Consulat erkämpft, so dass in einer Zeit wo nur strenge Rechtlichkeit, Aufopferung und ununterbrochene Wachsamkeit das gemeine Wesen vom Untergang retten konnte, er allein der würdigste erschien. Ihm zur Seite stand Cato, ein Schüler der Stoa, welcher die strengsten Grundsätze der Schule im öffentlichen Leben zur Geltung brachte, ein Mann der allein eine ganze Parthei aufwog und unerschütterlich wie ein Fels im Meer den Stürmen und den Wogen trotzte. Diese Männer haben durch ihre sittliche Kraft und ihr Standhaftigkeit dem Senat ein Selbstvertrauen eingeflösst was er schon

---

[1] Plut. Caes. c. 5. Sueton. Caes. 10.

lange nicht mehr besass und wenn sie im Ringen nach dem hohen Ziele unterlagen, haben sie bis zum letzten Athemzuge das Panier der Freiheit aufrecht gehalten. Hat Cicero durch seine Klugheit und seine Entschlossenheit die Pläne Catilinas vereitelt und durch die Gewalt seiner Rede die Verschwornen entlarvt, so hat Cato durch seine Entschiedenheit und seinen Ungestüm die augenblickliche Bestrafung der Verbrecher durchgesetzt. So sind sie die Retter Roms geworden, und Cicero hat den Namen „Vater des Vaterlands" verdient. In der That hätte nur die hohe Bürgertugend und der heroische Muth die Republik in diesen bewegten Zeiten retten können. Denn nicht nur dass die Verschwörung Catilinas alle Elemente der Zerstörung vereinigt hatte, war Cicero genöthigt das ganze Jahr des Consulats hindurch die Angriffe abzuwehren, welche grösstentheils von Caesar veranlasst oder geleitet wurden. Bei der Verschwörung selber hatte sich Caesar nicht nur durch seine Schutzrede für die Verurtheilten, sondern durch sein ganzes Verhalten so verdächtig gemacht, dass ihn die wachthabenden Ritter mit dem Schwerte bedrohten und dass Cicero viele Vorwürfe hören musste, weil er die günstige Gelegenheit versäumt habe einen so gefährlichen Menschen unschädlich zu machen. Cicero hatte dies nicht gethan, entweder weil er keine überzeugende Beweise seiner Schuld hatte, oder weil er das Volk fürchtete, das dem Caesar so ganz ergeben war, dass es jeden Augenblick zu seinen Gunsten sich zu erheben bereit war. Aus diesem Verhältniss zum städtischen Pöbel sind auch offenbar alle jene Gesetzesvorschläge und Angriffe hervorgegangen, durch welche die Stellungen des Consuls erschüttert werden sollten.

Zuerst das Ackergesetz des Publius Servilius Rullus, welcher die Wahl eines Ausschusses von zehn Männern für fünf Jahre forderte, welche mit unbeschränkter Vollmacht ausgerüstet, alles noch unvertheilte Gemeindeland und was sie noch dazu erwerben konnten den ärmern Bürgern anweisen sollten; eine so maaslose Forderung, dass dem Cicero die Widerlegung dadurch erleichtert wurde und dass man vermuthen musste, dass es damit den Urhebern nicht Ernst gewesen, und dass sie damit nur die öffentliche Meinung auf die Probe stellen wollten. Noch weit verwegener war der Angriff auf den greisen Rabirius, welchen Labienus, ein Werkzeug Caesars[1]), wegen der Ermordung des Saturninus vor Gericht zog, weil er vor 36 Jahren in dem Aufstand des berüchtigten Tribunen gegen denselben gefochten hatte. Caesar, bei dieser Anklage widerrechtlich zum Richter gewählt, würde die Verurtheilung bewirkt haben, wenn nicht der Praetor Metellus schnell die auf dem Janiculum aufgesteckte Fahne heruntergerissen hätte, wodurch nach einem alten Gesetze,

---

[1]) Sueton. c. 12; Dio. Cass. XXXVII, 26.

jede weitere Verhandlung unterbrochen wurde. Nicht minder gefährlich war der Antrag die Kinder der von Sulla Geächteten wieder in ihre Rechte einzusetzen, welchen Cicero trotz der Anerkennung der Billigkeit um des innern Friedens willen bekämpfen musste. Auch das vor einigen Jahren angenommene Gesetz des Roscius Otho über die getrennten Sitze der Ritter im Theater, hat er aus demselben Grunde siegreich vertheidigt. Denn es war offenbar, dass alle diese Vorschläge nur gemacht worden, um das Volk in beständiger Aufregung zu erhalten und Unzufriedenheit gegen die Parthei des Senats zu erregen. Hat auch Cicero alle diese Angriffe siegreich abgeschlagen, so konnte er doch nicht verhindern, dass im Jahr darauf wo Cæsar Prætor war, derselbe sich mit dem aufrührerischen Tribun Metellus Nepos in Verbindung setzte um den Gesetzesvorschlag durchzubringen, dass Pompejus aus Asien an der Spitze seines Heeres zurückberufen werden sollte um die Ruhe und Ordnung im gemeinen Wesen wiederherzustellen. Auch dieser Versuch scheiterte an der Standhaftigkeit des Senats und die Tribunen Titus Ampius und Titus Labienus konnten nur so viel erhalten, dass dem Pompejus gestattet wurde in den Circensischen Spielen mit dem Lorbeerkranz und dem Schmucke eines Triumphators, den Bühnenspielen in der toga prætexta beizuwohnen, von welcher Ehre er nur ein einziges Mal Gebrauch gemacht hatte und auch das war zuviel. Eben so wenig hatte Cicero verhindern können, dass nach dem Vorschlag des Labienus die Wiederherstellung der Lex Domitia beschlossen wurde, wodurch die Wahl der Augurn und der Pontifiker dem Volke übertragen wurde, wodurch wiederum ein Theil der Sullanischen Gesetzgebung aufgehoben wurde.[1]

Auf diese Volkswahl vertrauend wagte es Cæsar als Mitbewerber des Pontificats aufzutreten und wiewohl die einflussreichsten Männer Lutatius Catulus und Servilius Isauricus ihm gegenüberstanden, hat er durch die Gunst des Volks und ungeheuro Bestechungen seinen Zweck erreicht.[2] Dieser glückliche Erfolg steigerte seinen Uebermuth in dem Grade, dass er dem Catulus auch die Einweihung des Kapitolinischen Tempels entziehen wollte. Am ersten Tage seiner Prætur, während der Senat die neuen Consuln auf das Kapitol begleitete, berief er schnell eine Volksversammlung, in welcher er den Catulus der Unterschlagung öffentlicher Gelder beschuldigte, und den Antrag stellte die Vollendung des Tempelbaus dem Pompejus zu übertragen; und wenn nicht die Senatoren schnell den Consul verlassen hätten und in die Volksversammlung geeilt wären, so wäre dem Cæsar auch dieser Anschlag gelungen.[3] Indessen beharrte er in seinem offenen Widerstande

---

[1] Cfr. Orelli Index legum. s. v. Domitia.
[2] Sueton V. Cæs. 13. Plutarch c. 7.
[3] Sueton V. Cæs. c. 15.

gegen das Ansehen des Senats. Trotzdem dass die Untersuchungen gegen die geheimen Anhänger Catilinas fortdauerten und mehrere Angeber den Caesar selber der Theilnahme an der Verschwörung beschuldigten, hat Caesar nicht nur als Richter diejenigen, welche die von Sulla Geächteten verfolgt und ihren Tod verschuldet hatten, als gemeine Mörder verurtheilt, sondern auch fortgefahren alle Gesetzesvorschläge des unsinnigen Tribunen, des Metellus Nepos zu unterstützen, das Volk gegen den Senat aufzureizen und die öffentliche Ruhe und Sicherheit zu bedrohen, bis endlich der Senat beschloss dem Caesar wie dem Metellus die Fortsetzung ihrer amtlichen Thätigkeit zu untersagen. Aber da Caesar, eingeschüchtert, wenige Tage nachher eine aufrührerische Volksmasse, welche seine Rechte mit bewaffneter Hand vertheidigen wollte, beruhigte und auseinander gehen hiess, wurde der Beschluss wieder aufgehoben, dem Praetor das Wohlgefallen des Senats bezeugt und derselbe wieder in seine Würde eingesetzt.[1]) Ja so gross war die Furcht des Senats vor Caesar und seinem Einfluss auf das gemeine Volk, dass auf Catos Vorschlag die Wiederherstellung des Gesetzes über die monatlichen Getreidespenden an das Volk beschlossen wurde, um wenigstens einigermaassen die Gemüther für den Senat günstiger zu stimmen, und statt des Partheigeistes die Liebe zum gemeinsamen Vaterland zu pflegen.[2])

So war die Lage der Republik. Eine höchst gefährliche Verschwörung war entdeckt, die Urheber waren hingerichtet oder gefallen in der Schlacht, kein äusserer Feind war zu fürchten, die Kraft der Gesetze war wiederhergestellt und die Leitung des Staates war tüchtigen Händen anvertraut, aber das öffentliche Vertrauen kehrte nicht zurück. Das Volk in seinen Ansprüchen unbefriedigt, in steter Aufregung erwartete Alles von der Zukunft; nur im Kampf gegen das Bestehende schien Ehre und Ruhm, Ansehen und Einfluss zu erringen. Alles strebte fernen unklaren Zielen zu. Während daher Caesar als Proprätor in Spanien in Aussicht eines künftigen Triumphs, wilde Völker mit Krieg überzog, Pompejus siegreich von Asien zurückkehrte und sowohl durch die reiche Beute als durch den Glanz seines mehrtägigen Triumphs sich neue Ansprüche auf die Gunst des römischen Volks erwarb, und für den Augenblick wenigstens die Ruhe gesichert schien, hat die Anmassung des Pompejus, welcher vom Senat unbedingte Anerkennung aller in Asien getroffenen Einrichtungen forderte, die von grosser Willkühr zeugten, und die Bewerbung Caesars ums Consulat, wobei er die Gesetze zu umgehen suchte, wieder den Samen der Zwietracht ausgestreut. Bei seiner Bewerbung hatte Caesar dieselben Mittel wie früher in Anwendung gebracht, nämlich maaslose Bestechung. Zu dem Ende hatte er mit einem seiner Mitbe-

[1]) Sueton. V. Caes. c. 16.
[2]) Plutarch. V Caes. c 8.

werber dem Lucius Luccejus, einem reichen Manne sich ins Vernehmen gesetzt, um sich gegenseitig bei der Bewerbung zu unterstützen, Luccejus den Cæsar mit seinem Gelde, dieser jenen mit seinem Einfluss und der Plan wäre gelungen, wenn nicht der Senat den unbedingten Einfluss Cæsars fürchtend, auf Catos Anrathen eine grosse Geldsumme zusammengebracht hätte, um die Mehrheit der Stimmen für den Markus Calpurnius Bibulus zu erkaufen und ihn dem Cæsar als Gegner an die Seite zu stellen. In der That wurde Bibulus gewählt und Cæsar, der den heftigsten Widerstand von Seiten des Senats voraussah, suchte sich der Unterstützung der einflussreichsten Männer, des Crassus und des Pompejus zu versichern. Aber diese, früher entschiedene Gegner, waren auch nach der feierlichen Aussöhnung während ihres Consulats einander nicht näher gebracht, weil beide, der eine stolz auf seinen Reichthum, der andere auf seine Siege, auf die erste Stelle im Staate Anspruch machten. Diese wusste Cæsar zu einträchtigem Zusammenwirken zu bewegen, weil sie durch ihren Zwiespalt nur den Einfluss des Catulus, des Cato und Cicero vermehrten, während sie vereinigt die höchste Gewalt an sich reissen und die Leitung des Gemeinwesens in ihre Hände bekommen könnten. Den Crassus hat er durch die Aussicht auf die Eröffnung neuer Quellen der Bereicherung für sich gewonnen, den Pompejus durch das Versprechen, seinen Asiatischen Anordnungen die Bestätigung zu erwirken. So kam das Triumvirat oder der Dreimännerbund zu Stande, dessen Zweck war, sich gegenseitig die höchste Gewalt zu gewährleisten; die Herrschaft über die Republik als gemeinsames Eigenthum zu betrachten, nichts geschehen zu lassen, was einem von ihnen missfällig wäre, kurz Alles so anzuordnen, dass ihr Wille an die Stelle des Gesetzes träte.

Nach diesen Vorbereitungen konnte Cæsar zur Verwirklichung seiner Pläne schreiten; und es nicht zu läugnen, dass er dabei mit grosser Klugheit zu Werke ging. Zuerst suchte er sich in der Gunst des Volkes so zu befestigen, dass er auf dessen Ergebenheit zählen konnte. Ein Ackergesetz war der Köder, welchen er dem hungrigen Volke hinwarf. Das Campanische und Stollatische Feld sollte an 20,000 römische Bürger vertheilt werden, vorzugsweise an solche, welche drei oder mehr Kinder hätten. Ausserdem sollte für die Anlage von Colonien das noch vorhandene Gemeindeland verwendet und wo dies nicht ausreichte, Mehreres dazu gekauft und mit dem vom Pompejus in den Schatz eingebrachten Beutegeld bezahlt werden. Dabei war alle mögliche Rücksicht genommen; Niemand sollte zum Verkaufe gezwungen, der Preis nach den in den Schatzungslisten angegebenen Summen bezahlt werden. Ueberhaupt wurde erklärt, er werde Nichts vorschlagen, was nicht dem Senat eben so ersprieslich als dem Volke wäre. Auch werde er jede Einwendung berücksichtigen, Abänderungen treffen und selbst das Ganze fallen lassen, wenn der Senat nicht seine Zustimmung gäbe. Endlich sollten zwanzig unbescholtene Männer aus dem Senat die Ausführung des Gesetzes besorgen aus deren Zahl er sich selber ausschloss. Allerdings war mehr Täuschung als Wahrheit in diesen Vorschlägen; aber wenn man die Zweckmässigkeit der Landanweisung überhaupt anerkannte, so konnte ein Gesetz nur gebilligt werden, welches eine grosse Anzahl armer Bürger, die Hauptquelle der Unruhen, aus der Stadt entfernte, und zur Arbeit und zum Landbau zurückführte, welches einen grossen Theil des ganz verödeten Italiens wieder mit fleissigen Arbeitern bevölkerte. Das Gefährliche war nur, dass durch die Annahme dieses Gesetzes, Cäsar in der Gunst des Volkes noch höher stieg. Als daher Umfrage im Senat gehalten wurde, wollte Niemand das Wort nehmen, um Einzelnes zu bekämpfen, aber das Ganze wurde für unzeitgemäss erklärt. Da namentlich Cato diese Meinung hartnäckig vertrat, so gebot Cäsar ihn nach dem Gefängniss abzuführen, Cato leistete keinen Widerstand und viele Senatoren waren bereit ihm zu folgen, so dass Cäsar um sich diese Beschämung zu ersparen selber einen Volkstribunen zur Einsprache veranlassen musste. Darauf hob er die Sitzung des Senats auf mit den Worten: „ich wollte Euch zu Schiedsrichtern über das Gesetz machen; wenn ihr mir eure Mitwirkung versagt, wird das Volk selber entscheiden?" Von da an bekümmerte er sich nicht mehr um den Senat, sondern brachte das Gesetz unmittelbar vor die Volksversammlung. Auch hier um der Form zu genügen, richtete er noch einmal die Frage an seinen Amtsgenossen Bibulus, ob er etwas an dem Gesetze zu tadeln finde? Da dieser keine Antwort gab, so bat er ihn inständig seine Zustimmung zu geben, und forderte die Bürger auf ihre Bitten mit den seinigen zu vereinigen. Denn wenn Bibulus zustimme, würden sie das Gesetz erhalten. „Ihr werdet es nicht haben, schrie Bibulus, so lange ich im Amte bin," und verliess die Versammlung. Darauf wendete sich Cäsar an Pompejus, dessen Zustimmung ihm gewiss war; da dieser das Gesetz in allen Beziehungen empfahl, und auf Cäsars Anfrage selbst seinen bewaffneten Beistand versprach und Crassus sich im gleichen Sinne äusserte, so war jeder weitere Widerstand vergeblich, zumal Bibulus bei einem letzten Versuch die Abstimmung zu verhindern beinahe das Leben eingebüsst hatte. Die Stadt war mit Soldaten des Pompejus angefüllt und die Anwendung von Waffengewalt stand in Aussicht. Daher auch der Senat der Aufforderung des Bibulus das Gesetz für ungültig zu erklären nicht entsprach, sondern im Gegentheil durch Androhung schwerer Strafen gezwungen wurde das Gesetz zu beschwören. Darauf machte der Consul Bibulus bekannt, dass er an allen Comitialtagen Beobachtungen am Himmel anstellen werde,[1] schloss sich in sein Haus ein, erschien das ganze Jahr nicht mehr öffentlich und begnügte sich Caesars amtliche Verrichtungen durch öffentliche Anschläge ungültig zu erklären.

Nachdem nun das Ackergesetz unverändert angenommen war, hat Caesar dem Pompejus seine Dankbarkeit bewiesen, indem er alle Einrichtungen desselben in Asien durch das Volk bestätigen liess, ein sehr bedeutendes Zugeständniss, da Pompejus viele von Lucull getroffene Anordnungen aufgehoben und überhaupt sehr willkührlich gehandelt hatte. Aber auch die Ritter sollten gewonnen werden. Daher denselben ihre unverschämte Forderung, ihnen den dritten Theil des Pachtzinses für die Zölle zu erlassen, ebenfalls bewilligt wurde. Da beide Beschlüsse im Widerspruch mit dem Senat gefasst wurden, so erntete Caesar allein den Dank für diese Vergünstigung; und der Zweck des Dreimännerbundes trat jetzt in seiner vollen Bedeutung hervor. Er hatte die mächtigsten Männer mit dem Senat entzweit und seinen Zwecken dienstbar gemacht; er hatte sich den einflussreichen Ritterstand verpflichtet, er war der Liebling des Volks geworden, so dass er mit Sicherheit auf dessen Dankbarkeit rechnen konnte. Daher er hinsichtlich weiterer Vergünstigungen die Maske der Gleichgültigkeit annahm und sich mit Allem zufrieden erklärte was man ihm bewilligen würde. Aber es stand der Tribun Vatinius in seinem Dienst, ein frecher und verwegener Mensch, der darauf antrug dem Caesar Illyricum und das Cisalpinische Gallien mit 3 Legionen auf 5 Jahre zu übertragen, worauf der Senat aus Furcht das Volk möchte ihm noch mehr bewilligen, noch das transalpinische Gallien mit einer Legion hinzufügte. Daher Cato mit Recht bemerkte, Caesar habe nicht nur eine bedeutende Heeresmacht, sondern auch noch eine Burg dazu erhalten.

Bei alle dem fühlte Caesar sich nicht sicher, wenn er nicht auch für die Zukunft Vorsichtsmaassregeln getroffen hätte. Daher, um sich den Pompejus für immer zu verpflichten, hat er ihm seine Tochter Julia zur Gemahlin angetragen, wiewohl dieselbe schon dem Servilius Caepio verlobt war, dem er dagegen die Tochter des Pompejus versprach, welche ebenfalls schon dem Cornelius Sulla verlobt war; er selbst verheirathete sich mit der Tochter des Calpurnius Piso, dessen Wahl zum Consul für das nächste Jahr er durchzusetzen wusste. Aber auch diese Vorkehrungen gaben ihm keine Gewähr, dass nicht die unterdrückte Freiheit in seiner Abwesenheit Vertheidiger und Rächer finden werde, wie denn schon von mehreren Seiten Stimmen gehört wurden, dass er wegen seiner Amtsführung zur

---

[1] Nach der Lex Aelia Fufia gegeben im Jahr 157 nach welcher den Amtsgenossen und Volkstribunen gestattet war, gegen jeden öffentlichen Act Einsprache zu thun, durch die Ankündigung einer Beobachtung des Himmels. Orelli Index Leg. p. 129.

Rechenschaft werde gezogen werden. Nun waren ohne Zweifel damals die hervorragendsten Staatsmänner Cato und Cicero. Diese betrachtete Cæsar als seine gefährlichsten Gegner. Nachdem er daher den vergeblichen Versuch gemacht hatte den Cicero durch die Wahl unter die zwanzig Männer zur Vertheilung des Campanischen Feldes oder durch den Antrag einer Legaten-Stelle an sich zu fesseln, beschloss er ihn um jeden Preis von der Leitung des Gemeinwesens zu entfernen. Die Gelegenheit dazu bot sich bald. Ein junger Wüstling, Publius Clodius, hatte mit Cæsars früherer Gemahlin, Pompeja, ein Liebkosverhältniss gehabt und hatte sich bei der Feier des Festes der Bona dea, welche in Cæsars Hause gehalten wurde, verkleidet in die Versammlung der Frauen eingeschlichen und war entdeckt worden. Dies wurde als ein Verbrechen gegen die Religion angesehen und verlangte die strengste Bestrafung. Aber durch Crassus Vermittelung wurden die Richter, wenn sie nicht durch den Pöbel eingeschüchtert waren, erkauft und Clodius entging der Verurtheilung. Bei der gerichtlichen Verhandlung war von Cicero gefordert worden ein Zeugniss für Clodius abzulegen, aber er hatte dem Sachverhalt gemäss, das Gegentheil ausgesagt und dadurch die tödtliche Feindschaft des Clodius sich zugezogen. Dieser, der schon lange darnach getrachtet hatte Volkstribun zu werden, welches einem gebornen Patricier unmöglich war, hoffte durch Cæsars Vermittelung leichter zum Ziele zu gelangen, wenn er von einem Plebejer adoptirt werden könnte. Aber ohne die gröbste Verletzung aller darauf bezüglichen Gesetze war dies nicht durchzuführen. Indessen Cæsar, der mit dem nach Gallien bestimmten Heere noch vor der Stadt stand, wusste alle Hindernisse zu besiegen, weil er in dem Clodius ein brauchbares Werkzeug seiner Plane erkannt hatte. Cicero hatte in einer Rede den traurigen Zustand des untordrückten Gemeinwesens beklagt, eine Stunde nachher wurde Clodius Plebejer und gleich darauf zum Volkstribun erwählt. Als solcher hat er den Antrag vors Volk gebracht, dass eine Untersuchung über diejenigen verhängt werden sollte, welche römische Bürger ohne Urtheil und Recht hingerichtet hätten. Da die Absicht dieses Gesetzes nicht zu verkennen war, die Anklage und Verurtheilung in sicherer Aussicht stand, bewaffneter Widerstand schon darum unmöglich war, weil Cæsar noch vor der Stadt stand und seinen Abmarsch nach Gallien absichtlich verzögerte, bis der verhasste Gegner entfernt war, so musste Rom das Schauspiel erleben, dass sein grösster Bürger die Vaterstadt als Verbannter verlassen musste, welche er in der grössten Gefahr gerettet hatte. Cato wurde unter einem scheinbar ehrenvollen Vorwand entfernt. Er erhielt den Auftrag den König Ptolemæus in Cypern seiner Herrschaft und seiner Schätze zu berauben. So war die Republik wehrlos ihren Unterdrückern überliefert. Wer sollte noch seine Stimme für die Freiheit des Volks erheben, wenn die edelsten Vertheidiger der

Partheiwuth und dem Despotismus zum Opfer fielen! Aber Clodius, der keineswegs blos für die Vermehrung fremden Einflusses zu wirken gewillt war, sondern seinen Gegnern sich furchtbar zu machen strebte, hat vor Allem das Volk auf seine Seite zu bringen gesucht. Diess erreichte er durch die bekannten Mittel. Zuerst trug er darauf an, dass den Armen die monatlichen Getreidespenden ganz unentgeldlich gegeben werden sollten. Sodann stellte er alle die Genossenschaften und politischen Vereine wieder her, welche der Senat aufgehoben hatte, und gründete eine Menge neue. Das hiess mit andern Worten, die zügellosesten Banden wurden gesetzlich anerkannt und förmlich organisirt. Ferner sollte keinem Magistrat gestattet sein, an den Comitialtagen den Himmel zu beobachten und dadurch die Berathung zu unterbrechen, oder wie es Cicero bezeichnet, die Auspicien sollten keine Geltung mehr haben, keiner sollte mehr Einsprache thun noch ungünstige Zeichen melden dürfen. [1])

Ferner wurde den Censorn untersagt irgend einen Senator beim Ablesen der Liste zu übergehen, wenn er nicht bei ihnen förmlich angeklagt und von beiden Censoren schuldig befunden worden wäre. Endlich beabsichtigte er alle Freigelassenen in die ländlichen Tribus zu vertheilen, während sie bisher nur in den 4 städtischen und zuletzt nur in der Esquilina stimmfähig gewesen waren. Er wurde dabei vom Tribun Manlius unterstützt, der selbst einen Aufstand deswegen erregte, aber trotz eines grossen Blutbades den gewünschten Erfolg nicht herbeiführen konnte. Dies war der Verdienst des Prätors Domitius, der die Clodianischen Schaaren, die das Kapitol stürmten, mit einer Anzahl entschlossener Bürger zurückschlug und zerstreute. [2])

Während nun Cæsar in Gallien sich ein ihm ganz ergebenes Heer schuf, trugen Crassus und Pompejus Sorge, dass weder der Senat noch das Volk die Fesseln sprengen konnte, in welche sie Cæsar geschlagen hatte. Alle drei verfolgten das gemeinsame Ziel, Nichts geschehen zu lassen, was nicht ihren herrschsüchtigen Plänen diente. Daher wurde ein entschiedener Einfluss auf die Consulatswahlen ausgeübt und namentlich war Cæsar bemüht, wenigstens in dem einen Consul immer einen Vertheidiger seiner Sache zu haben. Ueberhaupt unterliess er Nichts, um die bedeutendsten Männer in Abhängigkeit zu erhalten, und wie er früher einen falschen Ankläger, den Vettius gedungen hatte, welcher unter Zusicherung der Begnadigung ein Geständniss ablegen und den Cicero und Lucullus eines Anschlags auf Pompejus Leben bezichtigen musste, wie der durch den Clodius den Cicero und Cato entfernt hatte, so verschmähte er kein Mittel seinen Einfluss zu vermehren

---

[1]) Cic. pro Sulla § 55 in Pison § 9. Ascon pro Milone § 33. 69.
[2]) Vrgl. Griechischer Einfluss in Rom, S. 52. Anm.

und die jährlichen Magistrate sich geneigt zu machen. Daher er keinen Amtsbewerber unterstützte, als der sich vorher verpflichtet hatte seine Sache in seiner Abwesenheit zu führen. Dass er bei jeder Gelegenheit das Volk durch Spiele, Thierhatzen, Gladiatorspiele und Gastmähler zu vergnügen suchte, ist schon oben angeführt worden; sowie seine prächtigen Bauten, seine Basiliken, Säulenhallen und die ungeheuren Summen, die er für den Ausbau der Appischen Strasse und auf die Ausschmückung des Forums und des Kapitols verwendete. Da war keine Art von Spendung oder Dienstleistung, die er nicht in Anwendung gebracht hätte, wenn sie nur Gunst brachte. Eine Menge Senatoren hatte er sich durch Darlehen zu einem niedrigen Zinsfuss verpflichtet, andern schenkte er bedeutende Summen, alle, die ihr Glück machen wollten, wendeten sich an ihn und er entliess keinen unbefriedigt. Alle Angeklagten, Verschuldete, Verschwender sahen in ihm ihren Retter und Beschützer, und selbst die Sclaven und freigelassenen einflussreichen Männer standen in seinem Sold. Sogar auswärtige Fürsten, Staaten und Städte wusste er durch Vergünstigungen sich zu verpflichten, um ihnen eine würdige Vorstellung seines Einflusses zu geben.

Trotzdem liessen sich nicht alle Regungen der niedergetretenen Freiheit unterdrücken. Schon im Jahr 57 hatte der Tribun Publius Rutilius Lupus die Frage über die Vertheilung des Campanischen Feldes im Senat wieder in Anregung gebracht und war mit grosser Aufmerksamkeit angehört worden.[1] Noch mehr, das Jahr darauf hatte Cicero selbst im Senat darauf angetragen, dass die Frage über denselben Gegenstand aufs Neue geprüft werden sollte und es hatte ihm der zahlreich versammelte Senat beigestimmt.[2] Ja Domitius Ahenobarbus erklärte öffentlich, dass er sich fürs Jahr 55 ums Consulat bewerben und dem Caesar Provinz und Heer entziehen werde.[3] Worauf Caesar den Crassus und Pompejus und alle seine Anhänger nach Lucca an der Grenze seiner Provinz berief, wo mehr als 200 Senatoren und Beamten mit 120 Lictoren erschienen. Da wurden neue Pläne für die Zukunft geschmiedet: dem Caesar sollte seine Stadthalterschaft auf neue fünf Jahre verlängert werden, Pompejus und Crassus sollten sich fürs nächste Jahr ums Consulat bewerben, um die Wahl des gefürchteten Domitius zu verhindern und sich ebenfalls Stadthalterschaften für die Zeit von fünf Jahren zusichern lassen: dem Pompejus Spanien, dem Crassus Syrien. Ja wenn, wie Einige[4] berichten, zu Spanien noch Afrika, zu Syrien noch Aegypten hinzugefügt werde, so war schon damals das römische Reich nach seinen Hauptbestand-

---

[1] Cic. ad Q. Fratrem II, 1. 1—2.
[2] Cicero ad. Fam. 1. 9, 8—12; ad Q. Frat. II, 5;
[3] Sueton. Caes. 24.
[4] Liv. Epit. 105. Plutarch. Cato 43. Dio. Cassius 39. 31.

theilen unter die drei Herrscher vertheilt. Aber um diese Verabredungen durchzusetzen musste Rom wieder der Schauplatz der empörendsten Scenen werden. Hatten bisher die Banden des Clodius das Forum beherrscht, welchen tagtäglich die Ruhe und die öffentliche Sicherheit zu gefährden von den Triumvirn gestattet war, nur um die Rückkehr eines gesetzlichen Zustandes zu verhindern, so war es jetzt der Tribun Trebonius welcher den Widerstand aller Gutgesinnten vereitelte, die Wahlen bis auf den Anfang des nächsten Jahres verhinderte, den Cato ins Gefängniss führen und alle rechtlichen Bürger mit Gewalt vom Wahlplatz vertreiben liess.[1]) So wurden Pompejus und Crassus Consuln und erhielten die bezeichneten Provinzen. Gleichsam um mit diesem gewaltthätigen Verfahren zu versöhnen, haben beide Consuln höchst zweckmässige Gesetze zur Annahme empfohlen; Pompejus ein Gesetz über Amtsbewerbung und über den Rechtsgang, Crassus über die politischen Vereine[2]) wodurch die von Clodius wiedergestellten Genossenschaften theilweise aufs Neue verboten wurden. Aber was konnten alle diese Gesetze frommen, deren Annahme zum Theil durch dieselben Maasregeln erreicht wurde, die zu verhindern das Gesetz gegeben ward. Wenn in demselben Jahre bei der Bewerbung um die Prætur Vatinius dem Cato vorgezogen wurde, so waren die Gesetze ein Hohn auf die Freiheit der Wahlen. Clodius herrschte nach wie vor mit seinen Banden auf dem Forum. Mit diesen Banden hatte er Ciceros Verbannung durchgesetzt, mit eben denselben seine Zurückberufung verzögert. Die Niederreissung von Ciceros Haus auf dem Palatin, die Plünderung seiner Landhäuser, die gewaltsame Verhinderung der Beschlüsse des Senats über die dem Cicero bewilligte Entschädigung, die Störung der Consulatswahlen in den Jahren 55 und 54, das Alles war das Werk jener zügellosen Rotten, welche Clodius zum Schrecken aller friedliebenden Bürger für seine Zwecke benutzte. Endlich im Jahre 53 hatte das Uebel den höchsten Grad erreicht, als Clodius sich um die Prætur, Titus Annius Milo, sein politischer Gegner, um das Consulat bewarb. Da dieser sich überzeugt hatte, auf keine andere Weise den Angriffen des Clodius widerstehen zu können, so nahm er ebenfalls eine Bande Gladiatoren in seinen Sold, mit denen er den Clodianern förmliche Schlachten lieferte. Dieser Zustand dauerte fort bis zum 18. Januar 52, wo Clodius ohnweit Bovillæ von dem Gefolge Milos erschlagen wurde. Dies gab den Anhängern eine neue Veranlassung zu Unruhen und da wegen der Wahlumtriebe noch keine Consulwahl zu Stande gekommen war, so beschloss der Senat, dass Pompejus allein zum Consul erwählt werden sollte, weil man wusste, dass er Dictator zu werden wünschte. Jetzt wurde endlich die Ruhe wiederhergestellt, weil der Senat

---

[1]) Plutarch. V. Cæs. c. 28. Cic. ad Q. fratrem III, 3—7.
[2]) De ambitu et judiciis de sodaliciis.

zugleich allen Beamten geboten ein getreues Aufsehen zu haben. Zuerst hat nun Pompejus das Gesetz über Gewaltthätigkeit und Amtsbewerbung gegeben,[1] wodurch alle früheren Bestimmungen verschärft wurden, ferner ein zweites Gesetz über den Umfang der Amtsgewalt, wonach namentlich persönliche Bewerbung zur Pflicht gemacht, und die Uebertragung einer Stadthalterschaft auf fünf Jahre nach der Amtsführung hinausgeschoben wurde.

Beide Gesetze hat er in demselben Jahre selbst übertreten, das eine, indem er sich die Stadthalterschaft über Spanien auf neue fünf Jahre übertragen liess, das andere, indem er die Tribunen aufforderte, einen Antrag einzubringen, durch welchen hinsichtlich der Amtsbewerbung für Cæsar eine Ausnahme festgesetzt wurde; recht zum deutlichen Beweiss, dass die Gesetzgebung in damaliger Zeit höchstens die Bedeutung einer augenblicklichen Kundgebung gewisser Absichten hatte. Denn dass die Gesetze, Senatsbeschlüsse, Gerichtsverhandlungen, kurz das ganze Rüstzeug der bürgerlichen Verwaltung die römische Republik nicht auf die Länge schirmen konnte, das wurde allgemach jeglichem klar. Nur die Waffengewalt im Hintergrund gab den Beschlüssen Kraft und Dauer. Daher auch der Streit des Cæsar und Pompejus nicht die Republik zum Gegenstand hatte, sondern die höchste Gewalt. Dieser Streit nahte der Entscheidung. Die Bande, welche die Gegner zusammenhielten, hatten sich gelöst. Julia, Cæsars Tochter, Pompejus Gemahlin, war im Jahr 54 gestorben, Crassus war in Syrien im Kriege gegen die Parther das Opfer seiner Habsucht und eines unüberlegt begonnenen Kriegs geworden. Jetzt hörte jede Vermittelung auf, die Gegner standen sich mit offenem Visier einander gegenüber. Ein Bruch war unvermeidlich. Es war nur die Frage, welcher von beiden dem andern mit mehr Recht den Vorwurf des Bundesbruches machen konnte: Pompejus, der bisher nicht weniger wie Cäsar das Ansehen des Senats untergraben hatte, sah sich jetzt nach einer Stütze um, und konnte beim Widerstand gegen Cæsars Anmaassung auf die Mitwirkung des Senats rechnen. Alles drehte sich um die Frage, ob gemäss der frühern Bewilligung dem Cæsar gestattet werde sich abwesend ums Consulat zu bewerben. Denn darauf bestand Cäsar, weil er voraus wusste, dass wenn er den Oberbefehl niedergelegt haben würde, ihm eine Anklage drohe. Die Verurtheilung war nur zu gewiss. Daher mochte bald dieser bald jener Grund der Weigerung das Heer zu entlassen angeführt werden, es blieb ein und derselbe, er wollte sich seinen Feinden nicht wehrlos übergeben. Wenn daher zuletzt von dem Tribun Curio, den Cæsar für eine ungeheure Summe auf seine Seite gebracht hatte, die Forderung gestellt

---

[1] De vi et de ambitu de iure magistratuum.

wurde, Cäsar werde sein Heer entlassen, wenn auch Pompejus seine Provinz Spanien aufgebe, so wurde dies Begehren nur gestellt, weil man der abschlaglichen Antwort des Pompejus gewiss war. Und dennoch wie leicht hätte das äusserste vermieden werden können, wenn ein Feldherr an der Spitze des Senats gestanden hätte, der unabhängig von dem Einfluss des Pompejus die Sache der Republik führen wollte! Aber das war die Verblendung, dass man die Sache der Freiheit an die Person des Pompejus knüpfte. Und dennoch war die letzte Verhandlung des Senats durchaus der Sachlage angemessen, welche dahin ging, dass beide, Cäsar und Pompejus, den Oberbefehl niederlegen und die Verwaltung der Provinz abgeben sollten. Dafür hatte sich eine grosse Mehrheit entschieden, aber die Leidenschaftlichkeit und die Willkühr des Consuls Markus Claudius Marcellus die die Abfassung eines Beschlusses verhinderte, verdarb Alles, indem er den Senatoren zurief: „Nun so werdet ihr den Cäsar zum Herrn haben," und gleich darauf ohne Auftrag den Pompejus aufforderte dem Gemeinwesen zu Hülfe zu kommen, von den vorhandenen Streitkräften Gebrauch zu machen und noch mehrere aufzubieten. Diess nahm Pompejus als einen Befehl an und fügte nur heuchlerisch hinzu: „Wenn es Nichts Besseres giebt." Dem Cäsar dagegen gab die Flucht der Volkstribunen Curio, Crassus, Antonius, deren Einsprache nicht beachtet worden war, ebenfalls einen genügenden Vorwand, und so erfolgte, was Beide hatten vermeiden wollen, der Ausbruch des Krieges.[1]) Pompejus, der sich gerühmt hatte, er brauche nur mit dem Fusse auf den Boden zu stampfen, um Legionen hervorzurufen, zeigte sich völlig unvorbereitet. Während Cäsar rasch den Feldzug eröffnet, hat Pompejus nicht einmal die in Italien zerstreuten Abtheilungen vereinigt um Widerstand zu leisten, und so musste er denn in schmählicher Flucht Italien verlassen und Cäsar, nachdem er in 60 Tagen Italien durchzogen, rückt als Sieger in Rom ein.

Damit war das Schicksal der Republik entschieden. Denn wiewohl ein grosser Theil des Senats und viele der besten Bürger dem Pompejus übers Meer gefolgt waren, zerstörte das Verlassen der Hauptstadt in diesem Augenblick den Zauber seiner Macht und der Gedanke mit Hülfe fremder Kriegsvölker, mit Asiaten, Griechen, Barbaren die römische Republik wiederherzustellen war verhängnissvoll, zumal Pompejus sich gar nicht beeilte nach Italien zurückzukehren. Es scheint, dass der Gedanke sich auf fremder Erde mit asiatischem Prunk zu umgeben und an der Spitze einer grossen Heeresmacht sich zu wissen, seiner Eitelkeit weit mehr schmeichelte als auf dem vaterländischen Boden den Kampf für die Freiheit zu wagen. Daher auch die Rathlosigkeit in der Führung des Kriegs,

---

[1]) Cœl. ap. Cic. ad Fam. VIII, 4; Appian. b. c. II, 30; Plutarch. Pomp. 59. Dio. Cass. XL. 61. 66. Sueton Cæs. XXX—XXXIII.

keine Anstrengung Cæsars Siegeslauf in Spanien zu hemmen; das treue und standhafte Massilie zu unterstützen, den glücklichen Erfolg in Africa, welchen man einem numidischen Fürsten verdankte zu benutzen und die im Adriatischen Meer errungenen Vortheile weiter zu verfolgen. Nicht einmal die nöthigen Vorkehrungen waren getroffen, die Landung Cæsars in Griechenland zu verhindern, geschweige denn angriffsweise zu verfahren und nach Italien überzusetzen und den Feind zu überraschen. Der Sieg bei Dyrrhachium blieb unbenützt und ohne Erfolg. Alles wird dem ungewissen Ausgang einer Hauptschlacht anheimgestellt, wie es in den Wünschen des Feindes lag. Die Fortsetzung des Kampfes in Africa und Spanien, so ehrenvoll sie für die Unterliegenden war, so wenig konnte sie den Lauf der Begebenheiten ändern. Also nachdem Cäsar im vierjährigen Kampfe die Republik besiegt und zertrümmert hatte, blieb ihm übrig die Trümmer wieder zu sammeln und seines Raubes zu geniessen. Aber der kunstvolle Bau eines Staates ist leichter zerstört als wieder zusammengefügt. Was in einem Zeitraum von beinahe fünf Jahrhunderten die Kraft des Volks und die Tugenden der Einzelnen in steter Wechselwirkung geschaffen haben, kann durch die Gewalt zerstörender Elemente vernichtet aber nicht durch den Machtspruch eines einzigen Mannes wieder hergestellt werden. An die Stelle des Organismus tritt die Laune des Herrschers und rohe Gewalt, die Willkühr ist statt des Gesetzes, Furcht und Schrecken sind die Stützen des Regiments. Cæsars Uebergang über den Rubico war Hochverrath, seine Siege sind Verbrechen, die der Erfolg nicht zu Grossthaten stempeln kann, wenn sie ihm schon die Bewunderung der Welt eingebracht haben. Fortan erkennt er keine Macht über sich, das Schwert ist sein Recht und Herrschsucht und Ehrgeiz treiben ihn dem Abgrund zu. Dem Einzug in Rom folgt der Raub des heiligen Schatzes, der für die äusserste Gefahr aufgesparrt vergebens vom Tribun Lucius Metellus vertheidigt wird.[1]) Cæsar bedroht ihn mit dem Tode, erzwingt von den wenigen zurückgebliebenen Senatoren die Wahl zum Dictator, ruft alle Verbannten zurück, setzt die Nachkommen der von Sulla Geächteten in ihre bürgerlichen Rechte ein und verleiht allen Transpadanischen Colonien das Bürgerrecht. Nach 11 Tagen legt er die Dictatur nieder, lasst sich zum Consul erwählen, die tribunische Gewalt auf Lebenszeit, die Sittenaufsicht vorläufig für drei Jahre ertheilen. Weiterhin ward er abwechselnd zum Consul und zum Dictator ernannt, wie er dann die Wahlen aller Magistrate als sein Recht betrachtet, die er zuweilen mit dem Volke theilt.[2]) Zuweilen bestellt er die gewöhnlichen Aemter gar nicht, sondern ernennt 6—8

---

[1]) Dio. Cass. XLI, 17. Plutarch. Cæs. 37. Cæs. b c. I, 14, III, 1.
[2]) Mit der Formel: Commendo vobis illum et illum ut vestro suffragio suum jus obtineat. Sueton. Cæs. c. 41.

Präfecten, oder Consuln nur für wenige Monate. Prætoren werden einmal zehn, das andere Mal vierzehn, Quæstoren sogar vierzig ernannt. Die Zahl der Senatoren hat er bis auf neunhundert vermehrt, Alles um die Ansprüche seiner Anhänger zu befriedigen. Sogar den Priester-Collegien der Pontifiker, Augurn, Zehnmänner hat er ein Mitglied beigefügt. Wie er hier ganz eigenmächtig verfuhr, so ist es empörend, dass er wie für den Jupiter, Mars und Quirinus so für sich einen eigenen Priester (flamen) bestellte und eine neue Bruderschaft die Luperci Julii, einführte, dass sein Standbild neben den Königen auf dem Kapitol stand, dass er einen erhöhten Sitz in der Orchestra, einen vergoldeten Sessel in der Curie und wenn er Gericht hielt, dass er alle Huldigungen und Auszeichnungen sich bewilligen liess, welche für die Verehrung der Götter vorbehalten sind; lauter Beweise von der Selbsterniedrigung des Volks wie von der maasslosen Herrschsucht des Dictators. Trotz aller dieser Willkührlichkeiten und eigenmächtiger Verfügungen, trotz dieser Selbstvergötterung, war er eifrig bemüht sich den Ruf der Milde und Bürgerfreundschaft zu erhalten, weil die Erinnerung an die Greuelthaten unter Marius und Sulla wie ein Alp auf den Gemüther lastete und kein rechtes Zutrauen aufkeimen liess.

Also nicht zu erwähnen der allgemeinen Geldspende von 400 Sesterzen an jeden Bürger, der Bezahlung des Miethzinses für ein Jahr, der wiederholten Vertheilung von Getreide, Oel, Fleisch, der öffentlichen Gastmähler, der Spiele und Feste und der fünf glänzenden Triumphe,[1]) wodurch er das Volk über den Verlust der Freiheit zu trösten suchte, war er vor Allem bemüht, die Zustände der Hauptstadt zu ordnen und deren Ruhe dauernd zu begründen. Zu dem Ende hat er über 80,000 Bürger in überseeische Colonien, namentlich in das wiederhergestellte Korinth und Karthago verpflanzt, dagegen die Zahl derer, welche monatlich Getreide aus den öffentlichen Speichern bezogen von 320,000 auf 150,000 zurückgeführt; von den zahllosen Zünften und Genossenschaften, den Quellen so vieler Unordnungen, hat er nur die althergebrachten bestehen lassen. Namentlich hat er aber das Schuldenwesen geregelt und die Furcht vor einer allgemeinen Schuldenvertilgung beseitigt, indem er einen Ausschuss bestellte, welcher den Preis der Grundstücke nach den frühern Schatzungslisten festsetzte und nach Abzug der bereits bezahlten Zinsen die Schulden tilgen sollte,[2]) und um den Verkehr zu beleben, hatte er die Bestimmung hinzugefügt, dass Niemand mehr als 15,000 Denare an baarem Gelde in seinem Hause haben sollte. Um die höheren Klassen der Bürgerschaft zu heben, hatte er nicht nur die Zahl der

---

[1]) Der Gallische, Spanische, Africanische, Pontische, Alexandrinische. Dio. Cass. 43, 19, sq. Sueton. c. 37.
[2]) Cæs. b. c. III, 1. Sueton. c. 42.

Beamten und der Priesterwürden vermehrt, sondern namentlich das Patriciat durch Aufnahme plebejischer Geschlechter, welche die höchsten Staatsämter bekleidet hatten, ergänzt. Dagegen hat er den Bürgern zur Pflicht gemacht nie länger als 3 Jahre hintereinander im Ausland zu verweilen, den Söhnen der Senatoren die Entfernung von Rom nur während des Kriegsdienstes gestattet, oder wenn sie die Beamten in die Provinzen begleiteten. Die Zahl der Bürger hat er ferner durch Ertheilung des Bürgerrechts an viele verdiente Kriegsleute und die Lehrer der freien Künste und Aerzte vermehrt, um sie zum Aufenthalt in der Hauptstadt einzuladen. Der überhandnehmenden Prachtliebe und Ausgelassenheit der Sitten suchte er auf alle Weise zu steuern, sogar durch Bestimmungen über Kleiderordnung und durch Erneuerung und Verschärfung der früheren Aufwandgesetze und durch Besteuerung ausländischer Waaren. Von der grössten Wichtigkeit war endlich die Verbesserung des Kalenders, wodurch unzähligen Unordnungen, Fälschungen und Betrügereien vorgebeugt und namentlich eine synchronistische Begründung der Thatsachen erst möglich gemacht wurde. Der Handhabung der Rechtspflege hat er eine besondere Aufmerksamkeit gewidmet und die Strafen vieler Vergehungen geschärft indem er der Verbannung den Verlust des Vermögens hinzufügte. Auch die Berufung auf die Entscheidung des Volks hat er aufgehoben. Endlich um die Bestechlichkeit zu mindern, hat er nur Senatoren und Ritter als Richter zugelassen, mit Ausschluss der Aerartribunen.

Dagegen vermissen wir organische Gesetze, um die in allen Theilen erschütterte Verfassung aufs Neue zu gestalten und ihren Bestand für die Zukunft zu sichern. Von dem bisherigen Organismus bestand nur noch ein Gerippe, von den Magistraten nur die Namen, der Geist war entwichen, die Form blieb. Julius Cæsar achtete keine Schranken des Gesetzes; die Willkühr war die Richtschnur seiner Handlungen, er fühlte sich selber als das lebendige Gesetz. Hatte er doch durch seine ganze politische Laufbahn die Nichtigkeit der gesetzlichen Bestimmungen dargethan; er dachte zu gross und fühlte sich zu stark um durch ein Spinngewebe von Formen sich und andere zu täuschen. Daher eine Verfassung nicht einmal in seinem Plane lag.

Allerdings soll er sich in den letzten Jahren noch mit grossen Gedanken beschäftigt haben, nicht nur hinsichtlich der Verschönerung der Stadt, mit der Erbauung von Tempeln, Theatern und Bauten aller Art, sondern auch mit Aenderungen zur Sicherung der Grenzen des Reichs. Auch eine Sammlung und Sichtung aller Gesetze, Verordnungen und Verfügungen soll er beabsichtigt haben, um das Rechtswesen in ein einheitliches geordnetes Ganze zu bringen; ferner war die Anlage Griechischer und Lateinischer Bibliotheken im Entwurf, die Austrocknung der Pomptinischen Sümpfe, die Ableitung des Fucinussee standen in Aussicht; eine Heerstrasse vom Adriatischen bis zum Tyrrhenischen Meere über den Appenin, die Durchstechung des Isthmus von Korinth, Feldzüge gegen Daker und Parther waren beabsichtigt; grossartige Entwürfe, welche die rastlose Geistesthätigkeit Cäsars beurkündet, aber Freiheitsliebende Männer nicht mit dem neuen Königthum versöhnen konnten.

So haben die Kämpfe um die Verfassung, für welche im letzten Jahrhundert Ströme von Blut geflossen sind, die Freiheit in Nichts gefördert noch befestigt. Im Gegentheil, sie haben die Unzulänglichkeit gesetzlicher Bestimmungen gegenüber der Gewalt der Leidenschaften dargethan. Es kann keine Freiheit ohne freie Männer geben, ohne Republikaner keine Republik. Es fehlten die Grundpfeiler der wahren Freiheit, Gottesfurcht, Arbeitsamkeit, Vaterlandsliebe, Gerechtigkeit, die Tugenden des alten Roms.

Nachdem alle Banden der Ordnung gelöst, alle Schranken der Sitte zerstört und gegen verbrecherischen Ehrgeiz und unersättliche Habsucht die Gesetze kraftlos waren, bedurfte Rom des eisernen Armes, um sich gegen sich selbst zu schützen. Die Zügellosigkeit der Sitten riefen der Gewalt der Waffen und schmachvolle Knechtschaft war das Loos der Herrscher der Welt.

Beilage.

Es mag auffallend erscheinen, dass unter den manigfaltigen Versuchen die Verfassung zu ändern, derjenige nicht erwähnt ist, dessen Livius 1, 43. gedenkt, welcher die veränderte Centurienzahl betrifft. Es ist diese Angabe schon darum übergangen, weil sie nach meiner Ueberzeugung sich auf eine frühere Zeit bezieht. Sodann gehört jene Veränderung nicht so wohl der Gesetzgebung an, sondern lag in der Befugniss der Magistratur. Die Censoren haben in dieser Beziehung eine grosse Gewalt gehabt. Das Einschreiben in die Tribus, die Einordnung in die Klassen, und die Bestimmung des bürgerlichen Ranges war ursprünglich ihres Amtes, (Liv. IV, 8; Cic. de Legg. III, 3, 7); also natürlich auch die Veränderungen dieser Bestimmungen, das Streichen aus der Liste der Senatoren, die Entziehung des Staatsrosses, die Versetzung unter die Aerarier d. h. die zeitweilige Stillstellung in der Ausübung des Bürgerrechts. Ja wie weit Männer entschiedener Gesinnung ihre Befugnisse ausdehnen konnten, zeigt das Beispiel des Appius Claudius Caecus welcher die Freigelassenen gegen Sitte und Herkommen in die ländlichen Tribus einschrieb, ja sie sogar in den Senat aufnahm; eben so das Verfahren des Censors Fabius, der die Eindringlinge nicht nur aus dem Senat ausstiess, sondern die libertini überhaupt auf die vier städtischen Tribus beschränkte Liv. IX, 46. (303 v. Chr.), oder endlich die Entschiedenheit des Censor Sempronius Gracchus, der ihnen gebot in der einzigen Esquilina ihre Stimmen abzugeben. (Liv. XLV, 15). Wenn also Mehrung und Minderung des Bürgerrechts in ihrer Macht stand, um wie viel mehr wird die Ordnung bei der Abstimmung von ihrer Entscheidung abgehängt haben? Beweis dafür ist die Einfuhrung der praerogativa statt der ursprünglichen servianischen Ordnung. (Liv. I, 43. 11; V, 8; X, 22; XXIV. 7; XXVI, 32.) und die wichtige Neuerung die Livius erwähnt, (XL. 51. a. 169.) mutarunt suffragia regionatimque generibus hominum causis et quaestibus tribus descripserunt). Daher Veränderungen nicht nur gesetzlich gestattet, sondern durch den Gang der Entwickelung geboten waren. In welchem Sinne, lässt sich daraus entnehmen, dass trotz aller Schwankungen vom Sturz des Königthums an, das unverrückte Ziel aller politischen Bestrebungen, die Ausdehnung und die Erweiterung der Volksrechte gewesen ist, welches in die Schranken der Gesetzlichkeit einzudämmen Aufgabe der Staatsweisheit war. Zuerst wurde die gesetzliche Stellung des Bürgerstandes gesichert; dann die Gleichheit hinsichtlich der bürgerlichen Ehren errungen, und dann diese durch Ausschluss fremdartiger Elemente bestimmter ausgeprägt. Daher auf der einen Seite die Comitia tributa d. h. die gesammte Landbevölkerung ohne Unterschied des Standes und Vermögens, im Stimmrecht den Centuriat-Comitien fast gleichgestellt, auf der andern Seite die Tribus vor der Vermischung mit den

Gewerbtreibenden d. h. den Freigelassnen, bewahrt wurden. Aber im Fortgang der Zeit genügte diese
äussere Gleichstellung nicht; die Centuriat-Comitien sollten auch in den innern Einrichtungen demokratischer werden. Diess konnte am ehesten erreicht werden durch Beschränkung des Einflusses des
Reichthums und des Rangs. So lesen wir bei Cicero de rep. II, 22, dass die 80 Stimmen der obersten Klasse auf 70 herabgesetzt worden seien, so scheint nach der bekannten Stelle des Livius I, 43,
später dieselbe Stimmenzahl allen Klassen ohne Ausnahme eingeräumt worden zu sein; so wurde auch
die Reihenfolge in der Abstimmung geändert, indem statt der Rittercenturien eine Centurie der ersten
Klasse ausgeloost wurde, welche zuerst ihre Stimmen abgeben sollte. So wollte Cajus Gracchus aus
den vermischten fünf Klassen die Centurien durchs Loos ziehen lassen, um absolute Gleichheit aller
auszusprechen. Es fehlte nur noch die Aufhebung aller Unterschiede des Vermögens und des Standes
um die Centuriatcomitien völlig ihres Charakters zu entkleiden. So weit sind die Römer nie gegangen
und eben so wenig haben die Versuche, die Freigelassnen den übrigern Bürgern gleich zu stellen Erfolg gehabt. Es entsteht nun die Frage, ob die angenommene Erklärung der Livianischen Stelle sich rechtfertigen lässt und ob sie mit der 179 Liv. XL, 51 angegebnen Veränderung in Einklang gebracht werden
kann, endlich ob sie überhaupt den Zeitverhältnissen angemessen war? Dass nun die Worte des Livius den
obigen Sinn nicht ganz genau ausdrücken, muss im Voraus zugestanden werden. (Nec mirari oportet
hunc ordinem, qui nunc est, post impletas quinque et triginta Tribus, duplicato earum numero, centuriis
iuniorum seniorumque, ad institutam a Servio Tullio summam non convenire), denn erstens sind ordo
und summa zwei verschiedene Begriffe; dann sind die Tribus eigentlich nicht verdoppelt, sondern die
Centurien, durch die 2 Hälften die aus denselben gebildet worden, und dann fehlt noch der Zusatz „per
omnes classes!" Er hätte sagen sollen, die Gesammtzahl der Centurien ist vermehrt worden, weil erstens jede Centurie in zwei geteilt wurde durch die Trennung der ältern und jüngern, zweitens weil
jede Tribus als ein Inbegriff von Bürgern aller fünf Klassen gedacht und endlich weil jeder Klasse
die gleiche Zahl Centurien zugetheilt wurde. Also 35 Tribus, jede mit Bürgern aller 5 Klassen, und
fünf Klassen, jede mit derselben Zahl von Centurien, so dass das Uebergewicht der obern Klassen nur
in dem verschiedenen Zahlenverhältniss und der Reihenfolge der Abstimmung besteht. Also der Begriff der Klassen ist gar nicht erwähnt worden, schon weil überhaupt die Tribus in ihrer Bedeutung
überwiegend war, sodann weil der Begriff Klasse so zum Wesen der Centurie gehörte, dass es sich
von selbst verstand. Diess konnte um so leichter geschehen wenn die Tribus nach den generibus
hominum causis und quaestibus; Senatoren, Ritter, rustici, mercatores, proletarii eingetheilt waren.
Uebrigens hätte Livius nicht nöthig die centuriae juniorum und seniorum als Ursache der Verdoppelung der Centurienzahl auszugeben, weil sie schon in der ursprünglichen Einrichtung wenigstens der
obersten Klasse war, so dass also der Schluss gestattet ist, Livius sei sich der eigentlichen Ursache der
Vermehrung der Centurien selbst nicht klar bewusst gewesen, wie er denn auch in der Stelle
XL, 51, eine höchst rätselhafte Kürze in Anwendung gebracht hat. Wollte man nun wegen dieser
Schwierigkeit die entgegengesetzte Erklärung der Stelle annehmen dass nämlich die Gesammtzahl der
Centurien auf 70 sei zurückgeführt worden und diese nach dem Klassensystem eingetheilt worden, so würde
erstens eine verschiedene Stufe des Rangs für die Tribus festgesetzt worden sein; sodann würden ganz
unauflösliche Schwierigkeiten hinsichtlich der Abstimmung sich darbieten. Denn nehmen wir an, dass
der Grundsatz beibehalten worden sei, das Stimmrecht im Verhältniss zu dem Vermögen zu vertheilen,
so würden die Wahlkörper mit verschiedenen Befugnissen ausgerüstet worden sein und die lokale Be-

deutung der Tribus würde ganz aufgehört haben, welches undenkbar ist. Nehmen wir aber die Gleichstellung aller Klassen hinsichtlich der Zahl der Centurien an, so ist erstens die Veränderung ganz dem Entwickelungsgang und namentlich dem Zwecke ganz angemessen, die untern Klasse der Gesellschaft zu begünstigen; dies werde auch der Richtung jener Zeit entsprechen, wo die demokratische Parthei besonders mächtig war. Also Alles erwogen, wird es räthlich sein zu der ältesten Erklärung dieser Stelle zurückzukehren, die wenigstens den Vorzug consequenter Entwickelung hat, und wenn sie auch nicht Alles erklärt doch am meisten im Geist des römischen Volks gedacht scheint. Dieser Gedanke würde noch an Wahrscheinlichkeit gewinnen, wenn wir uns die oben erwähnte Umschreibung so zu denken hätten, dass die verschiedenen Klassen der Gesellschaft gleichmässig auf die 35 Tribus vertheilt worden wären, wodurch denn auch die gleiche Bedeutung der Tribus und das gleiche Stimmrecht unbeschadet der Klasseneintheilung vollkommen gerechtfertigt wäre. Diese älteste Erklärung des Antonius Augustinus wieder zu Ehren zu ziehen, schien uns nach den vielen Erklärungsversuchen, meine eigenen ausgenommen, noch immer das wahrscheinlichste und dem Geist des Alterthums angemessenste zu sein. Es blieben die 35 Tribus, aber jetzt in 350 statt 193 Centurien getheilt, es blieben die Classen, die Rangunterschiede, die Stände. Aber der Demokratie waren grosse Zugeständnisse gemacht worden. Die Oertlichkeit war die Grundlage geworden, die bürgerliche Gleichheit war anerkannt, der Einfluss der höchst Besteuerten war beschränkt, selbst bei völliger Uebereinstimmung derselben gab erst die dritte Klasse den Entscheid in den Abstimmungen und bei den Partheiungen konnte die extrema tribus suffragiorum zur Bedeutung kommen. Also Verdienst, Rang, Reichthum behielten ihre Geltung, aber als nothwendige Ergänzung kam hinzu die Gunst des Volkes. Das Bewusstsein dieser Nöthigung gab dem römischen Bürger ein Gefühl seiner Würde und seiner Bedeutsamkeit, welches sich bewährt bis in die letzten Zeiten der Republik. Noch der Apostel Paulus hat die Befreiung von einer entehrenden Strafe den drei Worten verdankt: civis Romanus sum.

www.ingramcontent.com/pod-product-compliance
Lightning Source LLC
Chambersburg PA
CBHW020246170426
43202CB00008B/248